■ 新编高等院校财经类创新系列精品规划教材

管理会计学

主　编　袁水林
副主编　李列平　刘艳萍

中国商业出版社

图书在版编目(CIP)数据

管理会计学/袁水林 主编. —北京:中国商业出版社,2015.6
ISBN 978-7-5044-8895-4

Ⅰ.①管… Ⅱ.①袁… Ⅲ.①管理会计-高等学校-教材 Ⅳ.①F234.3

中国版本图书馆 CIP 数据核字(2015)第 033447 号

责任编辑:蔡凯

中国商业出版社出版发行
010-63180647 www.c-cbook.com
(100053 北京广安门内报国寺 1 号)
新华书店总店北京发行所经销
北京市梨园彩印厂印刷

* * * * *

787×1092 毫米 开本:1/16 印张:14.25 字数:300 千字
2015 年 6 月第 1 版 2015 年 6 月第 1 次印刷

* * * *

定价:36.80 元

前　言

“十二五”期间，建立与社会主义市场经济体系相适应的会计模式，全面实现会计的现代化、国际化、法制化和市场化，是我国会计改革与发展的基本目标。管理会计学是现代企业会计的一个重要分支，它将会计与管理结合起来，运用现代管理科学的成果，通过对企业经营活动的预测、决策、预算、控制、考核、评价，实现企业内部的全面管理，为加强企业管理、提高经济效益服务。

随着社会经济的迅速发展，科学技术的日新月异，企业之间的竞争愈演愈烈；世界经济趋于一体化，使国际性竞争日趋激烈；我国经济体制、企业经营方式的不断改革和国际贸易的不断发展，这一切都对企业管理提出了新的要求。因此，管理会计作为企业现代化进程中不可缺少的一环，其作用已经日显突出。

本教材作为高等院校会计学与财务管理专业系列教材之一，是根据我国高等教育发展的需求，为满足和适应高等学校的教学要求而编写的。在编写中，本教材在体例上力求体现理论性、系统性、应用性和开放性，将案例和习题贯穿于教材之中；在风格上力求体现通俗性、生动性、技术性和实用性，使其更适用于高等学校学生的教学特点。本教材既可作为高等院校会计学财经类专业的教科书，也可作为在职人员培训和企业管理人员的参考用书。

本教材共分十一章，第一、四、五、六章由山西财经大学会计学院袁水林编写，第二、三、十章由山西财经大学会计学院李列平编写，第七、八、九、十一章由山西大学商务学院刘艳萍编写。全书由袁水林负责体例设计、总纂和定稿。

由于时间仓促和水平有限，书中难免存在错漏和不当之处，恳请读者批评指正。

编者

2015 年 6 月

目　录

第一章　现代管理会计概述

【引言】

管理会计是从传统会计中分离出来的一个新的会计学科分支。它拓宽了会计的管理职能，具有决策、计划、控制和评价等具体职能；它侧重研究企业内部未来和现在资金运动的规划与控制；它把决策会计和责任会计作为自己的基本内容；它吸收了现代管理科学的最新成果，是一门综合性的边缘学科。本章主要介绍管理会计的形成与发展，管理会计的基本内容，管理会计的目标与对象，管理会计的主要特点以及与财务会计的区别和联系。

第一节　现代管理会计的形成与发展

管理会计是以现代管理科学为基础，以提高企业经济效益为目的，以一系列特定的技术、方法为手段，对企业整个经济活动进行规划、决策、控制和考核的一种管理活动。

管理会计有着比传统会计更为广泛和深刻的内容。虽然它是从传统会计体系中分离出来的，但在职能作用和方式方法等方面突破了传统会计的框架，对帮助企业管理者科学制定经营决策，强化企业内部管理和提高经济效益等起着重要作用，是现代企业管理的重要工具。

一、管理会计的形成与发展

会计是随着社会经济的发展而发展的，管理会计作为会计的一个分支，也必然随着社会经济的发展而产生和发展。从目前来看，管理会计的形成与发展主要经历了执行性管理会计、决策性管理会计和战略性管理会计等阶段。

（一）执行性管理会计阶段(20世纪初至20世纪50年代)

执行性管理会计是以泰罗制科学管理学说为基础形成的会计信息系统。泰罗制科学管理学说的核心是强调提高生产效率和工作效率，通过他所倡导的著名的时间研究、动作研究等等，来制定在一定客观条件下认为可以实现的同时又是最有效率的标准，以实现生产的标准化，杜绝生产中的一切损失和浪费。

列宁曾对泰罗制作过全面分析。他说:"资本主义在这方面的最新发明—— 泰罗制——也同资本主义其他一切进步的东西一样，有两个方面:一方面是资产阶级剥削的最巧妙的残酷手段，另一方面是一系列的最丰富的科学成就，即按科学来分析人在劳动中的机械动作，省去多余的笨拙的动作，制定最精确的工作方法，实行最完善的计算和监督制度等等。"列宁在这里所说的"最完善的计算和监督制度"当时在会计上的具体体现，主要包括标准成本、预算控制和差异分析等方面，它是会计为配合泰罗制的广泛实施，在计算和监督方面所取得的重大进展，特别是将严密的事前计算、事中控制和事后分析引进会计体系中来，使会计的工作内容不再局限于事后的核算，从而为会计更好地服务于企业管理开辟了一条新的途径。此时，管理会计事实上已初步形成。

然而，以标准成本、预算控制和差异分析为主要内容的管理会计存在很大的局限性。因为其基本点只是在企业的战略、方向等重大问题已经确定的前提下，协助解决在执行中如何提高生产效率和生产经济效益问题。而生产效率和生产经济效益的高低，通常可借助于投入与产出的对比关系来表现。把标准成本和差异分析纳入会计体系中，通过严密的事前计算、事中控制与事后分析，促进企业用较少的材料、工时和一定的生产设备生产出较多的产品，从而降低企业的生产成本，提高生产经济效果。其主要缺陷在于，同企业管理全局、企业与外界关系的有关问题没有在会计体系中得到应有的反映。因而总的来说，还只是一种局部性、执行性的管理会计，仍处于管理会计发展历程中的初级阶段。

(二)决策性管理会计阶段(20世纪50年代至20世纪80年代)

从20世纪50年代起，资本主义世界进入所谓战后期。战后期的资本主义经济有许多新特点，主要表现在:一方面现代科学技术突飞猛进并大规模应用于生产，使生产力获得十分迅速的发展;另一方面，资本主义企业进一步集中，跨国公司大量涌现，企业的规模越来越大，生产经营日趋复杂，企业外部的市场情况瞬息万变，竞争更加激烈。这些新的条件和环境，对企业管理相应地提出新的要求，即迫切要求实现企业管理现代化。它包括:一方面强烈要求企业的内部管理更加合理化、科学化;另一方面，还要求企业具有灵活反应和高度的适应能力。否则，就会在激烈的竞争中被淘汰。战后资本主义经济发展的这种新的形势和要求，是战前风靡一时的泰罗制科学管理学说无法适应的。

首先，泰罗制科学管理学说着眼于对生产过程进行科学管理，把重点放在通过对生产过程的个别环节、个别方面的高度标准化，为尽可能提高生产和工作效率创造条件，但对企业管理的全局、企业与外部的关系则很少考虑。这种理论在新的情况下就显得有些本末倒置。因为在新的情况下，大量的实践证明，企业的盛衰成败和生存发展首先取决于企业采取的方针、决策是否正确，所定的目标是不是同外界的客观经济情况相适应。如果方针决策不对，经营目标定错了，企业的个别环节效率再高也无济于事，还会在激烈的竞争中被淘汰。因此，现代管理科学认为提高企业生产经营各个环节、各个方面的生产、工作效率固然很重要，但更重要的是要把正确地进行经营决策放在首位。所谓"管理的重心在经营，经营的重心在决策"，正是适应新的情况而提出来的企业管理的新的指导方针。

其次，泰罗制科学管理学说没有把人当作具有积极性、创造性的人，而是把人当作机器的附属品，强调管得严，才能提高效率，使企业职工处于消极被动和极度紧张的状态，势必引起企业职工的强烈不满和反对，因而不可能取得预想的效果。

正是由于泰罗制科学管理学说带有这两个根本性的缺陷，不能适应战后资本主义经济发展的新的形势和要求，它被现代管理科学所取代就成为历史的必然。以运筹学和行为科学为支柱的现代管理科学的形成与发展，对现代管理会计的形成和发展在理论上起着奠基和指导作用，使现代管理会计在新的历史条件下，以现代管理科学为基础，一方面丰富和发展了其早期形成的一些技术方法；另一方面，又大量吸收了现代管理科学中的运筹学、行为科学等方面的研究成果，把它们引进、应用到会计中来，形成了一个新的与管理现代化相适应的会计信息系统。

现代管理会计与上述执行性管理会计的不同在于：它是一种全局性的、以服务于企业提高经济效益为核心的决策性管理会计。它包含了执行性管理会计，但无论从广度或深度角度看，原始意义上的执行性管理会计与现代管理会计都不可同日而语了。这是因为，生产效率和生产经济效果一般可在企业内部体现，其高低和好坏主要是执行中的问题；而经济效益一般不能直接在企业内部体现，而必须通过企业同外界的联系才能体现，其好坏主要取决于经营决策是否正确。一般说来，企业提高生产效率和生产经济效果是提高经济效益的基础，即企业在生产中节约劳动消耗和资金占用所取得的成果最终将会在企业的经济效益中得到体现。否则，经济效益提高也就成为无源之水、无本之木。但两者之间也可能存在矛盾和脱节。具体来讲，企业生产经营的经济效果与经济效益之间可能存在下面三种情况：

第一，企业生产经营的经济效果好，其所生产的产品也符合社会需要，因而表现为生产经营的经济效益也好，实现了两者之间的协调一致。

第二，企业生产经营的经济效果好，但其所生产的产品不符合或不完全符合社会需要，因而表现为生产经营的经济效益差。

第三，企业生产经营的经济效果差，即它为生产一定产品在劳动消耗或资金占用方面超过了社会平均水平。在这种情况下，即使其所生产的产品符合社会需要，其生产经营的经济效益也是差的。

现代管理会计为企业全面提高生产经营的经济效益服务，就是意味着要通过科学的预测、决策、计划、控制等各个环节，促使企业的经营状况符合上述第一种情况，尽量避免第二和第三种情况的出现。只有这样，才能实现微观经济效益与宏观经济效益的统一，保证企业总目标的完成与实现。

（三）战略性管理会计阶段(20世纪80年代以后)

进入20世纪70年代，社会经济发展表现出以下基本特征：第一，竞争要求企业进行“顾客化生产”。市场全球化使企业面临更加激烈的市场竞争，企业面临的市场从过去的已知顾客群转向包括潜在顾客群在内的多样化的顾客群体。为适应这种变化，企业的生产组织必须从以追求规模效益为目标的大批量生产方式转为能为顾客不同需求迅速作出反应的“顾客化生产”，即以顾客为中心，以顾客的满意程度为判断依据，在对顾客需求进行动态掌握的基础上，在较短的时间内完成从产品设计、制造到投放市场的全过程。第二，科学技术的发展为“顾客化生产”提供了可能。数控机床、电脑辅助设计、电脑辅助制造、电脑管理系统等的广泛应用，使得产品的订货、设计、制造、销售等环节综合成一个整体，设计人员可以据此取得新产品的功能、形状、成本构成等的最佳组合，从而实现新产品技术先进性和经济可行性的统一。这不仅为企业进行灵活多样的“顾客化生产”提供了技术的可能，而且提高了劳动生产率和产品的市场竞争力。

由于市场竞争的日趋激烈，人们认识到外部环境的准确预测几乎是不可能的，企业的计划必须以外部环境的变化为基础，更加留心市场的动态，更加密切关注竞争对手，企业战略管理理论与实践由此产生和发展。

随着企业战略管理理论的发展和完善，著名管理学家西蒙于1981年首次提出了“战略管理会计”一词。他认为战略管理会计应该侧重于本企业与竞争对手的对比，收集竞争对手关于市场份额、定价、产量等方面信息。战略管理会计研究的主要内容应包括：市场份额的评估；战略预算的编制（把本企业和竞争对手的信息按多栏式预算格式加以对比反映）；竞争地位的变化研究（以企业现有状态为起点，改变资本结构或定价策略将给企业竞争地位造成的影响）等。

到了20世纪80年代末，西方会计界人士提出，既然战略管理会计源于企业未来的战略，那么不同的企业战略所要求的战略管理会计的侧重点也就有所不同。比如，1978年，迈尔斯和斯诺按着企业对外部环境变化所持的不同战略，把企业分为四类：防卫者—— 一般选择需求量不大且稳定的产品市场作为企业的目标市场，企业专注于降低成本和提高质量；开拓者—— 时刻寻找市场机会以求发展，对它们来说，灵活性比效率、利润更重要；分析者——是前两者的结合，在主要生产传统产品同时，不断开发新产品和新顾客；被动者—— 不能有效对外部环境的变化作出反应，在竞争中往往以失败告终。

1987年，西蒙以调查问卷形式发现在持防卫者战略的企业中，战略管理会计并不十分注重对预算的编制和控制，而是侧重于研究影响战略的不确定因素，如产品或技术的变化对企业现行成本的影响；在持开拓者战略的企业中，战略管理会计极为重视预测数据、设立严格的预算目标以及控制产品产量，对成本的控制则比较疏松。

1989年，杉克对迈克尔·波特竞争优势分析中提出的低成本战略和高差异战略所做的调查显示：在持低成本战略的企业中，战略管理会计侧重于使用传统管理会计，他们用标准成本评价部门业绩，用产品成本作为定价和编制弹性预算的基础，力求完成预算目标，并重视分析竞争对手的成本。另外随着适时制生产系统（JIT）的建立，作业成本得以广泛应用于低成本战略的企业。在持高差异战略的企业中，战略管理会计注重市场营销部门的成本效益分析，认为市场营销是企业成功的关键，而预算控制和标准成本则放在次要位置。

综上所述，战略管理会计是与企业战略管理密切联系的，它运用灵活多样的方法收集、加工、整理与战略管理相关的各种信息，并据此来协助企业管理层确立战略目标、进行战略规划、评价管理业绩。

二、管理会计的基本内容

管理会计作为规划、控制企业未来生产经营活动的一种管理活动，其内容是十分丰富的。随着生产的发展和科学技术的不断进步，管理会计的内容和方法也在不断得到发展和充实。一般来说，管理会计的基本内容主要包括规划与决策会计和控制与业绩评价会计两项内容。

规划与决策会计是为管理者预测前景和规划未来服务的。所谓规划，就是事先确立目标，编制计划，并拟订出达到目标的具体方法，对企业未来的生产经营活动进行全面筹划。所谓决策，就是通过分析比较，确定是否要采取某项行动或在几种方案中选择出最优方案的过程。规划与决策会计首先是利用财务会计信息和其他有关信息，对利润、成本、销售及资金等专门问题进行科学的分析，在此基础上，将确定的目标用数量形式加以汇总、协调，编制企业的全面预算，再按责任会计的要求加以分解，形成各个责任中心的责任预算，用来规划和把握企业未来的经济活动。因而，规划与决策会计主要包括经营预测、短期经营决策、长期投资决策和全面预算等内容。

控制与业绩评价会计是为管理者分析过去和控制现在而服务的。所谓控制，就是通过一定的手段对生产经营活动施加影响，使之按预定的计划进行。所谓业绩评价，就是通过预算与实际执行情况的对比，分析两者的差异，找出产生差异的原因，确定经济责任，以此恰当地评价各责任中心的实绩和成果。控制与业绩评价会计首先是采取特定的方法，对企业日常发生的生产经营活动进行追踪和控制，然后根据责任会计的要求把实际发生数与预算数进行对比分析，并编制日常绩效报告，用来评价和考核各个责任中心的业绩与成果，确定其经济责任与奖惩。因此，控制与业绩评价会计主要包括预算控制和责任会计等内容。

管理会计的规划与决策、控制与业绩评价两部分功能是相互联系、不可分割的。对于一个具体企业而言，要开展生产经营活动，首先要制定一定的计划，并做出相应的决策，然后实施相应的控制，以促成计划的实现。同时，在控制过程中取得的有关数据资料，又是未来制定新的计划和做出新的决策所不可缺少的数据资料，是使新的计划和决策建立在客观、合理基础上的重要依据和前提条件。

另外，管理会计中还有成本性态分析、变动成本法、本量利分析等重要内容，它们是规划与决策会计和控制与业绩评价会计的基础和前提，其基本理论和基本方法贯穿在预测、决策、预算、控制的整个过程之中，渗透在企业管理的各个领域之内。

第二节　现代管理会计的基本理论

一、现代管理会计的目标

管理会计是适应企业加强内部经营管理，提高企业竞争力的需要而产生和发展起来的。因此，管理会计的最终目标是提高企业的经济效益，实现经济效益最优化。为实现企业最终目标，管理会计应实现以下两个分目标。

（一）为管理和决策提供信息

会计是一个信息系统，管理会计作为会计学的一个分支，其主要任务是向企业管理当局提供有关企业管理和经营决策的会计信息，主要包括与预测、决策企业经营活动有关的信息；与预算和控制企业经营活动有关的信息；与考核和评价企业经营活动有关的信息；以及与维护企业资产安全、完整及资源有效利用有关的信息。会计人员向企业管理者提供管理会计信息时，应当认真选择并加工整理，确保所提供的会计信息对企业管理有用。

为保证管理会计信息的有用性，管理会计信息必须具备以下质量特征：(1)相关性。相关性是指管理会计所提供的信息应当具有对决策有影响或对预期产生结果有用的特征；(2)准确性。准确性是指管理会计所提供的信息在相关范围内必须正确地反映客观事实；(3)一贯性。一贯性是指同一企业不同时期应使用相同的规则、程序和方法，其目的在于使企业本身各个年度的管理会计信息能够相互可比；(4)客观性。客观性是指由两个以上有资格的人利用相同的规则、程序和方法，对同样一组数据进行检验，可以得出基本相同的计量结果，得出基本相同的验证结论；(5)灵活性。灵活性是指数据能够成为几种不同类型的信息，从而为不同管理目的服务。灵活的信息分类能够更好地适应不同的管理要求，并减少管理所需要的信息数量;(6)及时性。及时性是指管理会计必须为管理当局决策提供最为及时、迅速的信息;(7)简明性。简明性是指管理会计所提供的信息，不论在内容上还是在形式上，都应当简单明了，易于理解，使信息使用者理解它的涵义和用途，并懂得如何加以运用;(8)成本效益性。成本效益性是指形成、使用管理会计信息所花费的代价与其在决策和控制上所取得的效果进行对比分析，借以确定在信息的形成、使用上如何以较小的代价取得较大的效果。

(二)参与企业的经营管理

管理会计的实质是会计与管理的直接结合，是一种会计管理。在现代管理理论的指导下，管理会计正在以各种方式积极参与企业的经营管理，表现为企业管理循环的每一步骤，都有与之相配合的管理会计步骤。其具体步骤为:(1)企业管理做出决策，确定企业的经营目标，管理会计应参与决策并相应地编制预算;(2)企业管理为完成经营目标，把目标分解落实到各车间部门，管理会计方面就要建立责任会计制度，制订各单位的预算;(3)企业管理在实际执行过程中，管理会计要进行内部控制;(4)企业管理方面对实际执行情况进行检查，管理会计方面按责任会计进行业绩考核;(5)企业管理方面总结过去，提出新的业务规划方案，管理会计方面对过去的效益进行分析，对新的业务规划方案进行预测，为下一循环的决策提供依据。

二、现代管理会计的对象

围绕什么是管理会计的对象，国内理论界基本形成三种不同的观点。

(一)现金流动论

该观点认为管理会计的对象是企业的现金流动，其主要理由是:(1)作为一门学科研究的对象，应该贯穿于该学科的始终，因为它是该学科有关内容的集中和概括，而从内容上看，现金流动贯穿了管理会计全过程的各个环节;(2)通过现金可以把企业生产经营中的资金、成本、利润等各个方面联系起来，进行统一评价，为改善经营管理、提高经济效益提供重要的、综合性的信息;(3)现金流动具有最大的综合性和敏感性，可以在预测、决策、预算、控制、考核、评价等各个环节发挥积极能动作用。

(二)价值差量论

该观点认为管理会计的对象是价值差量，其主要理由是:(1)一般说来，现代管理会计的基本内容，包括成本性态分析与变动成本计算、盈亏临界点与本量利分析、经营决策分析与评价、资本支出决策分析与评价、标准成本系统、责任会计等都运用价值差量方法进行研究与分析，即价值差量问题贯穿于管理会计工作的始终;(2)价值差量具有很大的综合性。管理会计研究的“差量”问题，既有价值差量，又包括实物差量和劳动差量，后者是前者的基础，前者是后者的表现;(3)现金流动不能作为管理会计的对象，因为现金流动仅在经营决策和资本支出决策的分析和评价中涉及，其他内容均不直接涉及现金流动，因此，现金流动并不能在现代管理会计中贯穿始终。

(三)资金总运动论

该观点认为管理会计的对象是企业及所属各级机构过去、现在和将来的资金总运动，其主要理由是:(1)管理会计与财务会计同属于现代会计的范畴，因而有着共同的对象——资金运动。所不同的是，管理会计的对象涵盖了所有时空的资金运动，而财务会计仅以过去的资金运动为对象;(2)把资金总运动作为管理会计的对象，与管理会计的实践与历史发展相吻合。

以上三种观点各有其道理，我们认为：从实质上讲，管理会计的对象是企业的生产经营活动；从管理体现经济效益的角度上看，管理会计的对象是企业生产经营活动中的价值运动，并以价值差量为其主要表现形式。

三、现代管理会计的基本假设

管理会计假设对于构架管理会计的基本理论体系具有重要意义，一般认为，管理会计应构建以下假设。

（一）会计主体假设

会计主体假设，是对管理会计对象运行的空间范围和活动立场所作的限定。由于管理会计是向企业内部管理人员提供有选择的、特定的或部分管理信息的内部会计，因此管理会计主体更具有层次性。管理会计主体可以是整个企业，但更多的是企业内部各责任单位。正是因为管理会计主体假设区别于财务会计学的会计主体假设，才使得管理会计的管理活动得以深入到责任单位，深入到作业层面。

（二）持续运作假设

持续运作假设，是对管理会计对象运行方式的规定，即企业以及各责任单位的生产经营和筹资、投资活动将无限期地延续下去。因为只有这样，才能保证管理会计的预测、决策、控制和业绩评价等各项工作所使用的方法保持稳定、有效；否则，就没有必要用现金流量取代利润、用贴现的方法确定投资项目的优劣、采用不同的方法确定贴现率了。

（三）会计分期假设

会计分期假设，是对管理会计对象运行的时间范围规定，即把企业持续不断的生产经营和筹资、投资活动，划分为一定期间的活动，以便及时提供有用的管理信息。由于管理会计的工作重点是为企业内部各级、各部门管理人员服务，因此，会计分期的时间跨度不局限于对外报告的月、季、年，而应根据企业本身实际情况和需要，灵活地分期（可以短到 1 天、1 周、1 旬，也可以长到 10 年、20 年）并编制内部报告，用于控制和评价各责任单位的经济活动。

（四）货币时间价值假设

货币时间价值假设，是指等量货币在不同时点上具有不同的价值，管理会计的许多决策就是在此假设基础上作出的。

1. 它是管理会计预测、决策的基础。例如，在长期筹资和投资决策中，必须考虑货币时间价值对现金流向、现金流量的影响，以便恰当地进行资金运作。

2. 它是管理会计控制的基础。现金存在于企业内部，仍然有一个有效利用问题，如果资金停顿在某一形态上（如固定资产闲置、半成品由于生产不配套形成积压、产成品由于质量原因形成积压等），就必然无法实现资金的保值和增值。

3. 它是管理会计预算编制的重要基础。传统的预算编制以静态预算为基础，没有考虑货币的时间价值，从而对企业管理产生不利的影响。现代预算是以货币时间价值假设为基础编制的，有利于正确反映未来期间的现金流向、现金流量和现金存量，也有利于正确考核各部门的工作业绩。

（五）成本性态可分假设

成本性态可分假设，是指一切成本都可以按其性态划分为固定成本和变动成本。管理会计运用的许多概念和方法都是建立在成本性态可分假设之上的，如固定成本、变动成本、边际贡献等概念，本量利分析法、弹性预算编制方法、标准成本差异分析方法等。当然成本性态可分是在“一定期间和一定业务量范围内”这个假设条件下才成立的，超出这个限制，固定成本也会发生变动。此外，实务中广泛存在的混合成本，在决策时往往采取一定的方法进行分解，与实际情况有一定的差异，有一定的主观随意性。因此，固定成本和变动成本的划分并不是绝对的，而是带有一定的假设性。

（六）目标利润最大化假设

目标利润最大化假设，是指企业在经营管理决策中，以目标利润最大化的方案为最优方案，并假设在实施最优方案时能够实现目标利润。当然，目标利润并不等于现实利润，能否实现目标利润最大化，还要受许多因素制约。况且，目标利润最大化的假设还要受所掌握信息的限制和决策者主观意志的影响，这本身就具有一定的假定性。

（七）风险价值可计量假设

风险价值可计量假设，是指所有的不确定性决策都可以转化为风险型决策，不仅风险具有价值，而且风险价值可以计量。决策按风险程度的大小，分为确定型决策、风险型决策和不确定型决策。由于对未来的结果及其出现的概率无法把握，不确定型决策往往采用非数学计量方法进行。尽管投资决策中的风险价值只是一种虚拟的报酬，并不存在一定的客体可以直接计量，但是这一假设却为管理会计解决现实问题提供了可能。

第三节　现代管理会计的特点

管理会计与财务会计虽然同属于会计学的范畴，但各有其特点。要充分发挥管理会计的职能作用，必须明确管理会计的特点，而要掌握管理会计的特点，就必须了解管理会计的属性及其与财务会计的关系。

一、现代管理会计的属性

管理会计的基本属性，可以从它作为一项工作和作为一门学科这两个方面分别进行论述，从而可以使我们从中掌握它们之间的统一性。

（一）管理会计的工作属性

管理会计作为向企业管理者提供管理信息的会计信息系统，是管理信息系统的一个子系统，是决策支持系统的重要组成部分。

现代管理科学认为，决策是管理者的首要职能，而决策离不开信息。从一定意义上讲，管理就是正确地收集、加工和利用信息并做出决策。基于这一认识，现代管理科学把一个完整的管理信息系统区分为三个层次：一是决策系统；二是决策支持系统；三是执行与控制系统。与此相适应，管理人员也可区分为三种不同类型：一是决策人员；二是参谋人员；三是执行人员。会计人员作为信息专家，属于决策支持系统中的参谋人员。

决策支持系统是决策系统的基础，参谋人员是决策人员的有力助手，这种关系表现为管理会计具有辅助性和专业性的基本特征。辅助性是指管理会计人员并不最终掌握决策权与执行权，但可有效地利用他们所掌握的相关信息，充分发挥信息职能去帮助、影响决策者和执行者。专业性是指管理会计机构是由有关领域有专长的专家组成，使其能提出优化决策目标的科学建议。管理会计人员的专业水平、工作质量及其效果，对实现决策的科学化具有重大影响。因此在实践中，只有正确认识管理会计机构及人员的地位作用，才能保证所定的目标和措施能卓有成效地贯彻执行，这也是现代化管理的要求。

(二)管理会计的学科属性

管理会计作为一个信息系统，其学科属性是信息科学的一个组成部分。管理会计作为决策支持系统的一个重要组成部分，其学科属性又是“软科学”的一个组成部分。因此管理会计的学科属性具有双重性。管理会计作为信息科学组成部分的属性，是由管理会计的职能所决定的，这一点是国内外会计学术界所公认的。管理会计作为“软科学”组成部分的属性，则是会计理论界的一个新观点。这是因为“软科学”是一门以研究决策为核心的新兴学科，为管理者进行决策提供科学的依据。管理会计的这种双重性表现为会计与管理的有机结合。

二、管理会计与财务会计的关系

虽然管理会计与财务会计同属于现代会计的两大分支，但两者在许多方面存在明显的区别。为了更好地掌握管理会计的特点，必须明确管理会计与财务会计的关系。

(一)管理会计与财务会计的区别

为了便于集中比较，现将管理会计与财务会计的区别简要总结如表 1－1 所示。

表 1－1　　管理会计与财务会计的区别

比较项目	管理会计	财务会计
基本目标	主要服务于企业内部管理，必要时也对外报告。	向企业外部利害关系各方提供资料，兼顾企业内部管理。
基本职能	规划未来、控制现在和评价过去，着重于规划未来。	着重于反映过去，提供信息。
核算对象	可以是整个企业，也可以是某个责任部门，甚至是某个责任人，可以是生产经营活动的全过程，也可以是某个阶段或某一方面。	以整个企业生产经营活动的全过程为对象。
会计主体	以各责任单位为会计主体，同时兼顾局部与整体两个方面。	以整个企业作为会计主体。
约束条件	不必遵循会计准则、会计制度及其他法规，处理方法具有很大的灵活性。	必须遵循会计准则、会计制度及其他法规，处理方法灵活性较小。
核算方法	不必严格按照固定的核算程序、方法及规定的凭证、账表格式组织核算，广泛运用高等数学知识，但不要求绝对精确。	采用相对固定的核算程序、方法及规定的凭证、账表格式，并采用一般的数学方法，但力求精确。
会计报告	采用多种计量单位，没有固定的格式和内容，不定期编报，不一定对外报送。	统一采用货币计量，按规定格式定期对外编报。
法律效力	管理会计报告不是正式报告，不具有法律效力。	财务会计报告是正式报告，具有法律效力。

应当注意的是，上述区别并不是绝对的。从广泛意义上讲，财务会计同样是为了满足管理的需要，而现代管理会计的许多可行性分析也常常作为向外提供的资料。因此，管理会计与财务会计很难截然区分。

(二)管理会计与财务会计的联系

管理会计虽与财务会计有区别，但两者还是密切联系的。管理会计是利用财务会计资料对企业经济效益进行预测、决策的，而这种预测、决策是否正确，最终还是要通过财务会计进行检验。管理会计不能离开财务会计单独存在，两者是有千丝万缕的联系。管理会计与财务会计的联系主要表现在以下几个方面。

1. 最终目标一致

尽管财务会计与管理会计采用不同方法提供不同性质的会计信息，但它们提供会计信息的最终目标是一致的，均要提供与经济决策相关的信息。信息的决策有用性是财务会计与管理会计共同的目标。财务会计通过对外提供财务报告，对企业外部投资者、债权人的经济决策施加影响，提供决策支持。管理会计通过规划、控制、组织活动，为企业内部管理人员的经济决策进行参谋和咨询，提供决策支持。两者的目标都是要为决策者的经济决策提供有用的、相关的会计信息。

2. 原始资料同源

财务会计与管理会计所反映的都是企业的生产经营活动，只是两者所处的立场不同而已，财务会计与管理会计都要以表现生产经营活动的原始资料为依据。由于财务会计有一整套会计核算程序和方法对原始资料进行系统的整理、记录和加工，因此财务会计核算的信息往往成为管理会计的基础。管理会计主要通过对财务会计信息的进一步加工，结合其他资料，为企业管理提供内部管理所要求的会计信息。财务会计与管理会计的原始资料是同源的，它们都反映企业的生产经营活动。

3. 会计信息同质

虽然管理会计在许多会计概念、会计原则、会计方法上不同于财务会计，但管理会计是会计系统的一个分支，它是以会计手段为企业内部管理服务的，因此它所提供的为企业管理服务的会计信息同样具备系统、全面、货币计量等会计信息的基本特征，即财务会计与管理会计均为信息使用者提供以货币形式表现的综合性财务信息。

三、管理会计的主要特点

管理会计的特点是相对于财务会计而言所独具的某些特色或显著的不同之处。通过对管理会计与财务会计的比较，可以看出管理会计具有以下主要特点：

(一)侧重于为企业内部的经营管理服务

管理会计的目的主要是为企业内部各级管理人员提供有效经营和最优决策信息，为加强企业的内部管理、提高企业经济效益而服务，即管理会计侧重于为企业内部的经营管理服务。正是由于这一特点，才决定和派生出了管理会计的其他主要特点。财务会计虽然对内、对外都提供企业最基本的财务、成本信息，但主要侧重于为企业外部有经济利害关系的各方服务。需要强调的是，不能简单地认为，财务会计服务于外部，管理会计服务于内部。确切地讲，无论管理会计还是财务会计，都同时为企业内部、外部有关方面的人员服务，只是服务的侧重点不同。

（二）面向未来、控制现在

为了有效地服务于企业内部的经营管理，一方面要求管理会计运用其特有的理论和方法，对生产经营方面将要采取的各种方案进行科学的预测分析，并以此作为决策分析和编制预算的客观依据，即对未来将要发生的经济活动进行核算；另一方面，为确保规划的经营目标能得以实现，还必须切实地控制现在。管理会计以事前、事中核算为主的这一特点是其基本职能的客观反映，是由管理会计的目标特点派生出来的时间特点，与传统财务会计形成鲜明对比。财务会计主要是反映过去，单纯地提供和解释会计信息，与这一特点相适应，管理会计中较多地使用对有关指标的未来估计数据，虽然也使用一些历史数据，但需对其进行必要的加工与整理。

（三）同时兼顾生产经营的全局与局部

财务会计一般只提供企业全局的综合经济信息，而管理会计还要提供企业内部不同部门、不同产品、不同项目或过程等局部的有关生产经营的信息。管理会计的这一范围特点也是由其目标特点所决定的。因为要有效地服务于企业内部经营管理，就必须做到从全局着眼，综合考虑，以实现局部和整体的统一。否则，必然是各行其是，顾此失彼。因此，管理会计必须同时兼顾全局与局部两个方面，对哪一方面都不可偏废。

（四）核算方法灵活多样

如前所述，财务会计必须严格遵循会计准则、会计制度及其他法规，从凭证、账簿到报表要严格按照既定的会计程序进行，具有严密而稳定的结构。而管理会计主要是为企业内部改善经营管理提供有用的信息，在许多方面可以不受会计准则、会计制度及其他法规的制约，结构比较松散，领域更加广阔，核算方法更加灵活多样。无论是核算程序的确定，数据资料的来源，还是核算的具体方法和报告的编制形式，都不必局限于固定的格式，只要能满足企业内部的需要，就可以认为是“有效的”。

（五）数学方法的广泛运用

财务会计虽然也要应用一些数学方法，但范围较小，且一般只涉及初等数学。而管理会计为了在现代化的管理中能更好地发挥其经济作用，越来越多地借助于现代数学方法来解决复杂的经济问题，使之朝着定量化方向发展。以数学来武装管理会计，特别是大量吸收运用运筹学和数理统计学中许多科学的方法，把复杂的经济活动用简明而精确的数学模式表达出来，并用高等数学方法对所掌握的有关数据进行科学的加工整理，以揭示有关对象之间的内在关系和最优数量关系，以便为管理者提供决策依据，这是现代管理会计的又一特点。数学方法的广泛运用，表明管理会计正在走向进一步的成熟与完善。

☆★本章关键概念

管理会计 执行性管理会计 决策性管理会计 管理信息系统

☆★复习思考题

1. 什么是管理会计？它是怎样形成和发展起来的？

2. 管理会计的基本内容有哪些？规划与决策会计和控制与业绩评价会计之间的关系怎样？

3. 管理会计与财务会计之间有哪些主要区别？又有哪些联系？

4. 简要说明我国企业会计工作中有哪些属于管理会计的内容。

5. 人们已普遍认识到："经济越发展，会计越重要"。但在当前有些企业和其他经济组织管理中，为什么管理会计并没有得到足够的重视？

第二章　变动成本法

【引言】

变动成本法是管理会计中普遍使用的成本计算方法和损益计算方法，是本量利分析的理论和方法基础。从管理决策和业绩评价角度看，变动成本法与传统财务会计中所采用的完全成本法相比，可以体现出不同的特点和优越之处。本章主要介绍变动成本法产生的基础——成本性态分析；变动成本法的涵义、特点；并与完全成本法进行比较，对二者作出评价。

第一节　成本性态分析

一、成本按性态分类

成本是指为达到特定目的而消耗或放弃的资源，它是衡量企业经营管理水平高低和经济效益好坏的一个重要指标。企业为了实现有效经营，提高生产经营效果，在决策、预算和日常控制等各个环节，都必须对成本问题进行认真的分析研究。

成本可以按照各种不同的标准进行分类，以适应企业经营管理的不同需要。

传统会计中的成本是指企业为生产一定种类、一定数量产品所支出的各种生产费用的货币表现，所以也称其为生产成本、制造成本或产品成本；并按照具体的经济用途分为直接人工、直接材料和制造费用等项目。

管理会计的产生使成本概念更加多样化。管理会计为行使其预测、决策职能，将“沉没成本”、“相关成本”、“机会成本”等概念广泛应用于不同类型的经营管理决策中，极大地丰富了成本的内涵。管理会计人员应针对特定的管理需求，选择恰当的分类标准对成本进行分类。成本性态分类是管理会计进行成本分类的重要方法，是短期经营决策等多种决策方法的基础，具有重大意义。

所谓成本性态，亦称成本习性，是指成本总额与业务量之间在数量方面的依存关系。这里的业务量可以是产量、销量，也可以是直接人工小时、机器工作小时等，通常是指产量或销量;这里的成本总额包括为取得营业收入而发生的全部生产成本和非生产成本。研究成本对业务量的依存性，进行成本性态分析，可以从数量上掌握成本与业务量之间规律性的联系，为企业优化管理决策资源，对于有效实施成本控制、挖掘成本降低潜力和争取最佳经济效益，都有很大的帮助。

企业的总成本按照成本性态分类，可以分为固定成本、变动成本和混合成本三类。

(一)固定成本

固定成本是指，在一定时期和一定业务量范围内，成本总额不受业务量变动的影响而保持固定不变的成本。例如，企业按直线法计提的厂房和机器设备的折旧费、管理人员的工资、财产保险费、广告费、职工培训费、租金等，均属于固定成本。

1. 固定成本的基本特征

由于固定成本总额不受业务量变动的影响而保持不变，从而单位固定成本与业务量的增减成反比例的变动，由此可以得出固定成本的两个特点：

(1)固定成本总额(用 a 表示)的不变性。若设函数 y = 固定成本总额，则固定成本总额 y 与业务量 x 之间的关系是 $y = a$，如图 2-1。

(2)单位固定成本的反比例变动性。若设函数 y = 单位固定成本，则单位固定成本 y 与业务量 x 之间的关系是 $y = \frac{a}{x}$，如图 2-2。

[例 2-1]某企业由于拓展业务需要，从某租赁公司租入一条计算机生产线，租金每年为 600 000 元，其最大的生产能力为每年 5 000 台，则产量在 5 000 台内变动时对于成本的影响见表 2-1。

表 2-1

产量(台)	总成本(元)	单位产品负担的固定成本
1 000	600 000	600
2 000	600 000	300
3 000	600 000	200
4 000	600 000	150
5 000	600 000	120

其成本性态模型如图 2-1，图 2-2。

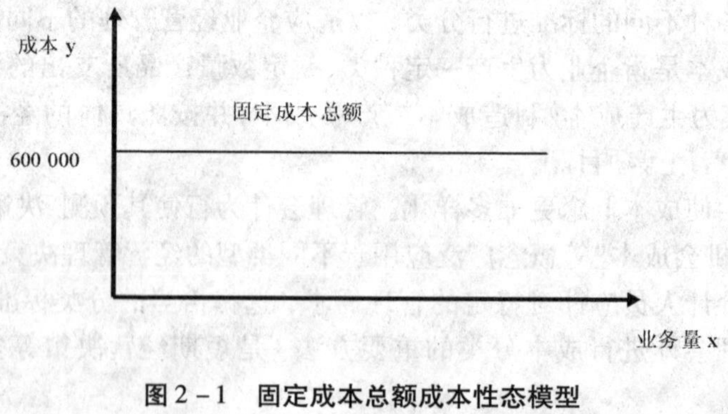

图 2-1 固定成本总额成本性态模型

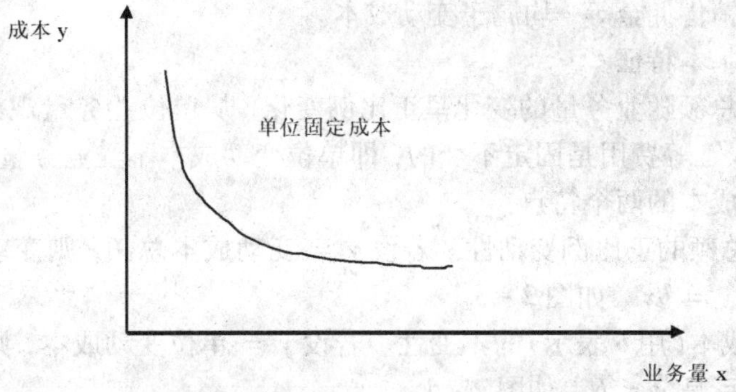

图 2－2 单位固定成本成本性态模型

2. 固定成本的分类

为了有效地控制固定成本，需要对不同性质的固定成本进行分类。通常，固定成本按其是否受管理当局短期计划和决策行为的影响，可以分为约束性固定成本和酌量性固定成本两类。

(1)约束性固定成本

约束性固定成本，也称“经营能力成本”，是指管理当局无法通过短期决策改变其支出数额的固定成本。它和企业经营能力的形成及其正常维护直接相关，如固定资产折旧费、保险费、财产税、管理人员工资等。这些成本是企业保持正常生产经营能力的必要条件，具有很强的约束性；企业的经营能力一经形成，在短期内难于做出重大的改变，因而可以在企业生产经营的较长时期内继续存在和发挥作用。

(2)酌量性固定成本

酌量性固定成本，也称“抉择性固定成本”，或“经营方针成本”，它是指管理当局可以通过短期决策改变其不同时期支出数额的固定成本。它是由企业管理部门按照经营方针的要求，通过确定未来某一会计期间的有关预算额而形成的，如企业的开发研究费、广告费、职工培训费等。酌量性固定成本不同于约束性固定成本，其支出数额的多少可以改变，服从于企业每一会计期间生产经营的实际需要和财务负担能力，因而可以伴随经营方针和财务状况的改变而相应改变，一经确定，只能在某一特定的会计期间存在和发挥作用。

3. 固定成本的“相关范围”概念

对固定成本的所谓“固定性”，我们不能作绝对化的理解，固定性是在一定范围条件内才存在的，这种范围被称为“相关范围”。一般而言，固定成本的相关范围包括两层涵义：一是特定时间范围；二是特定的业务量范围。首先，从长期看，任何成本都是可以改变的，约束性固定成本和酌量性固定成本都会随着企业经营方针的改变而有所增减。例如，随着企业规模的不断增长，企业需要将原有生产设备更新为拥有较大生产能力的设备；或随着科学技术的不断发展，企业以先进的设备取代原有技术较为落后的设备，这些都会导致固定成本总额的变化。其次，当企业的生产能力尚未达到饱和时，适当的产量增加不会改变固定成本，然而，当产量的增加超过了现有生产能力时，企业就必须添置新设备，于是，固定成本总额就会相应增加。所以，在研究固定成本时，必须以明确时间范围和业务量范围为前提。

(二)变动成本

变动成本是指，在一定时期和业务量范围内，成本总额随着业务量的变动而成正比例变动的成本。企业生产成本中的直接材料、直接人工，制造费用中的产品包装费用，销售费用中按销售量支付的销售佣金等，均属于变动成本。

1. 变动成本的基本特征

由于变动成本总额随业务量的变化呈正比例变化，从单位业务量观察，就会发现单位直接材料、单位直接人工等费用是固定不变的，即单位变动成本不受业务量的影响而保持不变，由此可以得出变动成本的两个特点：

(1)变动成本总额的正比例变动性。若设 y = 变动成本总额，则变动成本总额 y 与业务量 x 之间的关系是 $y = bx$，如图 2－3。

(2)单位变动成本(用 b 表示)的不变性。若设 y = 单位变动成本，则单位变动成本 y 与业务量 x 之间的关系是 $y = b$，如图 2－4。

[例 2－2]承前例 2－1，若该企业每生产 1 台计算机，需要一个外购的 CPU，目前符合该企业要求的 CPU 市场价格为 300 元/件。则产量在一定范围内变动对于成本的影响见表 2－2。

表 2－2

产量(台)	单位变动成本(元)	变动成本总额(元)
1 000	300	300 000
2 000	300	600 000
3 000	300	900 000
4 000	300	1200 000
5 000	300	1500 000

其成本性态模型如图 2－3，图 2－4：

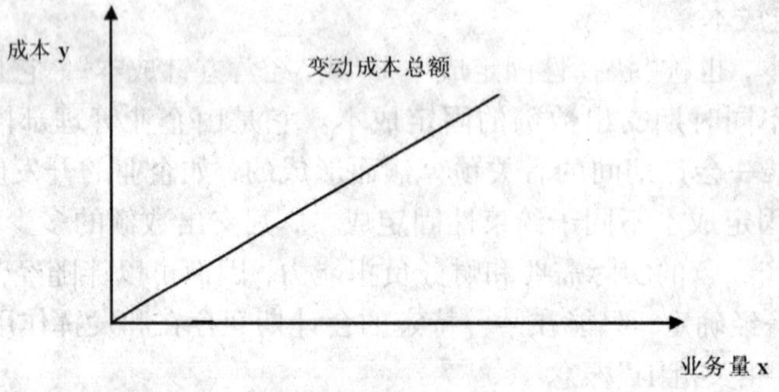

图 2－3　变动成本总额成本性态模型

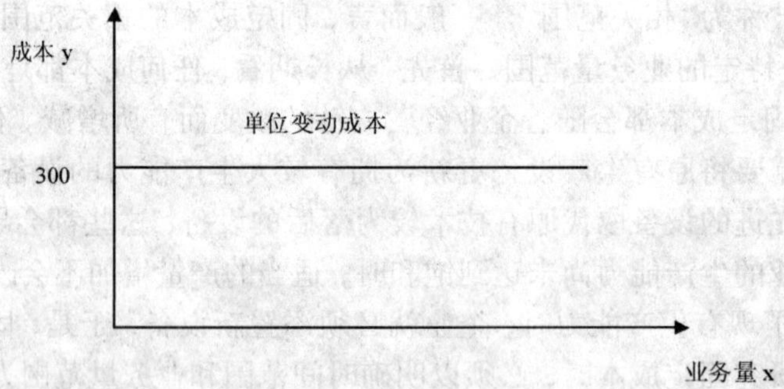

图 2－4　单位变动成本成本性态模型

2. 变动成本的分类

变动成本也可以分为两类，酌量性变动成本和约束性变动成本。

酌量性变动成本，是指单位变动成本发生额由高层管理者经营决策行为决定的成本。例如按照一定百分比从销售收入中提取的销售佣金，其金额的大小取决于高层管理者确定的提取比例。

约束性变动成本，是指单位变动成本发生额由工艺、设计技术等方面的原因决定，不受经营管理者决策影响的成本。例如某计算机生产企业在生产过程中使用的是国外进口的处理器，该处理器的成本主要取决于国外厂商的生产技术以及市场价格，本企业很难改变，除非使用国产处理器从而改变整个企业的生产工艺。

3. 变动成本的"相关范围"概念

和固定成本相类似，变动成本总额与业务量之间的依存关系也需要保证一定的范围条件，也可以称为"相关范围"。即，在一定时期的业务量范围内，成本和业务量之间是正比例的线性关系，但在一定的业务量范围之外，这种关系就可能不存在或表现为非线性关系。例如，当企业的产销量较低时，其生产经营很难达到规模效应，这时单位产品所负担的直接材料和直接人工都比较多；随着企业产销量的增加，达到某种程度后资源利用率会提高，单位产品所负担的直接材料和直接人工等变动成本有所降低并保持稳定不变；当企业的产销量继续增加，并超过了生产能力后，单位产品负担的变动成本又会有所增加。所以，研究变动成本时也应该考虑一定的时间范围和业务量范围，当相关范围发生改变时，原有的单位变动成本将会被新的单位变动成本取代。

（三）混合成本

混合成本，是指成本总额受业务量变动的影响，但变动的幅度并不同业务量的变动保持正比例关系的成本，即混合成本是既不属于固定成本也不属于变动成本，但又兼备了两者的某些特点的成本。

按照混合成本与变动成本法的要求不同，可以将混合成本分为标准式混合成本和非标准式混合成本。

1. 标准式混合成本

标准式混合成本是由明显的固定成本和变动成本两部分组成的成本，它的固定部分是不受业务量影响的基数成本，变动部分是在基数成本的基础上随着业务量的增长而呈正比例增长的成本。设 y = 标准式混合成本总额，则标准式混合成本 y 与业务量 x 的关系为：$y = a + bx$，如图2－5。

[例2－3]某电信部门规定的固定电话费用中，每月固定月租为20元，在此基础上，通话业务每分钟再付费0.1元，对于客户来说，话费支出就属于成本。现要求列出费用支出与业务量之间的数量依存关系。

解：客户的话费开支属于标准式混合成本，设其为 y，设业务量为 x，则二者的线性关系为：

$$y = 20 + 0.1x$$

其成本性态模型如图2－5。

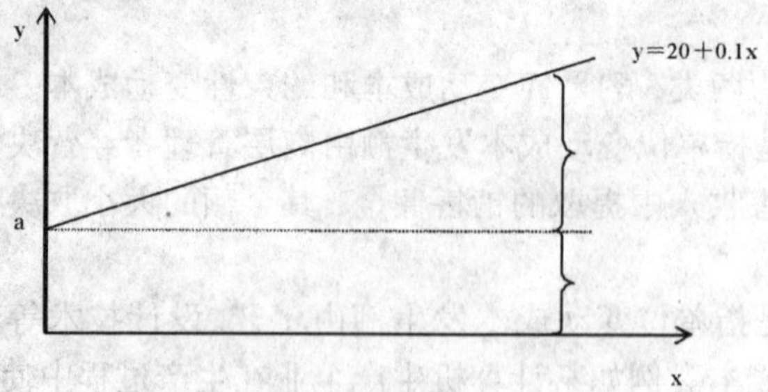

图 2-5　标准混合成本性态模型

2. 非标准式混合成本

标准式混合成本以外的所有混合成本形式都可以称为是非标准式混合成本。非标准式混合成本的表现形式包括：阶梯式非标准混合成本、低坡式非标准混合成本、曲线式非标准混合成本等。如图 2-6，图 2-7，图 2-8。

实践中，还有很多混合成本，其与业务量之间的依存关系无法准确的估计和测定，可以称为其他非标准式混合成本。

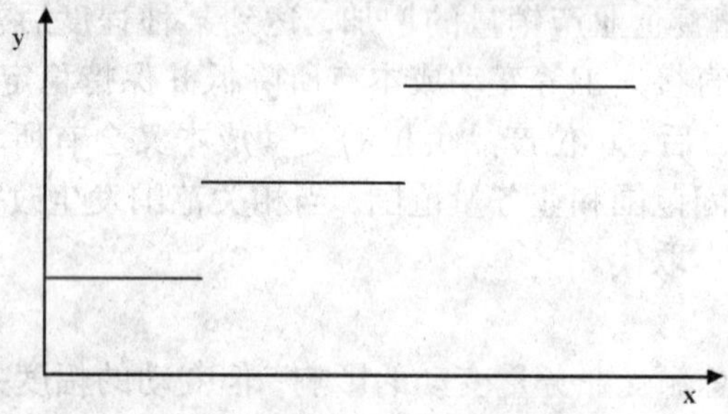

图 2-6　阶梯式非标准混合成本

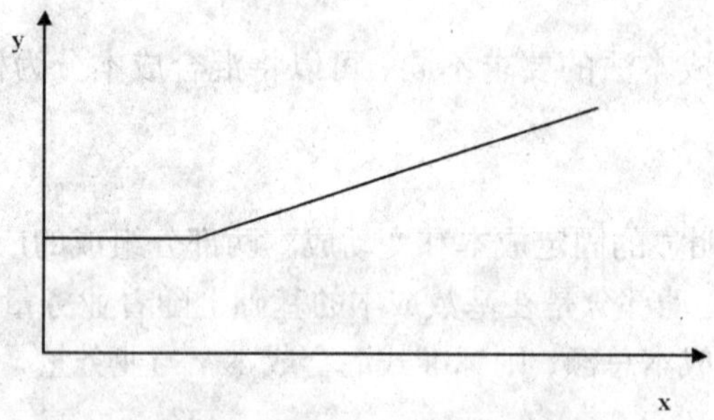

图 2-7　低坡式非标准混合成本

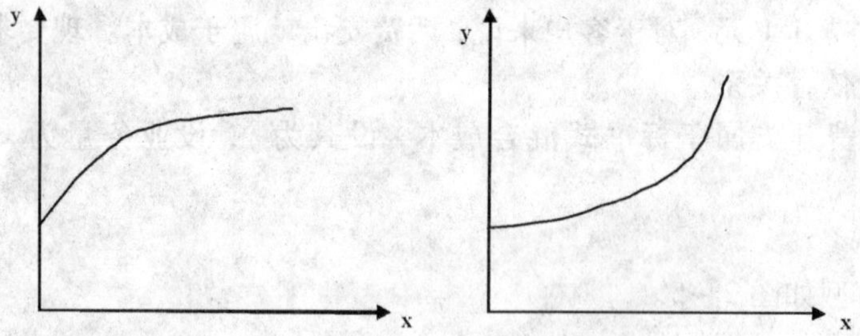

图 2-8　曲线式非标准混合成本

如果从较长时期和业务量的变动趋势看，所有的成本总额都是混合成本，没有绝对不变的固定成本总额，也没有绝对不变的单位变动成本。相关范围的存在说明，成本性态不是成本自身固有的特性，它受到时间和数量的限制，所以，开展成本性态分析本质就是进行混合成本的分解，把成本总额在误差允许的范围内，用标准混合成本 $y = a + bx$ 的形式代替。

二、混合成本的分解

企业经营管理者为了规划和控制企业的经济活动，经常需要了解成本与业务量之间的变化关系，为此，管理会计人员需将全部成本按其习性划分为变动成本和固定成本两大类。然而，在实际工作中，很多成本都是以“混合成本”的形式出现的，需要管理会计人员使用一些专门的方法，将其分解为变动成本和固定成本，这就是通常所说的“混合成本的分解”。所谓的成本性态分析，就是在成本性态分类的基础上，将混合成本分解为变动成本和固定成本两部分后，分别纳入到变动成本和固定成本两类成本中去，以此建立成本总额与业务量函数关系的过程。

分解混合成本，一般采用的方法包括：历史成本分解法、工程研究法、账户分类法和合同认定法。

（一）历史成本分解法

历史成本分解法，是指根据混合成本的历史数据，依据以前各期的实际成本与业务量之间的依存关系，来推算一定期间、一定业务量范围之内固定成本和单位变动成本的平均值，并以此确定所估算的未来成本的一种方法。

历史成本分解法的准确程度，取决于用以分析的历史数据的恰当程度。为了保证成本分解的可靠性，必须注意以下几点：一是选择相关、可比的历史数据，保证所收集的数据不会因为会计政策的变化而产生较大的偏差，因为不同会计期间所采用的会计政策和方法的不同，会在很大程度上影响各期期间成本的可比性。二是选择恰当的会计期间，可以消除期限较长带来的不稳定因素的影响。三是选择恰当的业务量计量单位，保证选定的变量和成本之间存在密切的依存关系。

历史成本分解法可具体分为高低点法、散布图法和回归直线法。

1. 高低点法

高低点法是历史成本分解法中最简单的一种方法，其主要特点是，利用相关范围内业务量最高点和最低点所对应的成本最高点和最低点，来确定成本函数中固定成本和单位变动成本的方法。

高低点法的计算原理是：在相关范围内，所收集的历史数据中成本 y 与业务量 x 是存在线性依存关系的，可以用函数 $y = a + bx$ 表示。根据成本性态分析，a 是相关范围内不变的固定成本，b 是相关范围内不变的单位变动成本，找到 a 和 b 的值，也就构建起了混合成本的线性函数。

在高低点法下，单位变动成本 b 的计算公式为：

$$b = \frac{\text{最高业务量的成本} - \text{最低业务量的成本}}{\text{最高业务量} - \text{最低业务量}}$$

当 b 值确定后，可以根据下列公式中的任何一个，求出 a 值：

$$a = \text{最高业务量的成本} - b \times \text{最高业务量}$$

或：$a = \text{最低业务量的成本} - b \times \text{最低业务量}$

[例2-4]设某企业20×3年度的维修成本历史数据如表2-3所示，要求：假定下一年1月份该企业预计产量为1 300机器小时，则，预计20×4年1月份将发生的成本为多少？

表2-3

月份	机器工作小时	维修成本(元)
1	1 200	900
2	1 300	910
3	1 150	840
4	1 050	850
5	900	820
6	800	730
7	700	720
8	800	780
9	950	750
10	1 100	890
11	1 250	920
12	1 400	930

解：经过观察，发现业务量最高点和最低点分别是12月份的1 400小时和7月份的700小时，所对应的成本分别为930元和720元，所以b和a分别为：

$$b=\frac{930-720}{1\,400-700}=\frac{210}{700}=0.3$$

$$a=930-0.3\times1\,400=510$$

或：

$$a=720-0.3\times700=510$$

则，成本函数为$y=510+0.3x$

若20×4年1月份预计的产量为1 300机器小时，则预计的维修成本为：

$y=510+0.3\times1\,300=900$(元)

使用高低点法分解混合成本，计算简便。但因为它只选择了诸多历史资料中的两组数据作为计算依据，使得计算结果具有偶然性而不具有代表性，所以这种方法只适用于各期成本变动趋势稳定的情况。

2. 散布图法

散布图法，也称布点图法，是将所观察的历史数据，在坐标图上作点，绘出各期成本的散布图，并使用仪器在各成本点之间画出一条反映成本变动趋势的直线，据以确定固定成本和单位变动成本的一种方法。

散布图法的步骤为：

(1)描点。在平面直角坐标系中，绘制成本的散布点，以横轴代表业务量，纵轴代表成本，于是历史成本的数据就形成若干点散布于坐标图中，由此绘制的图即为散布图。

(2)画线。通过目测或使用仪器画出一条反映成本平均变动趋势的直线。注意应尽量使画出的这条直线两边的散布点数量相同，从而使各点到直线的距离之和达到最小。

(3)读数。所画出的直线与纵轴的截距即为固定成本a，在所画出直线上任取一点x，即

可计算得出 b 的值，依据的公式是 $b = \frac{y - a}{x}$。

[例 2－5]仍以前例 2－4 的成本资料为依据，设维修成本为 y 轴，设机器工作小时为业务量 x 轴，绘制散布图如图 2－9。

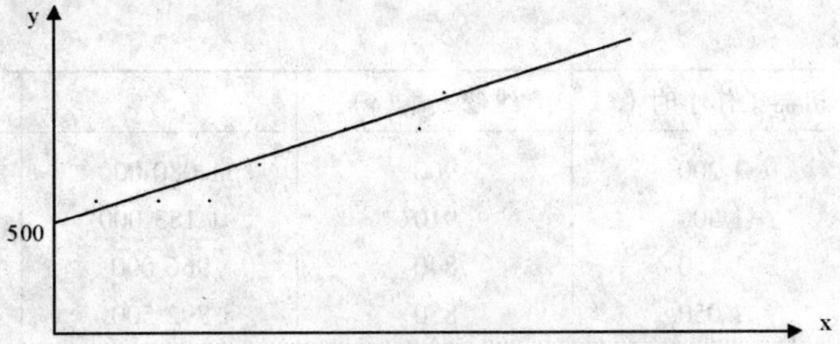

图 2－9

在图 2－9 中，所绘直线和纵轴的交点是 500，表示固定成本为 500 元，则斜率 b 的计算方法为：

在直线上任取一点，如令 $x = 1\ 200$，此时 $y = 900$，则

$$b = \frac{900 - 500}{1\ 200} = 0.33$$

由此可得成本函数：$y = 500 + 0.33x$

散布图法分解混合成本应注意尽可能使所画的直线具有代表性，使成本点比较均匀地分布在直线的两侧，而对于个别异常的成本点，可以不予考虑。这种方法的优点在于全面考虑了已知的所有成本数据，其图像可以反映成本的变动趋势，比较形象，易于理解。因此，比高低点法分解混合成本更精确。但由于画出的反映成本平均变动趋势的直线，仍带有一种随意性，所以不能达到较高的精确度，只适用于混合成本分解精确度要求不高的情况。

3. 回归直线法

回归直线法，是根据一系列历史成本资料，用最小二乘法原理，计算能代表平均成本水平的直线截距和斜率，以其作为固定成本和单位变动成本的一种成本分解方法。它与高低点法和散布图法相比较，是一种更为精确的方法。

回归直线法的数学推导，是以混合成本的直线方程式 $y = a + bx$ 为基础的，其应用过程如下：

设成本 y 和业务量 x 的模型为 $y = a + bx$，为找到固定成本 a 和单位变动成本 b 的值，先以求和形式($\sum$)表达各组数据的和。得：

$$\sum y = na + b\sum x \qquad (1)$$

再以 x 乘以 y = a + bx 式的每一项，并求和，得：

$$\sum xy = a\sum x + b\sum x^2 \qquad (2)$$

由(1)和(2)组成联立方程式，求解得出：

$$b = \frac{n\sum xy - \sum x\sum y}{n\sum x^2 - (\sum x)^2}$$

$$a = \frac{\sum y - b\sum x}{n}$$

[例2－6]根据前例2－4的资料，用回归直线法对维修成本进行分解。相关数据的计算见表2－4。

表2－4

月　份	机器工作小时(x)	维修成本(y)	xy	x^2
1	1 200	900	1 080 000	1 440 000
2	1 300	910	1 183 000	1 690 000
3	1 150	840	966 000	1 322 500
4	1 050	850	892 500	1 102 500
5	900	820	738 000	810 000
6	800	730	584 000	640 000
7	700	720	504 000	490 000
8	800	780	624 000	640 000
9	950	750	712 500	9 02 500
10	1 100	890	979 000	1 210 000
11	1 250	920	1 150 000	1 562 500
12	1 400	930	1 302 000	1 960 000
$\sum n$	12 600	10 040	10 715 000	13 770 000

将表中数据代入回归直线公式中，得：

$$b = \frac{12 \times 10\ 715\ 000 - 12\ 600 \times 10\ 040}{12 \times 13\ 770\ 000 - (12\ 600)^2} = 0.32$$

$$a = \frac{10\ 040 - 0.32 \times 12\ 600}{12} = 500.67$$

由此，可以得到维修成本的线性方程 $y = 500.67 + 0.32x$

还应指出的是，回归直线法是统计方法在成本性态分析中的应用，采用这一统计方法的前提是成本总额和业务量之间必须具有线性关系，否则得出的结果没有意义，因此，我们需要对线性的相关性做出分析。

线性关系常用相关系数 r 加以反映。所谓相关系数，是指两个变量 x 和 y 之间相关程度及其方向的系数，其计算公式为：

$$r = \frac{n\sum xy - \sum x\sum y}{\sqrt{[n\sum x^2 - (\sum x)^2][n\sum y^2 - (\sum y)^2]}}$$

相关系数 r 的取值范围在0与±1之间。当 $r=0$ 时，说明变量之间不存在相关关系；当 $r=1$ 时，说明二者是完全的正相关；当 $r=-1$ 时，说明二者是完全的负相关；当 $0<|r|<1$ 时，r 的数值反映x与y的相关程度。数值越大，相关程度越大；数值越小，相关程度越小。

由于成本和业务量之间不可能负相关，故在混合成本的分解中，r 的取值范围在0到1之间。在管理会计中，一般 r 大于0.8时，就表明成本总额和业务量之间有密切联系，可以采用回归直线法进行成本性态分析。

综合以上三种方法，可以看出，回归直线法使混合成本的分解建立在科学分析和精确计算的基础之上，得到的结果更为精确，但计算却相对复杂得多。无论是高低点法、散布图法或是回归直线法，都是属于历史成本分析方法，只适用于存在可比历史成本数据的情况，倘若这一条件不满足，则需要采用其他方法进行混合成本的分解。

（二）工程研究法

工程研究法又称技术测定法，是由工程技术人员通过某种技术方法测定正常生产流程中"投入－产出"之间的规律性联系，以便逐项研究决定成本高低的每个因素，并在此基础上估算出固定成本和单位变动成本的一种方法。

采用这种方法的关键之处在于：准确测定反映在一定生产技术和管理水平条件下，投入的成本和产出的数量之间具有规律性联系的各种消耗量标准。例如生产一定数量产品所需消耗的各种原材料的重量、机器小时、特定技术等级的人工小时等。将这些数量标准乘以相应的单位价格，便可得到各项标准成本。例如企业详细的工程设计说明书中，一般都包括了制造某种合格产品所需的各种原材料及其标准耗用量，只要将其与原材料单位价格相结合，即可准确地测定出原材料成本是多少。根据工程设计说明书与时间动作研究，就可以准确地测定生产流程中每一步骤所消耗的时间（人工小时），再将其乘以小时工资率，便可得到单位产品的标准人工成本。

工程研究法分解成本的基本步骤是：（1）确定研究的成本项目；（2）对导致成本形成的生产过程进行观察和分析；（3）确定生产过程的最佳操作方法；（4）以最佳操作方法为标准，测定成本项目每一构成内容的标准成本，并以此为依据分别确定固定成本和变动成本。

采用工程研究法必须注意两个问题：（1）工程研究法只有在能够测定出固定成本总额和单位变动成本的前提条件下，才是可行的。（2）如果工程研究法进行成本性态分析的成本较大，应根据成本－效益原则进行取舍。

工程研究法适用于任何可以从客观立场进行观察的"投入－产出"过程，并要求产品的投入量和产出量之间的关系比较稳定。除了上述提到的直接材料、直接人工外，也可以用于办公费用、装运费用、仓储费用等非制造成本的测定。

工程研究法的优越性体现在：（1）工程研究法不仅可以对现有的生产流程进行测定，还可以将所有生产活动和辅助生产活动进行详细的分析，以寻求改进工作的途径，找出最经济、最有效的程序和方法，使产品制造、工作效率及资源配置效益都有所提高。（2）工程研究法的主要目的是确立理想的投入－产出关系，所以企业在建立标准成本和制定预算时，使用工程研究法具有较好的科学性和指导性。（3）工程研究法既是在缺乏历史成本资料条件下可用的最有效的方法，也是用于检验历史成本分析结论的最佳方法。

工程研究法的局限性在于：（1）分析成本较高，需要耗用大量的人力、物力和时间。（2）对投入－产出关系的直接相关性要求过高，不能进行没有特定投入－产出关系的各项费用的分析。

（三）账户分类法

账户分类法是根据各有关成本账户（包括明细账）的内容，按照它们与业务量之间的关系，判断其应当归属于固定成本或变动成本的一种成本分解方法。其中性质与固定成本较为接近的归为固定成本，与变动成本相似的则归为变动成本，不能简单划分的，经过分解后再作归类。例如，大部分管理费用在正常业务量范围内变动都不明显，可按固定成本处理；而材料、燃料费用等虽然与产销量不一定成正比例的变化关系，但费用的发生与业务量之间关系密切，可视其为变动成本。

[例2-7]某企业基本生产车间的月成本如表2-5所示，采用账户分类法对其成本进行分解。

表2-5

产量5 000件								
项目	原材料	直接人工	燃料动力	维修费	间接人工	折旧	行政管理费	合计
总成本(元)	10 000	12 000	4 000	2 000	2 000	8 000	2 000	40 000

经分析，原材料和直接人工通常为变动成本，燃料、动力费、维修费、间接人工等因素的变动虽然与业务量的变动不成正比例关系，但由于我们没有其他可比较的实际成本资料，无法进行成本性态分析，只能将其视为变动成本；行政管理费用中包括多项支出，其中大部分与业务量没有明显的线性关系，虽然可能会发生变化，但基于上述原因，我们将其视为固定成本。分类情况见表2-6。

表2-6

项目	产量为5 000件时的成本		
	总成本	固定成本	变动成本
原材料	10 000		10 000
直接人工	12 000		12 000
燃料和动力费	4 000		4 000
维修费	2 000		2 000
间接人工	2 000		2 000
折旧	8 000	8 000	
行政管理费	2 000	2 000	
合计	40 000	10 000	30 000

根据表2-6中的分类结构，可将总成本分解为固定成本和变动成本两个部分，并以线性方程 $y = a + bx$ 表示。

其中：

$a = 10\ 000$

$b = \dfrac{30\ 000}{5\ 000} = 6$

即：$y = 10\ 000 + 6x$

通过上述分析，可见账户分类法具有简便易行的优点，而且其计算结果可以直接揭示出固定成本和变动成本的结构，内容更加具体明确。若实际总成本发生了超支或节约，还可以据此进一步查明成本差异形成的原因，因此，这种方法在实际工作中得到了广泛的应用。

账户分类法不可避免地也存在一些缺陷，表现为：(1)该方法在确定成本性态时，仅依赖某一产量水平下的一组观测数据，无法反映成本随业务量变动的波动情况，据此进行的成本性态分析不一定完全符合客观实际。(2)该方法在很大程度上取决于会计人员对某一账户成本性态的主观判断。例如上例中，如果间接人工费用中大部分为固定费用，则这种分类方法将使分解后得到的成本线性方程存在较大误差。

克服上述弊端的最佳方法就是联系多种业务量水平进行成本性态分析，通过对不同业务量水平下成本波动情况规律的总结，判断各类成本账户的特性。

（四）合同认定法

合同认定法是根据企业同供应商所签订的各种合同、契约中的收费标准，以及企业内部既定的各种管理和核算制度中所明确规定的计费方法，来确定成本当中的固定成本和单位变动成本数额的成本分解方法。

这种方法特别适用于有明确计算方法的各种初始变量变动成本，如电费、水费、煤气费、电话费等各种公用事业费。其账单上的基数即为固定成本，而按照耗用量多少计价的部分属于变动成本。该方法也是在没有历史成本数据的条件下采用。

上述各种混合成本的分解方法，虽然各有其优缺点和适应性，但它们并非孤立存在，在实际应用中常常相互补充和印证。

三、成本性态分析的意义及存在的问题

（一）成本性态分析的意义

成本性态分析为管理会计中各种方法的实际应用奠定了基础，因而进行成本性态分析，在企业管理中具有十分广泛和重要的意义。

1. 成本性态分析是采用变动成本法的前提条件

进行变动成本计算的首要前提条件就是将企业一定时期发生的所有成本划分为固定成本和变动成本两大类。在此基础上再将与产量变动成正比例变动的生产成本作为产品成本，并确定已销产品的单位成本，作为期末存货成本的计价基础；而将与产量变动无关的所有固定成本作为期间成本处理，全额从当期的销售收入中扣除，并由此计算出企业各期间的损益。可见，进行成本性态分析，正确区分变动成本和固定成本，是变动成本法运用的基础。

2. 成本性态分析为进行成本－业务量－利润之间相互依存关系的分析提供了方便

成本－业务量－利润之间依存关系的分析，简称为“本量利”分析，是管理会计基础方法的核心内容之一，被广泛地认可和使用。本量利分析的目的就是揭示利润、成本和业务量之间的内在依存关系，成本性态分析将成本总额分类为固定成本和变动成本，并揭示了成本与业务量之间的数量变动关系，这为本量利分析中利润公式的构建提供了基础。

3. 成本性态分析是正确制定经营决策的基础

短期经营决策为了分清相关成本和非相关成本，首先需要将成本按照成本性态划分为固定成本和变动成本。固定成本在相关范围内不随业务量的变动而变动，在短期经营决策中大多属于非相关成本；而变动成本在大多数情况下，都属于相关成本。使用这一方法，可以为短期经营决策提供基本的成本概念，形成了短期经营决策中成本决策的关键。此外，在经营决策中还存在许多特殊的成本概念，而这些成本概念大多都是建立在成本性态分类的基础之上的。

（二）成本性态分析存在的问题

1.“相关范围”的限定有局限性

如前所述，固定成本和变动成本的成本性态，只是在一定的时间范围和业务量范围内存在，这一限定本身，就使成本性态分析不可避免地带有了一定的假定性。

2. 成本与产量之间完全线性关系的假定不可能完全切合实际

在进行成本性态分析时，假定在相关的范围内成本的变动是线性的，可以用线性方程 $y = a + bx$ 来表示。但大多数情况下，成本与业务量之间的关系是非线性的。若要准确地描述实际的成本性态，就需要使用非线性函数来进行分析，这样得出的结果可能比较准确和精确，但过程过于复杂。例如，若使用二次或高次方程把引起成本变动的各种因素都纳入到方程中来，也可以进行成本性态分析，但这种分析需要花费更多的时间和精力，信息成本可能会大于信息收益，反而得不偿失。所以，不能简单地认为，只要将分析的计算复杂化，便可以带来良好的分析效果，其实不然。

此外，本章介绍的成本分解方法，均含有估计成分，带有一定的假定性，其分解结果也只能是近似值。

第二节　变动成本法

一、变动成本法概述

变动成本法是美国会计学家哈里斯于 1936 年提出的，但最初并没有引起社会的广泛关注，在实际工作中也很少被采用。第二次世界大战后，随着经济和科学技术的迅猛发展，企业环境发生了重大改变，市场竞争日益激烈；企业管理当局强烈要求会计部门能够提供预测、决策、预算等方面的信息，以帮助其改善日常管理、加强内部控制与决策。从此，变动成本法受到世界各国广泛重视，作为内部管理决策的重要工具，成为管理会计的一项重要内容。

所谓变动成本法，是指以成本性态分析为依据，在计算产品成本和存货成本时，只包括产品在生产过程中所消耗的直接材料、直接人工和变动制造费用，而不包括固定制造费用，将固定制造费用列入“期间成本”项目内，从本期收益中扣除。由于变动成本法的成本计算不包括“固定制造费用”在内，故亦称为“直接成本法”或“边际成本法”。

变动成本法产生以后，为有所区别，人们将财务会计中传统的成本计算方法称为“完全成本法”。

所谓完全成本法，是指在计算产品成本和存货成本时，把一定时期发生的直接材料、直接人工和全部制造费用（包括变动制造费用和固定制造费用）都包括在内的方法。正因为完全成本法将所有“变动”或“固定”的制造费用全部“吸收”到了产品成本中，故亦称为“归纳（或吸收）成本法”。

变动成本法改变了完全成本法中将固定制造费用在本期销货与存货之间进行分配的传统做法，而由当期负担。其理论依据是，固定制造费用主要是为企业提供一定的生产经营条件而发生的，这些生产经营条件一旦形成，不管其利用程度如何，有关费用照常发生，不会因产量的增减变化而改变。它们实质上与特定的会计期间相联系，和企业生产经营活动持续的长短成正比，并随时间的推移而消逝。所以，其效益不应递延到下一个会计期间，而应在发生的当期，全部列入到利润表，作为该期收益的一个扣减项目。

二、变动成本法与完全成本法的比较

由于变动成本法与完全成本法对固定制造费用的处理方法不同，导致了两种方法的一系列

差异。将二者进行比较，能够进一步认识变动成本法的本质及特征，从而更好地加以应用。

（一）应用的前提条件不同

变动成本法的应用前提是成本性态分析，首先要求把全部成本划分为变动成本和固定成本两部分。尤其要把具有混合成本性质的制造费用按生产量分解为变动制造费用和固定制造费用两部分，对具有混合成本性质销售及管理等费用，则按销售量分解为变动和固定费用两部分。

完全成本法首先要求把全部成本按其经济用途分为生产成本和非生产成本两类。将生产领域中为产品生产发生的成本归入生产成本，将发生在日常行政管理、销售和资金筹集中的成本归入非生产成本。

（二）产品成本的构成内容不同

变动成本法下，产品成本只包括变动生产成本中的直接材料、直接人工和变动制造费用三个项目，固定生产成本（即固定制造费用）和非生产成本全部作为期间成本处理。非生产成本也可按成本性态划分为变动和固定两部分，在利润表中分开列示。

完全成本法下，产品成本则包括全部生产成本，只有非生产成本才作为期间成本处理。

依据它们的涵义，变动成本法与完全成本法产品成本的构成内容见图 2－10，图 2－11。

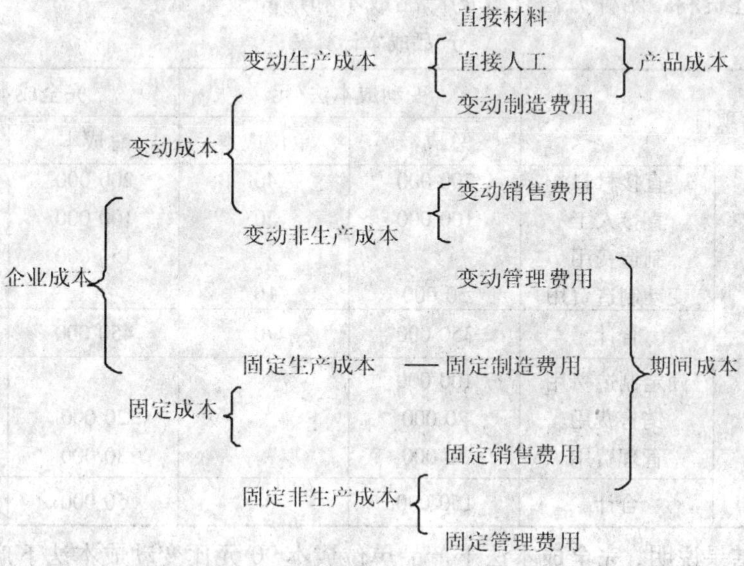

图 2－10 变动成本法下的成本结构

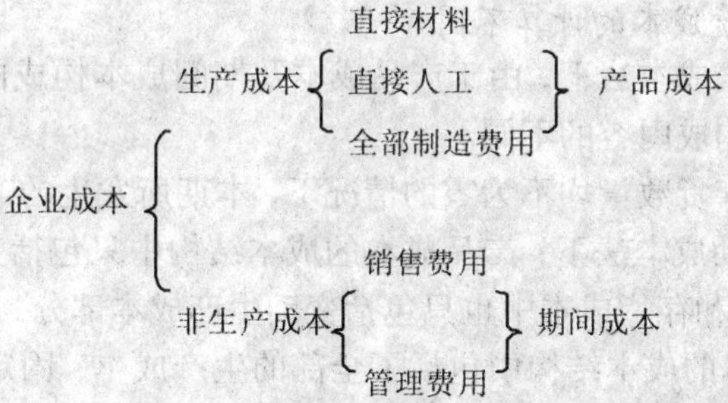

图 2－11 完全成本法下的成本结构

[例2－8]某企业只生产和销售一种产品，该产品20×4年期初存货数量为零，假定本年投产全部完工，有关产品生产资料见表2－7。

表2－7　　　　生产资料

项　目	数量/件	项　目	金 额/元
期初存货数量	0件	直接材料	200 000
本年投产完工量	5 000件	直接人工	100 000
本年销售量	4 000件	变动制造费用	50 000
单价	150元/件	固定制造费用	100 000
		变动销售费用	4 000
		固定销售费用	16 000
		变动管理费用	3 000
		固定管理费用	27 000

要求：分别使用变动成本法和完全成本法计算企业的产品成本。

解：依据上述资料，两种方法计算的产品成本和期间成本见表2－8。

表2－8　　　　产品成本计算表

项目		变动成本法/元		完全成本法/元	
		总成本	单位成本	总成本	单位成本
产品成本	直接材料	200 000	40	200 000	40
	直接人工	100 000	20	100 000	20
	制造费用			150 000	30
	变动制造费用	50 000	10		
	合计	350 000	70	450 000	90
期间成本	固定制造费用	100 000			
	销售费用	20 000		20 000	
	管理费用	30 000		30 000	
	合计	150 000		50 000	

上述计算结果说明，完全成本法下产品单位成本90元比变动成本法下产品单位成本70元多出20元，正是由单位产品负担的固定制造费用20元所致。

（三）存货成本与销货成本的计算不同

在变动成本法与完全成本法下，由于产品成本及期间成本构成内容的不同，又会导致本期销货成本和存货成本构成内容的不同。

在本期销货数量和存货数量均不为零的情况下，本期所发生的产品成本最终会表现为销货成本和存货成本。变动成本法下，产品成本的成本结构中只包括变动生产成本，不包括固定制造费用；则销货成本和存货成本中也只包括变动生产成本部分，而不包含固定制造费用。完全成本法下，产品成本的成本结构中包括了全部的生产成本，固定制造费用被计入产品成本；则本期销货成本、期末库存成本的成本结构也是包括全部生产成本，其成本中均会包括一定份额的固定制造费用。因此，两种成本计算方法会导致所确定的期末存货成本与本期销售成本水平的不同。

[例2－9]仍以例2－8所示的图表资料为依据，分别按照变动成本法和完全成本法计算本期销货成本和期末存货成本。

解：如前所述，本期投产产品全部完工，计算结果见表2－9。

表2－9 营业成本及期末存货成本计算表

项 目	变动成本法	完全成本法
期初产成品存货成本(元)	0	0
本期产品成本(元)	350 000	450 000
可供销售产品成本(元)	350 000	450 000
单位产品成本(元)	70	90
期末产品存货数量(件)	1 000	1 000
期末产成品存货成本(元)	70 000	90 000
本期产品营业成本(元)	280 000	360 000

上述计算结果说明，在产销量不相等的情况下，两种方法所计算得出的期末存货成本不相等，二者的差额正是期末存货所负担的固定制造费用20 000元(20×1 000)。

(四)分期损益的计算不同

1. 损益计算程序不同

如前所述，变动成本法下的产品成本结构和完全成本法下的成本结构并不相同，这种差异必然会对各期会计利润的计算及利润表的编制产生影响。

变动成本法下，营业利润的计算步骤如下：

边际贡献＝营业收入－变动成本

营业利润＝边际贡献－固定成本

完全成本法下，营业利润的计算步骤如下：

毛利＝营业收入－营业成本

营业利润＝毛利－期间成本

由于分期利润的计算程序不同，又会导致利润表的编制格式不同。在变动成本法下的利润表中，成本按照成本习性分类并排列，即营业收入减去变动成本得出边际贡献，然后从边际贡献中减去固定成本得到本期利润。在完全成本法的利润表中，成本按照经济用途和管理职能分类并排列，先由营业收入减去营业成本计算出毛利，然后从毛利中减去期间成本计算得出本期利润。

[例2－10]仍以例2－8所示的图表资料为依据分别按两种成本计算方法编制利润表。

利润表(利润计算过程)见表2－10。

表 2－10　　　　利润表　　　　单位：元

按变动成本法计算		按完全成本法计算	
一、营业收入(4 000×150)	600 000	一、营业收入(4 000×150)	600 000
减：变动成本：		减：营业成本：	
变动生产成本(4 000×70)	280 000	期初存货成本	0
变动销售费用	4 000	加：本期生产成本	450 000
变动管理费用	3 000	可供销售产品成本	450 000
变动成本合计	287 000	减：期末存货成本(1000×90)	90 000
二、边际贡献	313 000	营业成本合计	360 000
减：固定成本：		二、毛利	240 000
固定制造费用	100 000	减：期间成本：	
固定销售费用	16 000	销售费用	20 000
固定管理费用	27 000	管理费用	30 000
固定成本合计	143 000	期间成本合计	50 000
三、利润	170 000	三、利润	190 000

上述计算结果说明，在期初存货为零且本期生产量大于销售量 1 000 件的情况下，完全成本法下计算的利润大于变动成本法下计算的利润，且差额正是期末存货所负担的固定制造费用 20 000 元。

2. 损益计算结果不同

由于两种成本计算方法对固定制造费用的处理不同，在产销量不相等的情况下，两种方法各自计算得出的利润必不相等。

[例 2－11]假定某企业某年度 1、2、3 三个月收入、成本及生产数据资料如表 2－11 所示。(为便于说明问题，假定三个月中产品的销售价格和成本未变)

表 2－11　　　　生产资料

项　目		1 月	2 月	3 月
期初存货(件)		0	2 000	2 000
本期生产(件)		10 000	10 000	10 000
本期销售(件)		8 000	10 000	12 000
期末存货(件)		2 000	2 000	0
销售单价(元/件)		10	10	10
生产成本	单位变动成本(元/件)	5	5	5
	固定制造费用(元)	10 000	10 000	10 000
固定销售及管理费用(元)		10 000	10 000	10 000

要求：依据以上资料，分别采用变动成本法和完全成本法计算各期损益，并编制利润表。

解：第一，从生产资料中得知，该企业连续三个月的生产量均为 10 000 件，而销售量呈逐期递增的趋势。

第二，变动成本法下，产品的单位生产成本等于单位变动成本 5 元/件，而完全成本法下的单位生产成本等于 6 元/件(5＋10 000/10 000)。

第三，根据给定的资料，分别编制的利润表见表2－12和表2－13。

表2－12 变动成本法下利润表

项 目	1月	2月	3月
一、营业收入	80 000	100 000	120 000
减:变动成本	40 000	50 000	60 000
二、边际贡献	40 000	50 000	60 000
减:固定制造费用	10 000	10 000	10 000
固定销售及管理费用	10 000	10 000	10 000
三、息税前利润	20 000	30 000	40 000

表2－13 完全成本法下利润表

项 目	1月	2月	3月
一、营业收入	80 000	100 000	120 000
减:营业成本			
期初存货成本	0	12 000	12 000
＋本期生产成本	60 000	60 000	60 000
－期末存货成本	12 000	12 000	0
营业成本合计	48 000	60 000	72 000
二、毛利	32 000	40 000	48 000
减:销售及管理费用	10 000	10 000	10 000
三、息税前利润	22 000	30 000	38 000

由两张利润表可以得出如下结论：

(1)当产量＝销量时，两种方法下计算得出的利润相等。因为产销量平衡时，当期的变动成本和固定成本都会以不同的形式全部计入当期的利润表中(如2月份损益计算)。

(2)当产量＞销量时，完全成本法下的利润大于变动成本法下的利润。原因在于，完全成本法下当期的期末存货会负担一部分固定制造费用，并在资产负债表中表现为流动资产的价值，不会体现在损益计算程序中。而变动成本法下，固定制造费用被作为期间成本全部在本期损益中扣除(如1月份损益计算)。

(3)当产量＜销量时，完全成本法下的利润小于变动成本法下的利润。原因在于，销量大于产量表明期初存货也会在本期被销售出去，在完全成本法下，以前的存货在本期销售，意味着这部分存货所负担的以前时期的固定制造费用在本期被释放出来，从而增加了本期的成本总额，相应就降低了本期利润(如3月份损益计算)。

(4)从较长的时期看，如果各期产销量时多时少，各期产销量的差额相抵后又能保持基本稳定，则两种方法计算出的各期损益可能平衡或基本平衡。

三、变动成本法与完全成本法的评价

(一)完全成本法的评价

目前美国注册会计师协会(AICPA)、证券交易委员会(SEC)和国内税务局(IRS)都主张采用完全成本法来计算产品成本，并据以确定存货成本和利润。其理由是:变动成本和固定成本都是产品生产所必须支付的费用，而存货成本主要是反映一种物品达到规定存放条件和处于现有场所而发生的合适的成本与开支数额，其中包括一切直接和间接的支出，故变动成本和固定成本均应列入产品成本和存货成本中。正由于美国会计界的这些权威机构都主张采用完全成本法，因此，在财务会计中，企业编制对外报表，必须采用完全成本法。

1. 完全成本法的优点

当今世界正步入信息社会的高技术时代，国际、国内市场竞争激烈，企业为了应付竞争对手，追求高额利润，不得不经常更新设备，开发新产品；政府部门为了支持和鼓励企业采用高新技术，加快科学技术向生产力的转化，增强企业的竞争潜力，允许某些新兴行业采用加速折旧的方法，使固定资产的价值以超过实体周转率一倍以上的速度向产品成本转移。在这种情况下，如果采用完全成本法，就会使单位产品成本急剧变化。也就是说，产量愈大，单位固定生产成本愈低，于是整个单位产品成本也随之降低了。这就会大大刺激企业提高产品生产的积极性。

2. 完全成本法的缺点

按照经济学原理，商品只有销售出去，其价值才算得到社会的承认，企业才能获得收入和利润。在售价、单位变动成本和固定成本总额水平不变的情况下，多销售产品就应该多获得利润。但是，按照完全成本法所确定的息税前利润，往往不考虑企业所生产的产品是否能被销售出去以及何时销售出去，将生产成本全部计入产品成本，最终不能反映出生产部门的真实业绩，会使管理人员对各期损益迷惑不解，甚至会促使企业片面追求高产量、高产值，盲目生产社会不需要的产品。可以表现为：

(1) 有时尽管企业的某种产品各年的销售量相同，销售单价和成本水平(包括单位变动成本和固定成本总额)均无变动，但只要产量不同，各年的单位产品成本和息税前利润就有很大区别。

(2) 有时尽管企业的某种产品本年的销售量超过去年，而销售单价和成本水平均无变动，但只要今年的期末存货量比去年显著减少，就会出现今年的息税前利润反而明显低于去年的情况。

(3) 有时尽管企业的某种产品销售量各年不断下降，而销售单价和成本水平均无变动，但只要产量大幅度增产，反而会造成息税前利润增加的“奇怪”现象。

总之，完全成本法是一种“重生产、轻销售”的成本计算方法，其所确定的企业息税前利润，不仅受产量高低的影响，也与存货成本的增减密切相关。它既有悖于经济学原理，也会严重抹煞销售部门扩大产品销售的业绩。

[例 2-12] 假设有三个生产能力和产品品种完全相同的亏损企业，在采用完全成本法进行成本计算时，相关的成本、产销量和损益情况见表 2-14，试对其经营情况进行分析。

表 2-14　　相关资料

项　目	A 企业	B 企业	C 企业
全部生产成本(元)	120 000	130 000	140 000
产　量(件)	10 000	10 000	10 000
销售量(件)	10 000	5 000	1 000
单位产品成本(元/件)	12	13	14
销售价格(元/件)	10	10	10

续表

营业收入(元)	100 000	50 000	10 000
营业成本(元)	120 000	65 000	14 000
毛利(元)	-20 000	-15 000	-4 000

本例中，A 企业的成本最低，并且所生产产品全部销售出去，故相对而言，其经营绩效应当是最好;B 企业的成本较高，产品只销售了一半，其原因可能是销售不利或产品质量较差，故相对而言，其经营绩效次于 A 企业;C 企业的成本最高，产品仅销售了10%，企业经营绩效最差。但由于采用了完全成本法，计算得出的销售毛利反而是 C 企业最优，亏损较少;B 企业次之;A 企业最差，亏损最多。不难设想，如果各企业完全停止销售，或产品没有市场，则不会出现亏损。

由此可见，完全成本法会起到鼓励企业少销售、甚至不销售产品的消极作用，与企业的经营原则相矛盾，并错误的评价了企业销售业绩。

(二)变动成本法的评价

1. 变动成本法的优点

变动成本法的诞生，突破了传统的狭隘的成本观点，为强化企业的内部经营管理、提高经济效益开创了新思路。这种成本计算方法的优点，可归纳为：

(1)从理论上讲，这种方法最符合“费用与收益相配比”这一原则。

收入是管理者所取得的成就，成本、费用是为取得收入所发生的必要耗费。“收益与费用相配比”原则就是在确认收入的同时也将与之相对应的成本、费用进行确认，把二者进行比较得出本期利润，用以衡量管理者的工作绩效。变动成本法将生产成本中的变动制造费用计入产品成本，将已销售部分转化为销货成本与本期收入直接配比，将未销售部分转化为存货成本，与未来收入配比。生产成本中的固定制造费用，视为为保持企业生产经营能力而发生的成本，并将它归入本期期间成本，一次全部与本期收入配比。变动成本法对变动生产成本和固定制造费用的处理，完全符合配比原则的要求。

(2)能够提供有用的管理信息，为预测前景、参与决策和规划未来服务。

采用变动成本法求得的单位变动成本、边际贡献总额以及其他有关信息(如边际贡献率、变动成本率、经营杠杆等)，对管理当局的决策、规划十分有用。它们能够揭示出业务量与成本变动的内在规律，找出生产、销售、成本和利润之间的依存关系，提供各种产品的盈利能力、经营风险等重要信息，所有这些，能够帮助管理当局深入地进行本量利分析和边际贡献分析，有利于正确进行短期经营决策。

(3)便于分清各部门的经营管理责任，有利于进行成本控制和业绩评价。

一般说来，变动生产成本的高低最能反映出企业生产部门和供应部门的工作业绩。至于固定生产成本的高低，责任一般不在生产部门，通常应由管理部门负责，可通过事先制订费用预算的办法进行控制。另外，变动成本法所提供的信息还能把由于产量变动所引起的成本升降，同由于成本控制工作的好坏而造成的成本升降区分开来。这就不仅有利于我们进行科学的分析，以及采用正确的方法进行成本控制，还能对有关责任单位履行经营管理责任的工作实绩作出恰当的、实事求是的评价。

(4)促使企业管理当局重视销售环节，防止盲目生产。

采用变动成本法，产量的高低与存货增减对利润都没有影响，在销售单价、单位变动成本和销售组合不变的情况下，企业息税前利润将随销售量同方向变动。这样可以促使管理当局重视销售环节，加强促销活动，并把主要精力集中在研究市场动态，了解消费者需求，搞好销售预测和以销定产等方面。否则，采用完全成本法，就可能出现销量增加，利润反而减少；甚至销量下降，利润反而增加的反常现象，其结果必然是盲目生产、仓库积压。

(5)简化成本计算，便于加强日常管理

采用变动成本法，把固定制造费用列作期间成本，从边际贡献总额中减除，可以省去许多间接费用的分摊手续。这不仅大大简化了产品成本的计算过程，避免间接费用分摊中的一些主观随意性，而且可以使会计人员从繁重的计算工作中解脱出来，集中精力向日常管理的广度和深度进军。

2. 变动成本法的局限性

(1)不符合传统的成本概念的要求。

美国会计学会的成本概念和准则委员会认为："成本是为了达到一个特定的目的而已经发生或可能发生的以货币计量的牺牲。"按照这个传统观念，产品成本就应该既包括变动成本也包括固定成本，而按变动成本法算出来的产品成本，显然不能满足这个要求。何况变动成本与固定成本的划分，在很大程度上是假设的结果，而不是一种非常精确的计算。

(2)不能满足长期决策和订价决策的需要。

尽管变动成本法所提供的信息在短期经营决策中能作为确定最优方案的重要依据，但不能解决诸如增加或减少生产能力，以及扩大或缩小经营规模等长期决策问题。因为从长期看，由于技术进步和通货膨胀等因素的影响，销售单价、单位变动成本和固定成本总额很难固定不变。另外，在订价决策中，一般需要掌握产品的全部成本资料(包括变动的和固定的成本信息)，因为它们都应该得到补偿，而变动成本法所提供的产品成本资料，显然不能适应这方面的需要。

(3)从传统的完全成本法过渡到变动成本法时，会影响有关方面的利益。

在实际工作中，如由原来的完全成本法过渡到变动成本法时，一般要降低期末存货的计价(即在存货成本中要减去固定生产成本)。因为要等这些存货售出时才能实现利润，于是就会减少当期的息税前利润。这就会使企业迟延支付当期的所得税和股利。从而暂时影响当期税务机关的所得税收入和投资者的股利收益。

四、变动成本法与完全成本法的结合运用

企业会计应具有对内和对外两方面的职能，一方面要定期发布财务报告，为企业外部信息使用者提供会计信息；另一方面要通过灵活多样的方式和方法，为企业内部经营管理提供信息。从前面的内容中可以看出，完全成本法与变动成本法有其各自的优点和不足，而且从某种意义上讲，双方的不足之处可以通过对方来弥补。比如完全成本法对企业内部的经营管理有很大的局限性，特别是不利于企业的短期决策；而变动成本法对企业内部的经营管理有很大帮助，有利于企业的短期决策。再如变动成本法不适用于编制对外的财务报告；而完全成本法适用等等。凡此种种都说明变动成本法与完全成本法之间并非是排斥关系，而应该是相互结合、相互补充的关系，企业为了兼顾内部和外部两方面的管理需要，完全可以将二者结合应用。

完全成本法是传统的成本计算方法，若要与变动成本法相结合，就需重新建立一套统一的成本计算系统，即在日常按变动成本法组织核算、随时提供能够满足企业内部管理需要的信息的基础上，定期将变动成本法所确定的成本、利润信息调整为按完全成本法模式反映的信息资料，以满足企业外部的需要。

具体做法包括：

1. 日常核算以变动成本法为基础，“生产成本”、“库存商品”账户只登记变动生产成本。

2. 设置“变动制造费用”账户，借方用以核算生产过程中发生的变动性制造费用，期末将其发生额转入“生产成本”账户。

3. 设置“存货中的固定制造费用”账户，借方用以归集当期发生的固定性制造费用，期末则将应由已销产品负担的部分从贷方转出，转入“主营业务成本”账户的借方并体现于利润表中；该账户的期末余额则反映了期末存货所负担的固定性制造费用，于期末列入资产负债表。

4. 设置“变动非制造成本”和“固定非制造成本”账户，借方用以分别归集销售费用和管理费用中的变动部分和固定部分，期末则全部由贷方转入“本年利润”账户。

5. “主营业务成本”账户仍按完全成本法核算和使用，已销产品的变动成本自“库存商品”账户转入，应负担的固定制造费用自“存货中的固定制造费用”账户转入。

变动成本法与完全成本法结合运用的成本计算系统的账务处理程序，用以下案例说明。

[例 2－13]某企业为单品种产品生产企业，且该企业期末无在产品，有关资料如下：

期初存货	0
当期产量	5 000 件
当期销量	4 000 件
期末存货	1 000 件
单位变动成本：	
直接材料	10 元
直接人工	6 元
变动制造费用	4 元
固定制造费用	30 000 元
变动性非制造成本（随销量变动）	16 000 元
固定性非制造成本	50 000 元
单位产品销售价格	45 元

要求：以变动成本法为基础设置统一的成本计算系统。

解：具体的账务处理程序如下：

（1）核算产品生产成本

借：生产成本	80 000	
变动制造费用	20 000	
存货中的固定制造费用	30 000	
贷：原材料、应付职工薪酬等		130 000

（2）结转变动制造费用

借：生产成本	20 000	
贷：变动制造费用		20 000

(3)计算并结转完工产品成本

借:库存商品　　　　　　　　　　100 000

　贷:生产成本　　　　　　　　　　　　100 000

(4)结转已销产品生产成本

借:主营业务成本　　　　　　　　80 000

　贷:库存商品　　　　　　　　　　　　80 000

(5)结转已销产品负担的固定制造费用

借:主营业务成本 24 000(4 000×30 000/5 000)

　贷:存货中的固定制造费用　　　　　　24 000

(6)核算本年利润

借:主营业务收入　　180 000(4 000×45)

　贷:本年利润　　　　　　　　　　　180 000

借:本年利润　　　　　　　　　　170 000

　贷:主营业务成本　　　　　　　　　104 000

　　变动非制造成本　　　　　　　　　16 000

　　固定非制造成本　　　　　　　　　50 000

经计算，本期营业利润为10 000元(180 000－170 000)，本期期末产成品存货成本中包含变动生产成本20 000元，包含固定制造费用6 000元，于资产负债表中反映。

☆★本章关键概念

成本性态 固定成本 变动成本 混合成本 生产成本 非生产成本 变动成本 固定成本 变动制造费用 固定制造费用 期间成本

☆★复习思考题

1. 什么是固定成本，其特点是什么？
2. 什么是变动成本，其特点是什么？
3. 说明相关范围在成本性态分析中的作用。
4. 混合成本分解的方法有哪些？
5. 试分析变动成本法的前提条件。
6. 试比较完全成本法与变动成本法有哪些区别。
7. 试评价完全成本法的优缺点有哪些。
8. 试分析变动成本法的意义。

第三章　本量利分析

【引言】

本量利分析是管理会计的基本方法之一，它所提供的分析原理、分析方法在管理会计中有着广泛的应用。本量利分析是在成本性态分析和变动成本法的基础之上，对成本、业务量及利润之间的关系进行分析研究，以揭示各因素之间内在依存关系的一种定量分析方法。本量利分析法可以为企业管理者提供其进行预测、决策、规划和控制的财务信息，帮助企业管理人员解决生产经营过程中的许多问题。诸如，产品销售收入达到怎样的水平才能保本；企业生产能力如何扩大；如何实现企业经营目标等等。

第一节　本量利分析的基本模式

本量利分析，是“成本－业务量－利润分析”的简称，是在成本性态分类和变动成本法的基础上，应用数学方法来揭示固定成本、变动成本、业务量、单价、销售额和利润之间的内在依存关系，为会计预测、决策和规划提供必要的财务信息的一种定量分析方法。

一、本量利分析的基本模式

本量利分析的基本模式是用公式来表示成本、业务量和利润之间的依存关系，其中涉及到的因素包括：单价、单位变动成本、销售量、固定成本总额和营业利润，它们之间的关系可以用公式表示：

营业利润＝销售收入－（变动成本＋固定成本）
＝销售量×单价－销售量×单位变动成本－固定成本
＝销售量×（单价－单位变动成本）－固定成本

如果用符号替代上述公式中的各个因素，公式又可以表示为：

$$P = V(SP - VC) - FC$$

其中，P代表营业利润，SP代表单位价格，VC代表单位变动成本，V代表销售量（业务量），FC代表固定成本总额。

本量利分析的基本模式清楚地揭示了销售量、单价、单位变动成本、固定成本与利润之间的数量关系。

二、本量利分析的基本假设

本量利分析是建立在一定的假设条件之上的，如果忽略了这些假设条件，就会削弱本量利分析的规律性和指导性，造成预测和决策的失误。管理会计中，盈亏临界分析和本量利分析的基本假设是一致的，包括以下几个方面：

（一）成本性态分类假设

这一假定是指成本性态是完全可以预测的，全部成本可以按成本性态划分为固定成本和变动成本，即成本函数 $y=a+bx$ 的线性关系存在。由于固定成本和变动成本均存在各自的相关范围，导致总成本函数公式也须在一定的条件下才能成立。

（二）线性相关假设

这一假设是指在一定期间和一定业务量范围之内，本量利关系中存在若干线性关系，包括：

1. 产品的销售收入和销售量之间存在完全的线性关系。

在本量利分析中通常都假设产品的单价固定不变，且产品销售收入同销售量之间成正比例的变动关系，可以用公式 $y=px$ 表示，其中 y 指销售收入，p 指单位价格，x 指相关范围内的业务量。但是，在市场经济条件下，产品的价格受多种因素制约，在产品生命周期的不同阶段，价格往往不相等；而只有当产品处于成熟期或通货膨胀率非常低时，价格才会相对稳定，线性关系才会存在。如果没有这一假设，预计销售收入和实际销售收入之间会产生很大的差异，本量利分析的预测行为将会失去意义。

2. 变动成本与业务量之间存在完全的线性关系。

在本量利分析中，变动成本总额和业务量成正比例的变动关系，即，单位产品变动成本保持不变。但这一假设也只是在相关范围内才成立，超过了相关范围，单位变动成本就会发生变化，成本与业务量的线性关系须重新构建。

3. 固定成本保持不变假设。

在本量利分析中，固定成本在相关范围内保持不变。在一定生产能力、一定时期，这一假设成立；若超出相关范围，企业新增设备或增大规模，都会使固定成本增加。

（三）产销平衡假设

产销平衡是指每期生产出来的产品总是在当期全部销售出去，即生产数量和销售数量相等。因为产量的变动会影响到本期成本的变动，销量的变动又影响到当期收入的变动，只有假设产销平衡，才不需考虑期末存货成本对本期利润的制约，可以简化决策分析过程。

（四）产品品种结构不变假设

在生产和销售多种产品的企业中，各种产品的边际贡献相同时，本量利分析将不受产品品种结构变化的影响。但是，在实际经济生活中，不同产品单位变动成本或者单位价格的差异造成了其边际贡献率的不相等，这就给本量利分析带来很大的难度。

若假定各种产品的品种结构保持不变，即各种产品在销售中所占的比重保持不变，可以使多品种的本量利分析在单一品种结构下进行，更有利于在相关范围内揭示出各变量之间的内在规律。

三、本量利分析中的基本概念

(一)边际贡献

边际贡献，也称贡献毛益，是指产品销售收入扣除变动成本后的余额。在本量利分析中，边际贡献是一个非常重要的概念，它反映了产品盈利能力的大小，也可称之为边际收益或创利额。

企业一定时期发生的成本，按成本性态划分为固定成本和变动成本，销售收入在补偿了这些成本之后方可形成利润，否则企业就会亏损。在相关范围内，变动成本是随着业务量的变化成正比例变化的，而固定成本不论销售量是多是少都会发生。一般认为，销售收入对变动成本的补偿可以从根本上揭示产品销售为企业做出的“贡献”水平，所以将它作为一个重要概念加以分析。

边际贡献有两种表现形式：一是用总体数额表示，即边际贡献总额，反映增加的销售总额所提供的贡献毛益总额；二是用单位数额表示，即单位边际贡献，反映每增加一个单位销售量所增加的贡献毛益。

计算公式为：

边际贡献总额 = 销售收入 - 变动成本

= 单价 × 销售量 - 单位变动成本 × 销售量

单位边际贡献 = 单价 - 单位变动成本

如果企业产销多种产品，那么该企业的边际贡献总额为各种产品边际贡献总额之和，公式为：

企业边际贡献总额 = Σ(某种产品单位边际贡献 × 销售量)

(二)边际贡献率与变动成本率

1. 边际贡献率

边际贡献率，也称贡献毛益率，是边际贡献的相对数形式，即边际贡献与销售收入的比率。

计算公式为：

$$边际贡献率 = \frac{边际贡献总额}{销售收入总额} \times 100\%$$

$$= \frac{销售收入 - 变动成本}{销售收入} \times 100\%$$

$$= \frac{单价 - 单位变动成本}{单价} \times 100\%$$

$$= \frac{单位边际贡献}{单价} \times 100\%$$

边际贡献率反映了每一元销售收入创造的边际贡献额，该指标是判断产品盈利能力大小的主要依据。通常情况下，边际贡献率越高，产品创利能力越强；边际贡献率越低，产品创利能力越弱。

2. 变动成本率

变动成本率，是指变动成本与销售收入的比率。它是与边际贡献率相关的另一指标。

计算公式为：

$$变动成本率 = \frac{变动成本总额}{销售收入总额} \times 100\%$$

$$= \frac{单位变动成本}{单价} \times 100\%$$

边际贡献率和变动成本率之间的关系可表示为：

边际贡献率 + 变动成本率 = 1

可见，边际贡献率和变动成本率之间存在互补关系，变动成本率高的公司，其边际贡献率就低，企业创利能力也低；变动成本率低的公司，其边际贡献率就高，企业创利能力也高。对这一互补关系灵活应用，可以合理地处理成本、单价与业务量之间的关系，以达到提高企业获利能力的目的。

（三）边际贡献、固定成本及利润之间的关系

根据上述公式的推导，可将边际贡献、固定成本和营业利润之间的关系表示为下列几种方式：

营业利润 = 边际贡献 − 固定成本

边际贡献 = 营业利润 + 固定成本

固定成本 = 边际贡献 − 营业利润

由此可知，企业各种产品所提供的边际贡献首先用于补偿企业的固定成本，提供的边际贡献越大，超出固定成本的差额越大，为企业提供的利润也越多；反之，如果边际贡献小于固定成本，则企业会发生亏损。

[例 3 − 1] 已知甲企业只生产一种产品，单价为 200 元，单位变动成本为 140 元/件，固定成本 42 000 元，20×4 年预计的销售数量为 800 件。

要求：(1) 计算边际贡献总额，单位边际贡献和边际贡献率；(2) 计算预计的营业利润；(3) 计算变动成本率；(4) 验证边际贡献率和变动成本率之间的关系。

(1) 边际贡献总额 = (200 − 140) × 800 = 48 000（元）

单位边际贡献 = 200 − 140 = 60（元/件）

$$边际贡献率 = \frac{60}{200} \times 100\%$$

$$= 30\%$$

(2) 营业利润 = 边际贡献 − 固定成本

= 48 000 − 42 000

= 6 000（元）

$$(3)\ 变动成本率 = \frac{140}{200} \times 100\%$$

$$= 70\%$$

(4) 边际贡献率 + 变动成本率 = 30% + 70% = 1

第二节 本量利分析的基本运用

一、盈亏临界点分析

盈亏临界点是指企业总收入等于总成本，营业利润等于零时所实现的销售量或销售额。由于此时企业处于不盈不亏、盈亏平衡的状态，所以又可称之为保本点、两平点或损益平衡点。

盈亏临界点的确定是本量利分析中非常重要的内容，盈亏临界点分析就是根据成本、业务量、利润等因素之间的关系，预测企业在何种情况下达到不盈不亏的状态，为企业规划利润、控制经营过程和利润完成情况、估计经营风险提供依据。

盈亏临界点的表现形式有两种：一是实物量指标，即盈亏临界点销售量；二是货币量指标，即盈亏临界点销售额。盈亏临界点分析，就是计算这两项指标。

（一）盈亏临界点的计算模型

1. 单品种产品盈亏临界点的计算

单一品种产品盈亏临界点的计算，以本量利基本公式为依据：

营业利润 = 销售量 ×（单价 - 单位变动成本）- 固定成本

令利润为零，则：

$$盈亏临界点销售量=\frac{固定成本}{单价-单位变动成本}=\frac{固定成本}{单价边际贡献}$$

$$盈亏临界点销售额=盈亏临界点销售量\times单价=\frac{固定成本\times单位售价}{单价-单位变动成本}=\frac{固定成本}{边际贡献率}=\frac{固定成本}{1-变动成本率}$$

[例 3 - 2] 仍以例 3 - 1 的资料为例，计算甲企业盈亏临界点所应实现的销售量和销售额。

$$盈亏临界点销售量=\frac{42\ 000}{200-140}=700（件）$$

$$盈亏临界点销售额=\frac{42\ 000}{30\%}=140\ 000（元）$$

2. 多品种产品盈亏临界点的计算

在企业产销多品种产品的情况下，盈亏临界点的计算只能用金额表示，此时计算盈亏临界点销售额存在以下几种模型。

（1）综合边际贡献率模型

在产品品种结构稳定不变的情况下，企业可以在计算综合边际贡献率的基础上确定综合盈亏临界点及各种产品的盈亏临界点。由于多种产品的实物量计量方式不同，所以综合盈亏临界点不能用实物量指标来表示，只能用货币量指标表示。

综合边际贡献法的具体计算步骤为：

第一步，计算全部产品的销售额；

$$\text{全部产品的销售额}=\sum(\text{某种产品的单价}\times\text{该种产品的销售量})$$

第二步，计算各种产品的品种结构比重（各种产品销售额占总销售额的比重）；

$$\text{某种产品的品种结构比重}=\frac{\text{该产品的销售额}}{\text{全部产品的总销售额}}\times 100\%$$

第三步，计算综合边际贡献率；

$$\text{综合边际贡献率}=\frac{\text{各种产品边际贡献之和}}{\text{全部产品的总销售额}}\times 100\%$$，或：

$$\text{综合边际贡献率}=\sum(\text{某种产品的个别边际贡献率}\times\text{该产品的品种结构比重})$$

第四步，计算综合盈亏临界点销售额；

$$\text{综合盈亏临界点销售额}=\frac{\text{固定成本总额}}{\text{综合边际贡献率}}$$

第五步，计算各种产品的盈亏临界点销售额及销售量。

$$\text{某种产品的盈亏临界点销售额}=\text{综合盈亏临界点销售额}\times\text{该种产品的品种结构比重}$$

$$\text{某种产品的盈亏临界点销售量}=\frac{\text{该种产品的盈亏临界点销售额}}{\text{该种产品的单价}}$$

[例3－3]某企业生产销售甲、乙、丙三种产品，固定成本总额为172 000元，假定产品品种结构在相关范围内不变，20×4年有关资料见表3－1。

要求：计算该企业盈亏平衡时的销售额及各种产品的盈亏平衡销售额、销售量。

表3－1

产品名称	单价（元/件）	单位变动成本（元/件）	销售量（件）
甲	40	25	5 000
乙	10	6	10 000
丙	16	8	12 500

（1）计算全部产品的总销售额；

$$\begin{aligned}\text{预计20×4年的全部销售额}&=5\,000\times 40+10\,000\times 10+12\,500\times 16\\&=500\,000(\text{元})\end{aligned}$$

（2）计算各种产品的品种结构比重；

$$\text{甲产品品种结构比重}=\frac{5\,000\times 40}{500\,000}\times 100\%=40\%$$

$$\text{乙产品品种结构比重}=\frac{1\,000\times 10}{500\,000}\times 100\%=20\%$$

$$\text{丙产品品种结构比重}=\frac{12\,500\times 16}{500\,000}=40\%$$

(3)计算综合边际贡献率;

$$\text{甲产品边际贡献率}=\frac{40-25}{40}=37.5\%$$

$$\text{乙产品边际贡献率}=\frac{10-6}{10}=40\%$$

$$\text{丙产品边际贡献率}=\frac{16-8}{16}=50\%$$

$$\text{综合边际贡献率}=37.5\%\times40\%+40\%\times20\%+50\%\times40\%=43\%$$

(4)计算综合盈亏临界点销售额;

$$\begin{array}{l}\text{综合盈亏临界}\\\text{点的销售额}\end{array}=\frac{172\ 000}{43\%}=400\ 000(\text{元})$$

(5)计算各种产品的盈亏临界点销售额及销售量。

$$\begin{array}{l}\text{甲产品的盈亏}\\\text{临界点销售额}\end{array}=400\ 000\times40\%=160\ 000(\text{元})$$

$$\begin{array}{l}\text{乙产品的盈亏}\\\text{临界点销售额}\end{array}=400\ 000\times20\%=80\ 000(\text{元})$$

$$\begin{array}{l}\text{丙产品的盈亏}\\\text{临界点销售额}\end{array}=400\ 000\times40\%=160\ 000(\text{元})$$

$$\begin{array}{l}\text{甲产品的盈亏}\\\text{临界点销售量}\end{array}=\frac{160\ 000}{40}=4\ 000(\text{件})$$

$$\begin{array}{l}\text{乙产品的盈亏}\\\text{临界点销售量}\end{array}=\frac{80\ 000}{10}=8\ 000(\text{件})$$

$$\begin{array}{l}\text{丙产品的盈亏}\\\text{临界点销售量}\end{array}=\frac{160\ 000}{16}=10\ 000(\text{件})$$

综合边际贡献法在企业产品品种结构稳定不变时可以使用，当企业的品种结构发生变化时，相对应的综合边际贡献率肯定要发生改变，也必须对综合盈亏临界点进行调整。

(2)联合单位模型

在企业产品品种结构保持不变的情况下，可以采用联合单位法确定企业多品种产品盈亏临界点。所谓联合单位，是指按固定实物量比例构成所计算的、统一反映一组产品业务量的计量单位。例如服装企业经过多年销售经验发现，西装、领带之间的销售量长期保持着稳定的比例关系，一套西装对应两条领带，则这种 1∶2 的比例关系可以作为这一组产品的计量单位。

联合单位法的具体计算步骤为:

第一步，计算各种产品的实物量比例;

第二步，计算“联合单价”，“联合销售量”，“联合单位变动成本”，“联合单位边际贡献”;

$$\text{联合单价}=\sum\text{各种产品的单价}\times\text{各该产品的实物量比例}$$

$$\text{联合销售量}=\text{各种产品销售量的最小公倍数}$$

$$\text{联合单位变动成本}=\sum\begin{array}{c}\text{各产品的单}\\\text{位变动成本}\end{array}\times\text{各该产品的实物量比例}$$

联合单位边际贡献 = 联合单价 - 联合单位变动成本

第三步，确定多品种产品的盈亏临界点。

$$\text{以联合单位表示的盈亏临界点销售量} = \frac{\text{固定成本}}{\text{联合单位边际贡献}}$$

$$\text{以联合单位表示的盈亏临界点销售额} = \text{以联合单位表示的盈亏临界点销售量} \times \text{联合单价}$$

[例3-4]设某企业生产甲、乙、丙三种产品，其销售量规律体现了三者之间存在稳定的比例关系。相关资料见表3-2。

表3-2

产品名称	单价(元/件)	单位变动成本(元/件)	销售量(件)
甲	50	40	200
乙	40	20	600
丙	30	20	400

预计该企业下年度发生的固定成本为45 000元。

要求:采用联合单位法计算确定该企业下年度的盈亏临界点销售量和销售额。

(1)甲、乙、丙三种产品的实物量比例为1∶3∶2。

(2)联合单价 = 50×1 + 40×3 + 30×2 = 230(元/件)

联合单位变动成本 = 40×1 + 20×3 + 20×2 = 140(元/件)

(3)盈亏临界点销售量 $= \frac{45\ 000}{230-140} = 500$(联合单位)

盈亏临界点销售额 = 500×230 = 115 000(元)

其中:

甲产品的盈亏临界点销售量 = 500×1 = 500(件)

乙产品的盈亏临界点销售量 = 500×3 = 1 500(件)

丙产品的盈亏临界点销售量 = 500×2 = 1 000(件)

甲产品的盈亏临界点销售额 = 500×50 = 25 000(元)

乙产品的盈亏临界点销售额 = 1 500×40 = 60 000(元)

丙产品的盈亏临界点销售额 = 1 000×30 = 30 000(元)

联合单位法实际上是将"多品种"产品的盈亏临界点计算问题转换成了"单一品种"产品盈亏临界点的计算问题，因此，较适用于具有严格产出规律的联产品生产企业。

3.安全边际与安全边际率

企业处于不盈不亏状态意味着当期的边际贡献全部被固定成本抵消，只有当销售量超过盈亏临界点时，其超出部分才形成企业的利润。显然，销售量超出盈亏临界点越多，说明企业盈利越多，换句话说，即发生亏损的可能性就越小，企业的经营就越安全。

所谓安全边际，是指企业实际或预计销售超过盈亏临界点销售的差额，这个差额标志着企业销售下降多少，才会发生亏损。

安全边际有绝对数和相对数两种表现形式:

$$\text{安全边际} = \text{实际或预计销售} - \text{盈亏临界点销售}$$

$$安全边际率 = \frac{安全边际}{实际或预计销售} \times 100\%$$

安全边际是与损益平衡相关的一项指标，反映了企业的安全程度。企业达到盈亏临界点、即损益平衡时，意味着企业总收入正好等于总成本，超过盈亏临界点部分的业务量才能给企业带来利润，而超额部分的衡量指标正是安全边际，超过盈亏临界点以上的安全边际所提供的边际贡献就是利润。安全边际越大，利润越多，企业发生亏损的可能性就越小，经营安全程度就越高；反之，安全边际越小，利润越少，企业发生亏损的可能性就越大，经营安全程度就越低。

西方一般采用安全边际率来评价企业经营的安全程度，表 3－3 列示了安全边际率与评价企业经营安全程度的一般标准。

表 3－3

安全边际率	10% 以下	10% －20%	20% －30%	30% －40%	40% －50%
安全程度	危险	值得注意	较安全	安全	很安全

［例 3－5］已知甲企业只生产一种钢铁产品，本期的单价为 10 元/件，单位变动成本为 6 元/件，固定成本总额为 22 000 元，销售量为 10 000 件。预计下期的单价、单位变动成本、固定成本均不变，预计下期销售量达到 15 000 件。

要求：计算企业本期和下期该种产品的安全边际、安全边际率；并对之进行评价。

企业盈亏临界点为：

$$盈亏临界点销售量 = \frac{22\ 000}{10-6} = 5\ 500 件$$

盈亏临界点销售额 $= 5\ 500 \times 10 = 55\ 000$ 元

则，本期安全边际为：

本期安全边际量 $= 10\ 000 - 5\ 500 = 4\ 500$ 件

本期安全边际额 $= 100\ 000 - 55\ 000 = 45\ 000$ 元

$$本期安全边际率 = \frac{4\ 500}{10\ 000} \times 100\% = 45\%$$

下期安全边际为：

下期安全边际量 $= 15\ 000 - 5\ 500 = 9\ 500$ 件

下期安全边际额 $= 9\ 500 \times 10 = 95\ 000$ 元

$$下期安全边际率 = \frac{9\ 500}{15\ 000} \times 100\% = 63.3\%$$

可见，本期与下期的经营安全程度作比较的话，由于下期的安全边际大于本期，所以下期的经营安全程度也大于本期，下期经营亏损的可能性要小于本期。

企业经营的安全程度，不仅可以用安全边际量、安全边际率等正指标来评价，也可以用反指标——盈亏临界点作业率来反映。

所谓盈亏临界点作业率，又称为“危险率”，是指盈亏临界点业务量占现有或预计销售业务量的百分比。计算公式为：

$$盈亏临界点作业率 = \frac{盈亏临界点销售量}{现有或预计销售量} \times 100\%$$

$$= \frac{\text{盈亏临界点销售量}}{\text{现有或预计销售额}} \times 100\%$$

该指标是反指标，越小说明越安全。且与安全边际率的关系是：

安全边际率 + 盈亏临界点作业率 = 1

盈亏临界点作业率表明企业保本的业务量在正常业务量中所占的比重。多数企业的正常销售量都是根据其应当具有的生产经营能力来规划的，所以正常销售量可以代表企业的生产经营能力。于是，盈亏临界点作业率就表示了企业保本时生产能力的利用程度，该指标越低说明企业的盈利能力越强。

(二)盈亏临界图

在直角坐标体系下，使用解析几何模型反映本量利关系的图像，称为本量利分析图，也称为盈亏临界图，保本图或损益平衡图。其主要作用是可以清楚、直观、简明、形象地反映影响利润的有关因素变动对利润的影响程度，为管理人员进行利润的预测提供依据。

盈亏临界图通常有基本式、边际贡献式和量利式三种。

1. 基本式

基本式的盈亏临界图是最常见的、并能反映最基本的本量利关系的图形，也可以叫做传统式的盈亏临界图。其制作方法是：

第一，在直角坐标体系中，以横轴表示销售量，以纵轴表示成本和销售收入。

第二，绘制固定成本线。在纵轴上确定固定成本的值，以此为起点，绘制一条平行于横轴的直线，即为固定成本线。

第三，绘制总成本线。以纵轴的固定成本为起点，以单位变动成本为斜率绘制一条直线，即为总成本线，它表示固定成本和变动成本之和。

第四，绘制总收入线。以坐标原点为起点，以销售单价为斜率绘制一条直线，即为总收入线。

第五，寻找盈亏临界点。总收入线和总成本线的交点即为盈亏临界点。

该盈亏临界图所反映的总成本是以固定成本为基础的，能揭示出固定成本总额的不变性；同时也可反映出亏损区、盈利区、盈亏临界点及安全边际之间的关系。

基本式的盈亏临界图又可以分为：以实物量表示业务量的盈亏临界图和以货币量表示业务量的盈亏临界图，具体见图 3－1 和图 3－2。

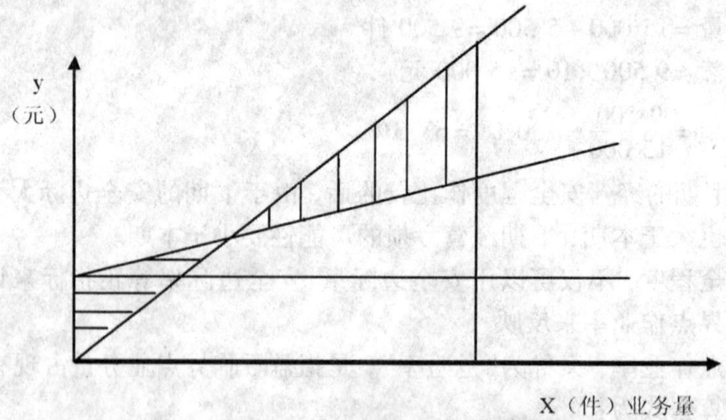

图 3－1　基本式（横轴由销量表示）盈亏临界图

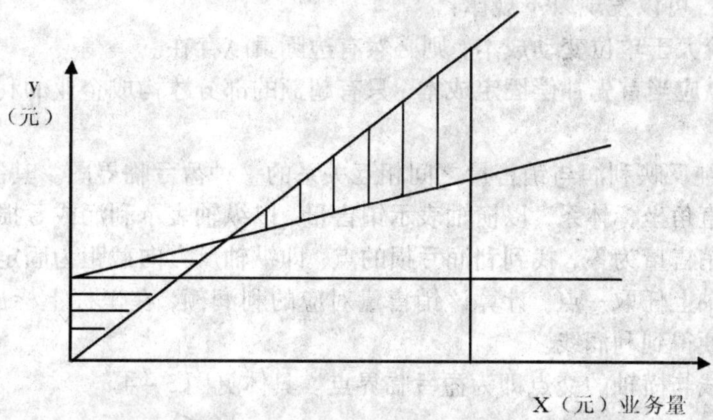

图 3－2　基本式(横轴由货币量表示)盈亏临界图

通过观察图 3－1 和图 3－2，可以发现以下规律：

(1)盈亏临界点不变，销售量越大，能实现的利润越多或亏损越少;销售量越小，能实现的利润越少或亏损越多。

(2)销售量不变，盈亏临界点越低，能实现的利润就越多或亏损越少，盈亏临界点越高，能实现的利润越少或亏损越多。

(3)销售总成本不变，盈亏临界点受单价变动的影响而变动。单价越高，盈亏临界点就越低;反之，盈亏临界点就越高。

(4)销售收入不变，盈亏临界点受固定成本和变动成本的影响而变动。固定成本或单位变动成本越大，盈亏临界点就越高;反之，盈亏临界点就越低。

2. 边际贡献式

边际贡献式是盈亏临界图的又一种表现形式，其特点有两个方面:一是绘制总成本线时，以变动成本线 y = bx 为依据，将之平行上移 a 得到总成本直线。二是总收入线和总成本线之间的距离表示边际贡献总额，边际贡献总额正好等于固定成本总额时，对应的点即为盈亏临界点。具体见图 3－3。

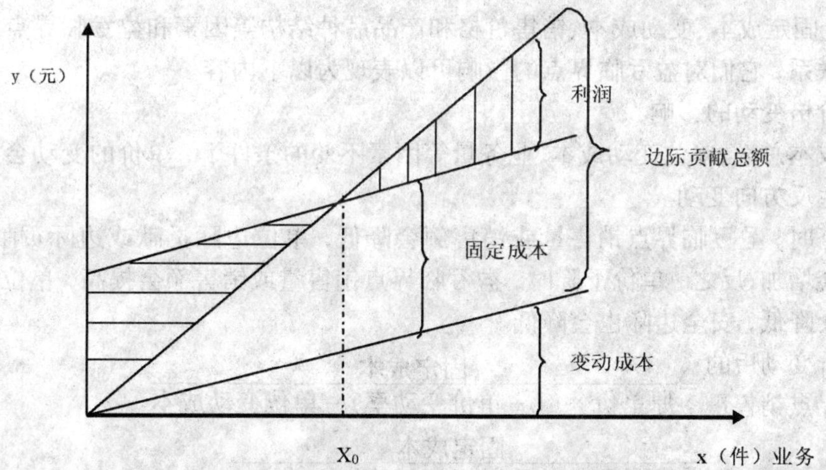

图 3－3　边际贡献式盈亏临界图

观察图 3－3，可以发现以下规律：

（1）只要单价大于单位变动成本，则必然有边际贡献存在。

（2）边际贡献应当首先补偿固定成本，只有超额的部分才构成企业的利润。

3. 量利式

量利式是单纯反映利润与销售量之间相互关系的一种盈亏临界图。其制作方法是：

第一，建立直角坐标体系，以横轴表示销售量，以纵轴表示利润或亏损。

第二，假定销售量为零，找到利润亏损的点，即纵轴反方向截距为固定成本 a 的点。

第三，在横轴上任取一点，计算该销售量对应的利润额，在坐标上标出该点，连接该点和固定成本点，便得到利润线。

第四，利润线与横轴的交点即为盈亏临界点。具体见图 3－4。

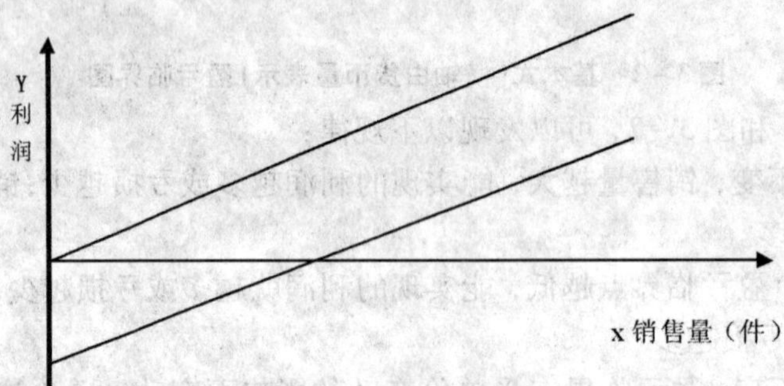

图 3－4 量利式盈亏临界图

观察图 3－4 中，可以发现以下规律：

（1）当销售量为零时，企业的亏损额等于固定成本。

（2）当产品的销售价格及成本水平不变时，销售数量越大，利润就越多或亏损越少；反之，销售数量越小，利润就越少或亏损越多。

（三）相关因素变动对盈亏临界点的影响分析

本量利分析中，我们曾假设固定成本、变动成本、销售价格及产品品种结构在相关范围内不变。而事实上，上述因素在企业经营过程中是经常变动的，并由此引起盈亏临界点的升降变化。显然，固定成本、变动成本、销售价格和产品品种结构等因素和盈亏临界点之间存在着内在的必然联系，它们对盈亏临界点的影响可以表现为以下内容。

1. 销售价格变动的影响

在固定成本总额、单位变动成本、业务量等因素不变的条件下，单价的变动会直接引起盈亏临界点发生反方向变动。

单价提高时，盈亏临界点销售量或销售额会降低，单位边际贡献或边际贡献率会增加，安全边际也会增加；反之，单价下降时，盈亏临界点销售量或销售额会提高，单位边际贡献或边际贡献率会降低，安全边际也会降低。

$$\text{销售单价变动后的盈亏临界点销售量} = \frac{\text{固定成本}}{\text{原单价} \times (1 + \text{单价变动率}) - \text{单位变动成本}}$$

$$= \frac{\text{固定成本}}{\text{原单价} + \text{单价增加额} - \text{单位变动成本}}$$

$$\text{销售单价变动后的盈亏临界点销售额}=\frac{\text{固定成本}}{1-\dfrac{\text{单位变动成本}}{\text{原单价}\times(1+\text{单价变动率})}}=\frac{\text{固定成本}}{1-\dfrac{\text{单位变动成本}}{\text{原单价}+\text{单价增加额}}}$$

$$\text{销售单价变动后的边际贡献率}=\frac{\text{原单价}\times(1+\text{单价变动率})-\text{单位变动成本}}{\text{原单价}\times(1+\text{单价变动率})}=1-\frac{\text{单位变动成本}}{\text{原单价}\times(1+\text{单价变动率})}$$

[例3－6]如前3－5例，已知甲企业只生产、销售一种钢铁产品，该产品的单价为10元/件，单位变动成本为6元/件，固定成本总额为22 000元，销售量为10 000件。

要求：分析单价提高或降低10%的情况下，盈亏临界点的变化情况。

$$\text{盈亏临界点销售量}=\frac{22\ 000}{10-6}=5\ 500(\text{件})$$

$$\text{盈亏临界点销售额}=5\ 500\times10=55\ 000(\text{元})$$

当单价提高10%时，

$$\text{盈亏临界点销售量}=\frac{22\ 000}{10\times(1+10\%)-6}=4\ 400(\text{件})$$

$$\text{盈亏临界点销售额}=4\ 400\times10\times(1+10\%)=48\ 400(\text{元})$$

当单价降低10%时，

$$\text{盈亏临界点销售量}=\frac{22\ 000}{10\times(1-10\%)-6}=7\ 333.33(\text{件})$$

$$\text{盈亏临界点销售额}=7\ 333.33\times10\times(1-10\%)=65\ 999.97(\text{元})$$

上述结果表明，单价上升10%使盈亏临界点下降了20%，单价下降10%使盈亏临界点上升了33.33%。

2. 单位变动成本变动的影响

在销售单价、固定成本总额、业务量等因素不变的条件下，单位变动成本的变动会引起盈亏临界点的同方向变化。

单位变动成本下降时，盈亏临界点销售量或销售额会降低，单位边际贡献和边际贡献率会增加，安全边际也会增加；反之，单位变动成本上升时，盈亏临界点销售量或销售额会提高，单位边际贡献和边际贡献率会降低，安全边际也会降低。

$$\text{单位变动成本变动后的盈亏临界点销售量}=\frac{\text{固定成本}}{\text{单价}-\text{原单位变动成本}\times(1+\text{单位变动成本变动率})}=\frac{\text{固定成本}}{\text{单价}-(\text{原单位变动成本}+\text{单位变动成本变动额})}$$

$$\text{单位变动成本变动后的盈亏临界点销售额}=\frac{\text{固定成本}}{\dfrac{\text{单价}-\text{原单位变动成本}\times(1+\text{单位变动成本变动率})}{\text{单价}}}$$

$$= \frac{固定成本}{1 - \frac{\left(\begin{array}{c}原单位\\变动成本\end{array} + \begin{array}{c}单位变动成\\本变动额\end{array}\right)}{单价}}$$

$$\begin{array}{l}单位变动成本变动\\后的边际贡献率\end{array} = \frac{单价 - 原单位变动成本 \times (1 + 单位变动成本变动率)}{单价}$$

$$= 1 - \frac{原单位变动成本 + 单位变动成本变动额}{单价}$$

[例3－7]例3－6中，如其他因素不变，单位变动成本上升50%时，分析其对盈亏临界点产生的影响。

当单位变动成本上升50%时，

$$盈亏临界点销售量 = \frac{22\ 000}{10 - 6 \times (1 + 50\%)} = 22\ 000(件)$$

盈亏临界点销售额＝22 000×10＝220 000(元)

上述结果表明，单位变动成本上升50%使盈亏临界点上升了300%，即企业销售量须达到22 000件，才可以实现保本。

3. 固定成本变动的影响

在销售单价、单位变动成本、业务量不变的条件下，固定成本的变动会引起盈亏临界点同方向的变化。

当固定成本提高时，盈亏临界点销售量或销售额会提高，反之，当固定成本下降时，盈亏临界点销售量或销售额会下降。固定成本的变化不会对单位边际贡献和边际贡献率产生影响。

$$\begin{array}{l}固定成本变动后的\\盈亏临界点销售量\end{array} = \frac{原固定成本 + 固定成本变动额}{单位边际贡献}$$

$$\begin{array}{l}固定成本变动后的\\盈亏临界点销售额\end{array} = \frac{原固定成本 + 固定成本变动额}{边际贡献率}$$

[例3－8]例3－6中，如其他因素不变，固定成本增加到40 000元或降低到20 000元时，分析其对盈亏临界点的影响。

当固定成本由原来的22 000元上升到40 000元时，

$$盈亏临界点销售量 = \frac{40\ 000}{10 - 6} = 10\ 000(件)$$

盈亏临界点销售额＝10 000×10＝100 000(元)

当固定成本由原来的22 000元下降到20 000元时，

$$盈亏临界点销售量 = \frac{20\ 000}{10 - 6} = 5\ 000(件)$$

盈亏临界点销售额＝5 000×10＝50 000(元)

上述结果表明，固定成本从22 000元上升到40 000元，即上升81.8%使盈亏临界点上升81.8%；固定成本从22 000元下降到20 000元，即下降9.1%使盈亏临界点下降9.1%。

4. 品种结构变动的影响

当企业生产经营的不是一种产品，即同时生产多种产品时，因为不同产品的盈利能力不同，导致当产品品种结构发生变动时，会对整个企业的盈亏临界点产生影响。当盈利能力强的产品结构比重增加或盈利能力弱的产品结构比重降低时，所计算的企业综合边际贡献率会有所增长；反之，企业的综合边际贡献率会下降。于是与边际贡献率对应的盈亏临界点销售量或销售额会发生反方向的变化。

[例3-9]已知乙企业的年固定成本为9 000元，同时生产了A、B、C三种产品，各种产品的资料见表3-4。

要求：分析当产品品种结构由原来的3∶3∶4变为4∶3∶3时，其对盈亏临界点产生的影响。

表3-4

项目	甲产品	乙产品	丙产品	合计
单价(元/件)	10	6	5	
单位变动成本(元/件)	4	3	3.5	
单位边际贡献(元/件)	6	3	1.5	
边际贡献率	60%	50%	30%	
销售量	3 000件	5 000台	8 000套	
销售额(元)	30 000	30 000	40 000	100 000
产品品种结构比重	30%	30%	40%	100%

在原有的3∶3∶4的产品品种结构下，

$$企业的综合边际贡献率=60\% \times 30\% + 50\% \times 30\% + 30\% \times 40\% = 45\%$$

$$盈亏临界点销售额=\frac{9\ 000}{45\%}=20\ 000(元)$$

企业品种结构变为4∶3∶3时，

$$企业的综合边际贡献=60\% \times 40\% + 50\% \times 30\% + 30\% \times 30\% = 48\%$$

$$盈亏临界点销售额=\frac{9000}{48\%}=18\ 750(元)$$

观察上述计算结果发现，提高盈利能力强的甲产品的结构比重、降低盈利能力弱的丙产品的结构比重，使企业的综合边际贡献率由原来的45%上升为48%，使盈亏临界点销售额由原来的20 000元下降为18 750元，从而使企业的整体盈利能力增加。可见，多品种产品结构变动会对企业的盈亏平衡产生影响。

5.多因素变动的综合影响

我们在进行影响盈亏临界点的因素分析时，采用的方法往往是假定其他因素不变，计算只有某一个因素发生变化对盈亏临界点产生的影响程度。在实际经济生活中，单价、单位变动成本、固定成本、业务量等因素是相互影响、同时变动的，其中某一项因素的改变总会引起其他相关因素的变动。因此在分析有关因素变动对盈亏临界点的影响时，应考虑各种因素同时变动的情况。

[例3-10]设丙企业生产、销售D产品，本期产销平衡，单价为10元/件，单位变动成本为8元/件，预计固定成本为42 000元。假定企业在生产能力的允许范围内，拟将产品的价

格降低5%，这一举措会导致企业产销能力扩大10%，且需追加固定成本6600元，并使单位变动成本下降为7.5元/件。

要求：计算新的盈亏临界点销售量。

$$\text{原有条件下的盈亏临界点销售量}=\frac{42\ 000}{10-8}=21\ 000(\text{件})$$

$$\text{新的盈亏临界点销售量}=\frac{42\ 000+6\ 600}{10\times(1-5\%)-7.5}=24\ 300(\text{件})$$

分析可知，由于单价、单位变动成本以及固定成本的变化，使得盈亏临界点销售量由原来的21 000件变为24300件。

所以，在企业经营管理过程中，若要考虑相关因素的变动对盈亏临界点及利润产生的影响程度，应将各个因素相互联系加以综合考虑，以采取有效措施。

二、实现目标利润分析

如前所述，当企业的销售量超出盈亏临界点时，可以实现利润。盈亏临界点分析是在假定企业的利润为零的经营状态下来研究问题的。企业的目标当然不是利润为零，而是尽可能多地超越盈亏临界点而实现利润。所以，实现目标利润分析是盈亏临界点分析的延伸和拓展。为了便于分析和预测目标利润，需建立实现目标利润的有关模型。

（一）实现税前目标利润的模型

实现税前目标利润的模型，仍以本量利基本公式为依据：

营业利润＝销售量×（单价－单位变动成本）－固定成本

令营业利润为目标利润，则：

$$\text{实现目标利润的销售量}=\frac{\text{固定成本}+\text{目标利润}}{\text{单价}-\text{单位变动成本}}$$

上述模型公式表明，企业产品销售在补偿了固定成本（达到盈亏临界点）后，需要怎样的销售量才能实现目标利润。同样，实现目标利润的销售也可用金额表示，即实现目标利润的销售额。

$$\text{实现目标利润的销售额}=\frac{\text{固定成本}+\text{目标利润}}{\text{边际贡献率}}$$

[例3－11]假设某企业生产和销售单一产品，产品单价为50元，单位变动成本为25元，固定成本为50 000元。如目标利润定为40 000元，则有：

$$\text{实现目标利润的销售量}=\frac{50\ 000+40\ 000}{50-25}=3\ 600(\text{件})$$

$$\text{实现目标利润的销售额}=\frac{50\ 000+40\ 000}{50\%}=180\ 000(\text{元})$$

（二）实现税后目标利润的模型

前面所讲的目标利润均为所得税前的利润，所得税费用对于实现了利润的企业来说是一项必然的支出；对于目标利润的分析和预测来说，也应该是一项必然的扣除。所以，从税后利润的角度进行目标利润的分析与预测，对企业而言或许更为适用。

税后利润＝税前利润×（1－所得税税率）

$$税后利润=\frac{税前利润}{1-所得税税率}$$

则：
$$\begin{matrix}实现目标利\\润的销售量\end{matrix}=\frac{固定成本+\frac{税后目标利润}{1-所得税税率}}{单价-单位变动成本}$$

$$\begin{matrix}实现目标利\\润的销售额\end{matrix}=\frac{固定成本+\frac{税后目标利润}{1-所得税税率}}{边际贡献率}$$

假定在例 3-11 中其他条件不变，税后目标利润为 37 500 元，所得税税率为 25%，则有：

$$\begin{matrix}实现目标利\\润的销售量\end{matrix}=\frac{50\ 000+\frac{37\ 500}{1-25\%}}{50-25}=4\ 000(件)$$

$$\begin{matrix}实现目标利\\润的销售额\end{matrix}=\frac{50\ 000+\frac{37\ 500}{1-25\%}}{50\%}=200\ 000(元)$$

所得税费用是企业的一项特殊支出，这项支出在企业处于亏损状态时不会发生，而当销售量超过盈亏临界点时，这项支出随利润的变动而变动，或者说随超盈亏临界点销售量的变动而变动，其计算公式为：

所得税 = 利润 × 所得税税率

= 超盈亏临界点销售量 × 单位产品边际贡献 × 所得税税率

第三节 本量利关系中的敏感性分析

敏感性分析是一种应用广泛的分析方法，这一方法研究的是，当一个系统的周围条件发生变化时，导致这个系统的状态发生了怎样的变化，是敏感(变化大)还是不敏感(变化小)。在一个确定的模型有了最优解后，敏感性分析研究的是，该模型中的某个或某几个参数允许变化到怎样的数值(最大或最小)，原最优解仍能保持不变；或者当某个参数的变化已经超出允许范围、原有的最优解不再"最优"时，怎样用简捷的方法重新求得最优解。

从前面盈亏临界点分析和实现目标利润分析中可以看出，销售量、单价、单位变动成本、固定成本诸因素中的某个或者某几个因素变动，都会对盈亏临界点和目标利润产生影响。但由于各因素在计算盈亏临界点和目标利润的过程中作用不同，影响程度当然也就不一样，或者说盈亏临界点和目标利润对不同因素变动所作出的反应在敏感性上存在着差异。本量利关系中的敏感性分析主要是研究两方面的问题：一是有关因素发生多大变化时会使企业由盈利变为亏损；二是有关因素变化对利润变化的影响程度。

一、有关因素临界值的确定

销售量、单价、单位变动成本和固定成本的变化，都会对利润产生影响。当中这种影响是消极的且达到一定程度时，就会使企业的利润为零而进入盈亏临界状态；如这种变化超出上述程度，企业就转入了亏损，发生了质的变化。敏感性分析的目的就是确定能引起这种质变的各因素变化的临界值。简单来说，就是求取达到盈亏临界点的销售量和单价的最小允许值以及单位变动成本和固定成本的最大允许值，所以这种方法也称为最大最小法。

由实现目标利润的模型公式可以推导出当利润为零时求取最大、最小值的有关公式：

$$销售量=\frac{固定成本}{单价-单位变动成本}$$

$$单价=\frac{固定成本}{销售量}+单位变动成本$$

$$单位变动成本=单价-\frac{固定成本}{销售量}$$

固定成本＝销售量×（单价－单位变动成本）

[例3－12]假设某企业为生产和销售单一产品的企业。计划年度内有关数据如下：销售量为5 000件，单价为50元，单位变动成本为20元，固定成本为60 000元。则目标利润为：

5 000×(50－20)－60 000＝90 000(元)

$$(1)销售量的临界值(最小值)=\frac{60\ 000}{50-20}=2\ 000(件)$$

也就是说，产品销量的最小允许值(即盈亏临界点销量)为2 000件，再低则会发生亏损。或者说，实际销量只要达到计划年度预计销量的40%，企业就可以保本。

$$(2)单价的临界值(最小值)=\frac{60\ 000}{5\ 000}+20=32(元)$$

也就是说，产品的单价不能低于32元这个最小值。或者说单价降低的幅度不能超过36%，否则便会发生亏损。

$$(3)单位变动成本的临界值(最大值)=50-\frac{60\ 000}{5\ 000}=38(元)$$

这意味着，当单位变动成本由20元上升到38元时，企业的利润将由90 000元变为零。38元为企业所能承受的单位变动成本的最大值，此时其变动率为90%。

(4)固定成本的临界值(最大值)＝5 000×(50－20)＝150 000(元)

固定成本的临界值也可以直接将原固定成本与目标利润相加而得到，即由固定成本将目标利润简单"吃掉"，此时的固定成本总额增加了15%。

二、有关因素变动对利润敏感程度的分析

销售量、单价、单位变动成本和固定成本诸因素的变化，都会对利润产生影响，但是，即使它们的变动方向和变动幅度完全一样，对利润所产生的影响也可能不同。如有些因素增长会导致利润增长，而另一些因素只有下降才会导致利润增长；有些因素只要略有变动就会使利润发生很大的变化，而另一些因素虽然变动幅度较大，却只能带来利润的微小变化。我们称那些对利润影响大的因素为利润灵敏度高，反之称利润灵敏度低，即利润对前者的敏感性高，对后者的敏感性低。

显然，因素的利润灵敏度不同，人们对它们的重视程度也就应有所区别。对敏感性高的因素，应给予更多的关注；对敏感性低的因素则可以不作为分析的重点。通过计算有关因素的利润敏感程度指标，进行敏感分析，可以了解哪些因素增长会导致利润增长，哪些因素下降会导致利润下降，以及各因素变动对利润的影响程度大小，为企业实现目标利润提供依据。

反映各因素对利润敏感程度的指标称为敏感系数，其计算公式为：

$$敏感系数 = \frac{目标值变动百分比}{因素值变动百分比}$$

式中：敏感系数为正数，表明它与利润同向增减；敏感系数为负数，表明它与利润反向增减。

［例 3-13］假设例 3-12 中的销售量、单价、单位变动成本和固定成本均分别增长 20%，则各因素敏感系数计算如下：

（1）销量敏感系数

销量增长 20%：$5\ 000 \times (1+20\%) = 6\ 000$（件）

利润：$6\ 000 \times (50-20) - 60\ 000 = 120\ 000$（元）

$$利润变化百分比 = \frac{120\ 000 - 90\ 000}{90\ 000} \times 100\% = 33.33\%$$

$$销售量的敏感系数 = \frac{33.33\%}{20\%} = 1.67$$

（2）单价的敏感系数

单价增长 20%：$50 \times (1+20\%) = 60$（元）

利润：$5\ 000 \times (60-20) - 60\ 000 = 140\ 000$（元）

$$利润变化百分比 = \frac{140\ 000 - 90\ 000}{90\ 000} \times 100\% = 55.56\%$$

$$单价的敏感系数 = \frac{55.56\%}{20\%} = 2.78$$

（3）单位变动成本的敏感系数

单位变动成本增长 20%：$20 \times (1+20\%) = 24$（元）

利润：$5\ 000 \times (50-24) - 60\ 000 = 70\ 000$（元）

$$利润变化百分比 = \frac{70\ 000 - 90\ 000}{90\ 000} \times 100\% = -22.22\%$$

$$单位变动成本的敏感系数 = \frac{-22.22\%}{20\%} = -1.11$$

（4）固定成本的敏感系数

固定成本增长 20%：$60\ 000 \times (1+20\%) = 72\ 000$（元）

利润：$5\ 000 \times (50-20) - 72\ 000 = 78\ 000$（元）

$$利润变化百分比 = \frac{78\ 000 - 90\ 000}{90\ 000} \times 100\% = -13.33\%$$

$$固定成本敏感系数 = \frac{-13.33\%}{20\%} = -0.67$$

从上面的计算可以看出，在影响利润的诸因素中，最敏感的是单价（敏感系数 2.78，意味着利润将以 2.78 的速率随单价的变化而变化），其次是销售量（敏感系数 1.67），再次是单位变动成本（敏感系数 -1.11），最后是固定成本（敏感系数 -0.67）。其中敏感系数为正值，表示该因素与利润同向增减关系；敏感系数为负值，表示该因素与利润为反向增减关系。在进行敏感程度分析时，敏感系数是正值或负值无关紧要，关键是数的大小，越大则敏感程度越高。

必须说明的是，上述各因素敏感系数的排序是在例3－12所设定的条件得到的，如果条件发生了变化，则各因素敏感系数之间的排列顺序也可能发生变化。如例3－12中的单位变动成本改为30元，固定成本改为50 000元，其他条件不变，则目标利润为50 000元[5 000×(50－30)－50 000]。当设各因素分别增长20%时，各因素的敏感系数分别为：

$$\text{销售量的敏感系数}=\frac{5\,000\times(1+20\%)\times(50-30)-50\,000-50\,000}{50\,000\times20\%}=2$$

$$\text{单价的敏感系数}=\frac{5\,000\times[50\times(1+20\%)-30]-50\,000-50\,000}{50\,000\times20\%}=5$$

$$\text{单位变动成本敏感系数}=\frac{5\,000\times[50-30\times(1+20\%)]-50\,000-50\,000}{50\,000\times20\%}=-3$$

$$\text{固定成本敏感系数}=\frac{5\,000\times(50-30)-50\,000\times(1+20\%)-50\,000}{50\,000\times20\%}=-1$$

上述四个因素按敏感系数排列的顺序是：单价（敏感系数5）、单位变动成本（敏感系数－3）、销售量（敏感系数2）、固定成本（敏感系数－1）。与例3－13条件下各因素按敏感系数的排序相比，单位变动成本与销售量两个因素相互调换了位置。

各因素敏感系数的高低除了与既定条件所决定的实现目标利润的模型有关，还与各因素在模型运算过程中的作用有关。

根据敏感系数的定义，我们发现，某个因素的敏感系数即为如下公式：

$$\text{敏感系数}=\frac{\text{利润变动百分比}}{\text{某因素变动百分比}}=\frac{\triangle P/P}{\triangle x/x}=\frac{\triangle P/\triangle x}{P/x}=\frac{\partial P/\partial x}{P/x}$$

其中x表示某一个相关因素。

分别计算各因素的敏感系数，可以得到如下规律：

$$\text{销售量的敏感系数}=\frac{\partial P/\partial V}{P/V}=\frac{(SP-VC)V}{P}$$

$$\text{单价的敏感系数}=\frac{\partial P/\partial SP}{P/SP}=\frac{V\cdot SP}{P}$$

$$\text{单位变动成本的敏感系数}=\frac{\partial P/\partial VC}{P/VC}=\frac{-V\cdot VC}{P}$$

$$\text{固定成本的敏感系数}=\frac{\partial P/\partial FC}{P/FC}=\frac{-FC}{P}$$

式中，V代表销售量，SP代表单价，VC代表单位变动成本，FC代表固定成本，P代表利润。

由上述公式可得，在企业正常盈利的条件下，各因素敏感系数的排列是有规律的，一般为：

（1）单价敏感程度指标最高；

（2）销售量敏感程度指标不可能最低；

（3）单价敏感程度指标与单位变动成本敏感程度指标之差等于销售量敏感程度指标；

（4）销售量敏感程度指标与固定成本敏感程度指标之差等于1。

敏感系数提供了利润对有关因素变动的敏感程度，但不能直接反映变动后的利润值。为弥补这种不足，也为了有关决策人员能更直观地了解有关因素的敏感程度，可以编制有关因素变动的敏感分析表以列示各因素在一定变动率下的利润值。

[例 3－14] 假设某企业某产品计划年度的销售量为 5 000 件，单价为 50 元，单位变动成本为 25 元，固定成本为 50 000 元。则目标利润的模型为：

目标利润＝销售量×（单价－单位变动成本）－固定成本

＝5 000×（50－25）－50 000＝75 000（元）

如以各因素 10% 的变动幅度为间隔、以 30% 为限，则有关因素变动的敏感分析表的编制如表 3－5 所示。

表 3－5 有关因素变动的敏感分析表

	－30%	－20%	－10%	0	10%	20%	30%
销售量	37 500	50 000	62 500	75 000	87 500	100 000	112 500
单价	0	25 000	50 000	75 000	100 000	125 000	150 000
单位变动成本	112 500	100 000	87 500	75 000	62 500	50 000	37 500
固定成本	90 000	85 000	80 000	75 000	70 000	65 000	60 000

第四节 本量利分析的扩展运用

前面我们所进行的本量利分析是建立在一定的基本假设基础之上的，即第一节所提到的：成本性态分类假设、线性相关假设、产销平衡假设和产品品种结构不变假设。而在实际生产经营活动中，不可能长久地满足这些假设条件，不变是相对的、变化才是绝对的，即相关范围发生变化时，线性关系必须重新构建，单位变动成本、固定成本、品种结构等都会变化，产销也会出现不平衡等等。本量利分析的扩展就是要讨论当基本假设发生变化时，会对本量利分析产生什么影响，是否可以根据具体情况总结出新的规律以指导企业的管理活动。

一、不完全线性条件下的盈亏临界点分析

前述本量利分析基本假设中的线性相关假设，假定了本量利分析中存在若干完全的线性关系，即在相关范围内，收入、成本与业务量的关系都可以在直角坐标体系中以直线的形式表示出来，并且单价、单位变动成本、固定成本都保持不变，所确定的盈亏临界点也是唯一的。

但实际经济活动中，这种完全的线性关系是很少见的，沿用以前的分析方法，我们可以将成本、收入与业务量的线性关系表示为分段函数，以折线形式在直角坐标体系中列示，即在每个相关范围内，成本、收入都是业务量的线性函数，可以称之为“不完全线性关系”。此时，总收入函数线和总成本函数线可能有多个交点，即多个盈亏临界点。

假设某企业生产单一产品，产销平衡，单价不变，其总成本随着生产能力的利用程度的变动作非正比例的变动，此时的盈亏临界点如图 3－5 所示。

图中 L_1 表示总成本线；L_2 表示总收入线；L_3 表示变动成本线；L_4 表示固定成本。

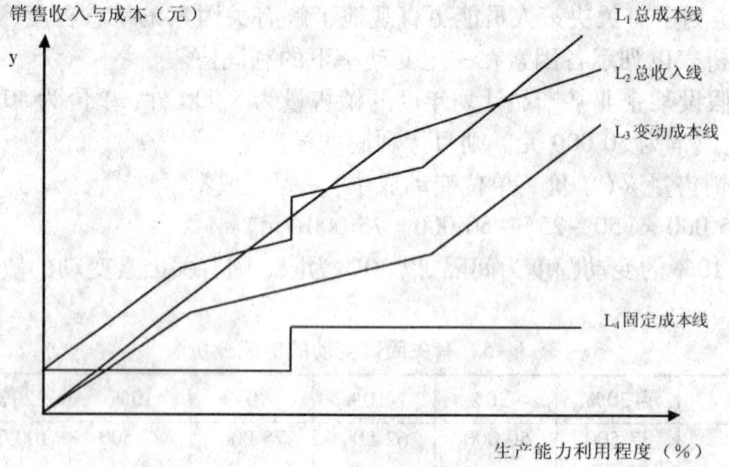

图3－5　盈亏临界点分析图

从图3－5中可以看出：

L_4 固定成本线，可以分为两个区域，即生产能力利用程度在50%以下时，固定成本为10 000元，当生产能力利用程度在50%以上时，由于追加了固定支出，固定成本跳跃上升为20 000元。固定成本线在直角坐标体系上表现为有一定跳跃的平行于横轴的直线。

L_3 变动成本线，是一条有两个转折点的折线，第一转折点发生在生产能力利用程度为30%时，因为在此之前，由于产量较低，材料、人工等的发生不能达到最有效的状态，故单位变动成本较高，变动成本的斜率较大。在第一转折点30%之后，即产量逐渐增加以后，产量的增加使材料、人工等的消耗达到一种有效的状态，规模效应产生，单位变动成本有所下降，变动成本的斜率也会降低。当生产能力利用程度达到100%时，又发生了一次转折，这是因为产量超出现有生产能力之后，现有设施的超负荷运转，会出现很多不经济因素，致使单位变动成本又有所增加，变动成本斜率也增大。

L_1 总成本线，是由 L_4 固定成本线和 L_3 变动成本线共同组成的，所以也是一条折线。与 L_4 固定成本线相对应，总成本那线也在生产能力利用程度达到50%时，发生一次跳跃性的中断。

L_2 总收入线，是一条经过原点到生产能力利用程度达到90%时所连接而成的一条折线。因为产销量达到这一界限以后，为了扩大销路，需要对客户给予较多的数量折扣，使单位平均价格有所下降，销售收入直线的斜率也会降低。

总成本线 L_1 和总收入线 L_2 的三个交点就是盈亏临界点。其中，第一个盈亏临界点发生在30%～50%之间，第二个盈亏临界点发生在50%～90%之间，第三个盈亏临界点发生在100%～120%之间。

第一个盈亏临界点的出现，说明总收入已可抵偿总成本，开始有利可图，进入了盈利区；这种状态一直持续到50%，此时固定成本突然上升，使生产经营由盈转亏，进入亏损区；到达第二个盈亏临界点时，企业经营再一次由亏转盈，这种状态一直持续到第三个盈亏临界点为止；在第三个盈亏临界点之后，由于单价降低和单位变动成本提高生产经营又出现了亏损。很显然，具体地了解在不同的生产水平下企业的盈亏状态如何交替，对于正确地进行经营决策和有效地改善生产管理，都有重要的指导意义。

二、非线性条件下的盈亏临界点分析

线性方程只是描述成本、收入与业务量之间依存关系的一种简化方式，在现实的经济生活中，用非线性方程来描述本量利之间的关系，更符合客观实际情况。

(一)非线性函数的确定

以非线性函数来表达总成本、总收入与业务量之间的依存关系需借助于曲线方程 $y = a + bx + cx^2$

以 x 表示业务量，则总成本曲线可以 $TC = a + bx + cx^2$ 表示，总收入曲线可以 $TR = ex - gx^2$ 表示。其中 a、b、c、e、g 均为大于零的常数。

设 P 表示利润，则其计算公式为：

$P = TR - TC$

$= ex - gx^2 - (a + bx + cx^2)$

$= -a + (e - b)x - (g + c)x^2$

各函数关系可以见图 3-6。

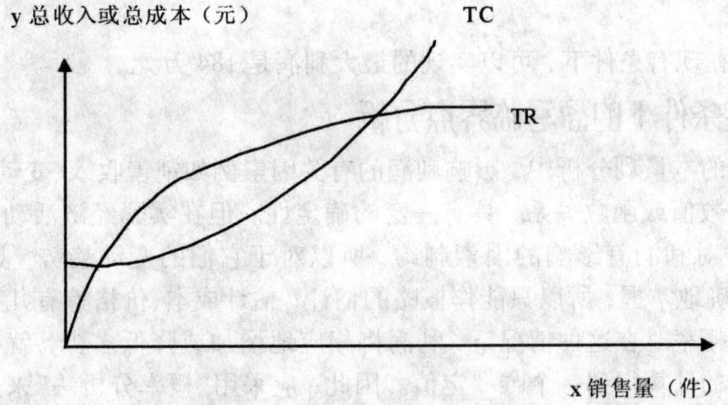

图 3-6 非线性盈亏临界图

(二)非线性的本量利分析

利用上述函数进行本量利分析时，根据盈亏临界点的涵义，须找到利润为零的点，即保本点。

[例 3-15]某企业收入函数为 $TR = 5x - 0.02x^2$，总成本函数为 $TC = 8 + 0.2x + 0.01x^2$。计算单位为万。

(1)计算盈亏临界点

$P = TR - TC$

$= [5x - 0.02x^2] - [8 + 0.2x + 0.01x^2]$

$= -8 + 4.8x - 0.03x^2$

令利润 P = 0，则

$-8 + 4.8x - 0.03x^2 = 0$

解方程得：

$$x = \frac{-(4.8) \pm \sqrt{4.8^2 - 4 \times (-8) \times (-0.03)}}{2 \times (-0.03)}$$

$x_1 = 1.68$

$x_2 = 158.32$

由此可以得到两个盈亏临界点销售量，分别约为 2 万件和 158 万件。

(2)计算利润最大时的销售量

为使利润 P 达到最大，须使其导数为 0，对利润函数求导得到：

$$\frac{dp}{dx} = 4.8 - 0.06x$$

又有 $= \frac{d^2p}{dx^2} = -0.06 < 0$，则

令导数为 0，得 $x = 80$

所以当产销量达到 80 万件时，可使企业的利润达到最大值。

(3)计算利润的最大值

将可以使利润达到最大的 80 万件销售量代入方程

$P = -8 + 4.8x - 0.03X^2$，得

$P = 184$

所以，企业在现有条件下，可以实现的最大利润是 184 万元。

三、不确定条件下的盈亏临界点分析

以前所讨论的本量利分析中，影响利润的有关因素例如销售收入、变动成本、固定成本等都是可以肯定的数值或函数关系，具有一定的确定性。但在实际经济活动中，由于这些因素会同时受到多种对利润有影响的因素制约，所以对于它们的变动趋势，具有很大的不确定性，事先难以准确地掌握，所以只能作概略的估计，估计成本、价格等有几种可能出现的状态及其可能出现的概率。在这种情况下，利润将相应地增加或降低多少，就有多种可能，而不能通过一次简单的计算得到一个唯一定值。因此，应采用“概率分析法”来进行不确定情况下的本量利分析。

[例 3－16]设企业对影响利润的各个有关因素如单价、单位变动成本和固定成本都进行了具体的分析，并确定了各个因素的预期值及其相应的概率，见表 3－6。

要求：进行不确定条件下的盈亏临界点分析。

表 3－6

单价	单位变动成本	固定成本	组合	盈亏临界点销售量	联合概率	各种情况下的盈亏临界点销售量
(1)	(2)	(3)	(4)	(5)	(6)	(7) = (5) × (6)
$\frac{9}{0.8}$	$\frac{7}{0.6}$	$\frac{30\ 000}{0.8}$	1	15 000	0.384	5 760
		$\frac{40\ 000}{0.2}$	2	20 000	0.096	1 920
	$\frac{6}{0.3}$	$\frac{30\ 000}{0.8}$	3	10 000	0.192	1 920
		$\frac{40\ 000}{0.2}$	4	13 333	0.048	640
	$\frac{5}{0.1}$	$\frac{30\ 000}{0.8}$	5	7 500	0.064	480
		$\frac{40\ 000}{0.2}$	6	10 000	0.016	160

续表

$\frac{7}{0.6}$	$\frac{7}{0.6}$	$\frac{30\,000}{0.8}$	7	30 000	0.096	2 880
		$\frac{40\,000}{0.2}$	8	40 000	0.024	960
	$\frac{6}{0.3}$	$\frac{30\,000}{0.8}$	9	15 000	0.048	720
		$\frac{40\,000}{0.2}$	10	20 000	0.012	240
	$\frac{5}{0.1}$	$\frac{30\,000}{0.8}$	11	10 000	0.016	160
		$\frac{40\,000}{0.2}$	12	13 333	0.004	53
预期盈亏临界点销售量						15 893

从表4－8可知，第一种组合下，当单价为9元/件、单位变动成本为7元/件、固定成本为30 000元时，

$$盈亏临界点销售量=\frac{30\,000}{9-7}=15\,000（件）$$

联合概率＝0.8×0.6×0.8＝0.384

预期盈亏临界点销售量＝15 000×0.384＝5 760（件）

依此类推，可以得出其下各个组合对应的盈亏临界点销售量、联合概率及各种情况下的预期盈亏临界点销售量，将上述结果综合汇总，即可得到预期盈亏临界点销售量为15 893件。

由于整个计算的过程综合考虑了各种不同的预计情况，虽然工作量较大，但在不确定条件下，仍可以得到相对准确的结果。

☆★本章关键概念

本量利分析 边际贡献 盈亏临界点 安全边际 盈亏临界点作业率 基本假设

☆★复习思考题

1. 什么是本量利分析，其基本公式是什么？
2. 边际贡献的涵义及意义是什么？
3. 安全边际的涵义是什么？
4. 如何计算盈亏临界点？
5. 影响盈亏临界点的因素有哪些？
6. 本量利分析的基本假设有哪些？

第四章　决策概述

【引言】

管理会计中的决策分析是指针对企业未来经营活动所面临的问题，由各级管理人员作出的有关未来经营战略、方针、目标、措施与方法的决策过程。它是经营管理的核心内容，是关系到企业未来发展兴衰成败的关键所在。本章主要介绍决策分析的基本概念、决策分析的意义、决策分析的种类、决策分析的程序以及决策分析需考虑的相关成本。

第一节　决策分析的意义和程序

一、决策分析的意义

在市场经济条件下，企业所面临的经济环境是复杂多变的，企业管理当局作出的经营决策和投资决策的正确与否，往往关系到一个企业的盛衰兴亡。从这个意义上讲，管理的重心在于经营，经营的重心在于决策。规划和控制企业的经济活动有赖于科学的决策分析，决策的正确与否关系到企业经营的成败。

所谓决策，是指企业为了实现预定的目标，对复杂多变的经济现象，通过预测、分析、比较和判断，在若干可供选择的方案中作出抉择，选取其中最优方案。在现实的经济生活中，企业通常面临各种各样的行动方案，而企业所拥有的经济资源则往往是有限的，这就要求必须根据其经营目标，在各种方案中选取一个正确的方案。这个方案选择的过程就是企业决策的过程。

正确的经营决策需要以经过科学预测分析所提供的高质量的信息为基础。管理会计人员在这方面是可以大有作为的。他们可以利用财务会计信息以及各种预测分析的资料，根据本单位的主客观条件，借助于成本效益分析原理和各种专门方法和技术，对每个备选方案可能导致的不同结果进行计算、对比、分析和判断，并最终提出最优方案的建议，供管理当局参考。从这个角度来看，恰好体现了管理会计的一个职能，即参与经营决策职能。

二、决策分析的种类

决策分析贯穿于企业生产经营活动的始终，涉及的内容较多，按照不同的标志可将其分为若干不同的种类，主要有：

(一)按决策时期长短划分

1. 短期决策。一般是指在一个经营年度或经营周期内能够实现其目标的决策。主要包括生产决策、定价决策等内容。它的主要特点是充分利用现有资源，进行战术决策。一般不涉及大量资金的投入且见效快，如半成品是否进一步加工的决策，零部件自制还是外购的决策等，因此短期决策又称短期经营决策。

2. 长期决策。是指在较长时期内(超过一年)才能实现其目标的决策。它的主要特点是对若干期的收支产生影响，一般需投入大量资金且见效慢，如固定资产是否更新的决策等，因此长期决策称长期投资决策或资本性支出决策。

(二)按决策所依据的条件、环境和状况划分

1. 确定型决策。这类决策所涉及的各种备选方案的各项条件都是已知的，且一个方案只有一个确定的结果。这类决策问题比较容易，只要进行比较分析即可。

2. 风险型决策。这类决策所涉及的各种备选方案的各项条件虽然也是已知的，但表现出若干种变动趋势，每一方案的执行都会出现两种或两种以上的不同结果，可以依据有关数据通过预测确定其客观概率。这类决策由于结果的不唯一性，使决策存在一定的风险。

3. 不确定型决策。与风险型决策不同，这类决策所涉及的各种备选方案的各项条件只能以决策者的经验判断确定的主观概率作为决策依据。作出这类决策难度较大，需要决策人具有较高的理论知识水平和丰富的实践经验。

(三)按决策自身性质划分

1. 采纳与否决策。采纳与否决策通常是指备选待定的方案只有一个而作出的决策，亦称“接受与否决策”。例如，亏损产品是否停产或转产的决策，半成品(联产品)是否进一步加工的决策，是否接受追加订货的决策等。

2. 互斥选择决策。互斥选择决策通常是指在一定的决策条件下，存在几个相互排斥的备选方案，通过调查研究和计算对比，最终选出最优方案而排斥其他方案的决策。例如，生产何种产品的决策，零部件自制还是外购的决策，选择不同生产工艺进行加工的决策等。

3. 最优组合决策。最优组合决策通常是指有若干不同方案可以同时并举，但在企业资源总量受到一定限制的情况下，如何将这些方案进行优化组合，使其综合经济效益达到最优的决策。例如，在几种约束条件下生产不同产品的最优组合决策，在资本总额定量的情况下不同投资项目的最优组合决策等。

企业的决策分析除了按上述方法进行分类外，还可以按其他的标志分类。例如，按决策的层次可分为高层决策、中层决策和基层决策；按决策目标可分为单目标决策和多目标决策；按相同决策出现的重复程度可分为程序性决策和非程序性决策等。

三、决策分析的程序

(一)确定决策目标

决策目标是决策分析的出发点和归结点。确定决策目标就是弄清一项决策究竟要解决什么问题，以便为决策分析的开展进行提供一个方向和依据。确定决策目标一般要注意处理好以下几点：

1. 目标具体化。确定的目标不能过于笼统抽象，以免被误解。

2. 目标定量化。尽可能地用定量指标表达决策目标。

3. 明确约束条件。凡属有条件目标者，应充分揭示其约束条件。

4. 目标系统化。对于多目标决策，应首先分清主次，区别对待。如要注意分清战略与战术目标；远景目标与近期目标；主要目标与从属目标；必达目标与期望目标等。进而理顺目标排列顺序，简化归并目标，使综合目标系统化。

(二)提出备选方案

在明确提出决策目标的前提下，应充分考虑现实与可能，设计各种可能实现决策目标的、具有可行性的备选方案。所谓"可行性"是指技术上可行，经济上合理。备选方案的提出，一般要经过形成基本设想，作出初步方案，最后形成备选方案的反复补充修改的过程。在这个过程中，应充分体现解放思想、鼓励创新和集思广益的精神。

(三)收集、整理与备选方案相关的资料

备选方案一经提出，就要收集与备选方案有关的资料，特别是有关预期收入和预期成本的数据，作为今后决策的依据。对于收集的资料应进行认真的分析鉴别，采取去粗取精，去伪存真的做法，对于偶然事件的影响应予以剔除，必要时，还要进行加工延伸。

(四)通过定量分析对备选方案作出初步评价

这个步骤就是把各个备选方案的可计量资料先分别归类系统排列，选择适当的专门方法，建立数学模型，对各方案预期收入和预期成本进行计算、比较和分析，再根据经济效益对备选方案作出初步的判断和评价，确定哪个方案较优。这是整个决策分析过程的关键阶段。

(五)考虑其他因素影响，确定最优方案

在综合比较各方案的优缺点的基础上，全面权衡利弊得失，按照一定原则要求确定最终择优的标准及有关方法，筛选较为理想的相对最优的方案。除了以上五个步骤，还应组织决策方案的实施，跟踪反馈。严格地讲，执行决策结果已超出了决策分析本身的范围，但它是决策分析过程的延伸，因为在组织落实决策方案的过程中，有助于发现问题，及时反馈，随时调整目标或修改方案乃至作出下一轮新的决策。使决策过程处于决策——实施——反馈——再决策——再实施……的动态良性循环。当然在决策分析过程的前几个阶段也必须不断地反馈信息，为决策分析提供参考。

第二节 经营预测—— 决策分析之基础

一、经营预测的基本原理

在现代市场经济环境中，企业不仅要了解市场的过去和现状，更重要的是企业必须面向未来，对未来发展趋势作出科学的预计和推测。所谓经营预测，是指企业根据现有的经济条件和掌握的历史资料，运用专门的方法，对生产经营活动的未来发展趋势和状况做出科学的预计和测算的过程。经营预测是企业决策分析的基础，它为决策提供有关的未来信息，从而为决策提供科学依据。经营预测一般可按以下程序进行：

1. 确定预测目标

预测目标是企业制定预测工作计划、确定资料来源、选择预测方法及配备预测人力的重要依据，所以进行经营预测，应首先明确预测目标。预测目标一般应根据企业生产经营的总体目标来设计和选择，避免盲目确定或面面俱到，还应根据预测的具体对象和内容确定预测的期限和范围。

2. 收集整理资料

根据已确定的预测目标，围绕预测目标有针对性地收集必要的信息资料，并采用一定方法对所收集的历史资料进行加工、整理、归纳和分析，找出与预测对象有关的各因素之间的相互依存关系。做到去粗取精、去伪存真，使经营预测建立在占用完整、准确信息的基础上。

3. 选择预测方法

经营预测方法的选择，必须从预测对象的实际出发，应根据预测对象的不同而有所不同。对于那些信息资料收集齐全，可以建立数学模型的预测对象，应根据预测目标与有关影响因素之间的关系，以及经过分析整理的有关预测信息资料，确定恰当的定量预测法；而对于那些缺乏大量信息资料、无法进行定量分析的预测对象，应当结合以往经验选择最佳的定性预测方法。为了保证企业预测分析的质量，应将定量预测法与定性预测法结合起来使用。

4. 进行预测分析

运用选定的预测方法，根据建立的预测分析模型及相关信息资料，对影响预测目标的各方面进行具体的计算分析和比较，以揭示预测分析对象的变化趋势，得出预测分析结果。

5. 评价预测结果并修正误差

通过检查预测结论是否符合当前实际，分析产生差异的原因，来验证预测方法是否科学有效，以便在以后的预测过程中及时地加以改进。同时，由于企业面对的市场复杂多变，存在许多不确定因素，根据数学模型计算出来的预测值可能没有将非计量因素考虑进去，这就需要结合定性分析的结论对其进行修正和补充，说明预测结果可能的变化幅度和预测误差，使其更接近于实际，为决策者在使用预测信息时留有充分的余地。

6. 提出预测报告

对于预测所揭示的客观事物发展变化的内在必然性，最终应以一定形式，按照一定程序向企业的有关管理者提出预测分析报告，以便于制定正确的计划，进行科学的决策。

二、经营预测的基本方法

（一）经营预测的数量方法

经营预测的数量方法，也称定量分析方法。它主要是根据过去和现在比较完备的信息，运用一定的数学方法对之进行科学的加工和处理，充分揭示有关经济变量之间的规律性关系，据以推断未来发展趋势。

1. 趋势预测分析法

趋势预测分析法是指将时间作为制约预测对象变化的自变量，把未来作为历史的自然延续，属于按事物自身发展趋势进行预测的一类动态预测方法。

这类方法的基本原理是：企业过去和现在存在的某种发展趋势将会延续下去，而且过去和现在发展的条件同样适用于未来，可以将未来视为历史的自然延续。因此，该法又称“时间序列分析法”。属于这类方法的有：趋势平均法、指数平滑法和修正的时间序列回归分析法等。

(1)趋势平均法。趋势平均法在销售预测中的应用，是假设未来时期的销售量是与其相接近时期的销售量的直接延伸，而与较远时期的销售量关系较小，同时为了尽可能缩小偶然因素的影响，可用最近若干时期的平均值作为预测期销售值的基础。

[例4－1]假设某企业某年1－12月销售额及有关平均数计算如表4－1所示。

表4－1

月份	销售额	五期平均	变动趋势	三期趋势平均
1	33 000			
2	34 000			
3	37 000	35 800		
4	34 000	38 000	+2 200	
5	41 000	41 200	+3 200	2 400
6	44 000	43 000	+1 800	2 500
7	50 000	45 600	+2 600	2 200
8	46 000	47 800	+2 200	1 670
9	47 000	48 000	+200	1 130
10	52 000	49 000	+1 000	
11	45 000			
12	55 000			

现假设该企业根据趋势预测法预测下年1月份的销售额。根据表4－1资料，按五期平均计算，最接近时期的平均销售额是9月份的48 000元，从9月份到下年1月份相距4个月，而8－10月份每月平均增长1 130元，因此，下年1月份销售额预计为：

48 000＋4×1 130＝52 520(元)

(2)指数平滑法。指数平滑法是利用平滑系数(即加权因子)对预测指标上期实际值和上期预测值进行加权平均计算后作为预测期值的一种方法。这种方法实质上是一种加权平均法，是以平滑系数 和(1－α)为权数进行加权。其计算公式如下：

$$F_t=\alpha A_{t-1}+(1-\alpha)F_{t-1}$$

式中：F_t：预测指标预测值

α：平滑系数

A_{t-1}：预测指标上期实际值

F_{t-1}：预测指标上期预测值

[例4－2]仍沿用表4－1所示销售资料，设α为0.3，上年12月的预测值为46 670元。

下年1月预计销售额：0.3 55 000＋0.7×46 670＝48 820(元)

即该企业下年1月的销售额预计为48 820元。

在用指数平滑法预测销售量时，关键是α值的选择，这是一个经验数据，取值范围通常在0.3－0.7之间。α的取值大小，决定了上期实际数和预测数对本期预测值的影响。α的取值越大，上期实际数对本期预测值的影响越大；反之，上期预测数对本期预测值的影响越大。因此，进行近期预测或销量波动较大的预测，应采用较大的平滑系数；进行长期预测或销量波动较小的预测时，可采用较小的平滑系数。

2. 因果预测分析法

因果预测分析法是根据变量之间存在的因果函数关系，建立相应因果预测模型，按预测因素（即非时间自变量）的未来变动趋势来推测预测对象（即因变量）未来水平的一类预测方法。这类方法的基本原理是：预测对象受到许多因素的影响，它们之间存在着复杂的关系，通过对这些变量的内在规律性的研究可以建立一定的数量模型，在已知自变量的条件下，可利用模型直接推测预测对象的水平。属于这类方法的有回归分析法。

回归关系一般都是指变量之间存在的主从关系或因果关系，因此回归分析就是对具有相关关系的多个变量之间的数量变化进行数量测定，配合一定的数学方程，以便对因变量进行估计或预测的一种统计分析方法。根据回归分析的方法，得出的数学表达式称为回归方程。它有多种形式，可以是直线、也可以是曲线。因而，因果预测法具体又包括：

(1)简单线性回归模式。根据统计学原理，用回归方程表明两个变量之间线性相关关系的方程式，称为简单线性回归方程。

简单线性回归模式在经营预测中的运用，参见第二章成本性态分析的"回归分析法"。

(2)多元线性回归模式。当影响因变量 y 变动的因素不止一个时，就必须采用多元线性回归模式对未来的状态进行预测。在此，我们仅讨论二元线性回归模式。

二元线性回归方程的标准式为：$y = a + bx_1 + cx_2$　　(1)

式中 y 为因变量，x_1 与 x_2 为自变量，a、b、c 为回归系数，先以总和的形式表达(1)式中的每一项，得：

$\Sigma y = na + b\Sigma x_1 + c\Sigma x_2$　　(2)

以 x_1 乘以(2)式得：

$\sum x_1 y = a\sum x_1 + b\sum x_1^2 + c\sum x_1 x_2$　　(3)

以 x_2 乘以(2)式得：

$\sum x_2 y = a\sum x_2 + b\sum x_1 x_2 + c\sum x_2^2$　　(4)

根据公式(2)、(3)、(4)联立得到关于 a、b、c 的方程组，解方程组便可求得 a、b、c 三个系数的数值。

[例4-3]某化肥厂在对历史成本资料进行综合分析后发现，该厂制造费用的大小同时与直接人工小时和机器工时两个因素的变化存在着密切的关系。该厂20×4年1-6月份的制造费用和直接人工小时、机器工时如表4-2所示，用回归分析法预测该厂当年7月份的制造费用。

表4-2

月　份	制造费用(万元)	直接人工小时(千小时)	机器工时(千小时)
1	6.50	4.3	10.5
2	4.00	3.0	7.0
3	5.42	3.7	8.2
4	6.20	4.3	9.2
5	5.80	4.0	8.0
6	5.90	4.2	8.4
合　计	33.82	23.5	51.3

先将上述资料计算列表如表 4－3 所示。

表 4－3

月 份	y	x_1	x_2	x_1^2	x_2^2	x_1x_2	x_1y	x_2y
1	6.50	4.30	10.50	18.49	110.25	45.15	27.95	68.25
2	4.00	3.00	7.00	9.00	49.00	21.00	12.00	28.00
3	5.42	3.70	8.20	13.69	67.24	30.34	20.05	44.44
4	6.20	4.30	9.20	18.49	84.64	39.56	26.65	57.04
5	5.80	4.00	8.00	16.00	64.00	32.00	23.20	46.40
6	5.90	4.20	8.40	17.64	70.56	35.28	24.78	49.56
合 计	33.82	23.50	51.30	93.31	445.69	203.33	134.64	293.69

上表中，x_1 代表直接人工工时，x_2 代表机器工时，将上表数字代入公式，得：

$33.82 = 6a + 23.5b + 51.3c$

$134.64 = 23.5a + 93.31b + 203.33c$

$293.69 = 51.3a + 203.33b + 445.69c$

解上述联立方程组，得：

$a = -1.268$

$b = 1.417$

$c = -0.158$

由此可得：$y = -1.268 + 1.417x_1 + 0.158x_2$

据调查，该厂 7 月份将耗用的直接人工小时为 4.8 千小时，将耗用的机器工时为 11.2 千小时。据此，可预测出该厂 7 月份的制造费用发生额为：

$y = -1.268 + 1.417 \times 4.8 + 0.158 \times 11.2 = 7.3$（万元）

（3）非线性回归模式。上面我们研究的前提是变量与变量之间存在线性关系，但是，有时以过去较长时期的历史资料为基础进行分析和研究的结果是变量之间存在密切关系，但非线性关系。也就是说，适合有关数据的趋势线是一条二次曲线，而非直线。其方程为：

$$y = a + bx + cx^2 \tag{5}$$

为确定公式（1）中的 a、b、c 三项，可用以下的“简捷法”来说明。

先以总和∑的形式来表达公式（1）中的每一项：

$$\sum y = na + b\sum x + c\sum x^2 \tag{6}$$

以 x 乘以（2）式：

$$\sum xy = a\sum x + b\sum x^2 + c\sum x^3 \tag{7}$$

再以 乘以（2）式：

$$\sum x^2y = a\sum x^2 + b\sum x^3 + c\sum x^4 \tag{8}$$

依据公式（2）（3）（4），可以解出公式（1）中的 a、b、c 的值。

［例 4－4］假设某公司对过去的历史资料进行分析，发现其销售额与所在地区的“个人消费支出”存在密切关系，但这种关系属于非线性关系。该公司过去 7 年的销售额（y）与同时期该地区个人平均的消费支出（x），以及有关数据处理结果如表 4－4 所示。

表4-4

时期	y	x	xy	x^2	x^2y	x^3	x^4
1	10.0	0.4	4.00	0.16	1.600	0.064	0.0256
2	14.0	0.7	9.80	0.49	6.860	0.343	0.2401
3	20.8	0.9	18.72	0.81	16.848	0.729	0.6561
4	26.0	1.4	36.40	1.96	50.96	2.744	3.8416
5	25.5	1.4	35.70	1.96	49.980	2.744	3.8416
6	25.0	1.3	32.50	1.69	42.250	2.197	2.8561
7	23.0	1.2	27.60	1.44	33.120	1.728	2.0736
合计	144.3	7.3	164.72	8.51	201.618	10.549	13.5347

将表4-4中有关数据代入公式(6)(7)(8)得:

$144.3 = 7a + 7.3b + 8.51c$

$164.72 = 7.3a + 8.51b + 10.549c$

$201.618 = 8.51a + 10.549b + 13.5347c$

求解上述联立方程，可得:

$a = -0.21,\ b = 26.80,\ c = -5.86$

因此，$y = -0.21 + 26.80x - 5.86x^2$ 可以作为预测销售额的依据。例如，如果第8年该地区个人平均消费支出为1万元，则相应的销售额预测值为:

$y = -0.21 + 26.80 \times 1 - 5.86 \times 1^2 = 20.73$(万元)

(二)经营预测的非数量方法

经营预测的非数量方法，也称定性分析方法。它是一种综合性的预测方法，主要依靠预测人员丰富的实践经验及其主观判断和分析推理能力。这一方法在企业缺乏完备的历史资料，或主要因素难以作定量描述的情况下作用尤为重大。

经营预测的非数量方法主要包括以下几种。

1. 个人判断法

个人判断法是指直接征询专家的个人意见，然后进行综合整理，得出预测结论的预测方法。这种方法可以充分地利用个人创造力。但是，专家意见可能受专家本身知识水平高低、占有资料多少、个人感悟能力大小以及责任感强弱等因素的影响。因此，其结果难免存在一定的不足。

2. 专家会议法

专家会议法是指邀请若干位专家，采用召开座谈会方式，对预测对象的未来发展变化趋势进行估计和推测的预测方法。这种方法信息量较大，考虑的因素较全面，而且专家之间也可以互相启发，从而使预测结果更加全面、具体。但是，整个会议也有可能受权威人士或多数专家影响较大，使持不同意见的少数专家不愿发表自己的意见，甚至有的专家不愿在公开场合修正自己已经发表的意见，从而在一定程度上影响所得结论的客观性。

3. 德尔菲法

德尔菲法起源于上世纪40年代末期的美国著名的“兰德公司”，后来为西方国家所广泛采用而久负盛名。它是指采用函询调查方法向有关专家分别提出问题，征询意见，然后将专家回答的意见进行综合、整理后，再通过匿名的方式反馈给各位专家，再次征询意见，如此反复综合、反馈，直至得出基本一致意见为止的预测方法。它一般包括选择专家、设计调查表、发送调查表、处理调查意见和编写预测报告等四个工作程序。

德尔菲法具有匿名性、费用不高特点，其预测结果的可靠性也较高；但此法比较费时，有时信函回收率不高，影响预测的顺利完成。

值得注意的是，定性分析法与定量分析法在实际应用中并非相互排斥，而是相互补充、相辅相成的。定量分析法虽然较精确，但许多非计量因素无法考虑。例如，国家方针政策及政治经济形势的变动，消费者心理及习惯的改变，投资者意向及职工情绪的变动，等等。而定性分析法虽然可以将这些非计量因素考虑进去，但估计的准确性在很大程度上受预测人员经验和素质的影响，带有一定的主观随意性。因此，定量预测往往需要采用一定的定性预测方法加以补充，定性预测的结果也需要利用一定的定量数据进行验证。企业在经营预测时，应当考虑如何实现二者的优势互补，将它们有机的结合起来，这样才能提高预测的准确性和可信度，更好地为决策服务。

第三节　不同目的，不同成本

如前所述，管理离不开信息，而从会计角度看，成本方面的信息又是管理层极为关注和高度重视的信息。在财务会计学科中，成本被定义为：为取得商品或劳务而作出的牺牲，这种牺牲可以通过货币支付、财产交付或劳务交换等加以计量。在企业管理决策中，人们强调的是相关性，因而，决策者奉行“不同目的，不同成本”的信条。因此在管理会计学科中，根据管理决策的需要，采用不同的成本概念。成本概念不是一个单一的概念，而是一个广义的、多维的概念体系。美国经济学家克拉克 1923 年提出的“不同目的，不同成本”思想，奠定了管理会计多维决策成本概念的理论基础。

一、相关成市的概念

决策分析的最终目的是确定最优方案，决策选优的标准主要是看经济效益的高低，决定经济效益高低的两个主要因素是所得和所费。由于所得(即收入)要受到企业外部众多因素的影响，企业不易控制，而所费(即成本)大多是在企业内部发生的，企业可以采取一系列的措施控制其发生情况，所以在决策分析过程中对成本因素的考虑显得更加重要。

这里必须指出，管理会计为了适应决策分析的不同需要，必须应用一些新的成本概念，它们一般无需记录在账本上，而只是在决策分析过程中，对不同备选方案进行调查研究和评价分析时，必须加以考虑的重要因素。它们同传统的成本概念既有区别又有联系。

所谓的相关成本是指与特定的决策方案相联系的、能对决策产生重大影响的、在短期经营决策中必须予以充分考虑的成本。如果某项成本只属于某个经营决策方案，即如果这个方案存在，就会发生该项成本，若该方案不存在，就不会发生这项成本，那么，这项成本就是相关成本。

二、决策分析需考虑的相关成本

(一)差别成本

差别成本又称为差量成本，其涵义有广义和狭义之分。

广义的差量成本是指两个备选方案的预期成本的差异数，又称差别成本。在两个备选方案预期收入相等的情况下，就需要通过差量成本的计算来确定最优方案。

狭义的差量成本是指由于生产能力利用程度不同而形成的成本差异，又称增量成本。在相关范围之内，某一备选方案的增量成本就是该方案的相关变动成本总额，即等于该方案的单位变动成本与相关业务量的乘积。在短期经营决策的生产决策中，增量成本是较为常见的相关成本。

(二)机会成本

机会成本原是经济学术语，它以经济资源的稀缺性和多种选择机会的存在为前提，是指在经济决策中应由中选方案负担的、按所放弃的次优方案潜在收益计算的那部分资源损失，又称择机代价。由于每项资源往往有多种用途，但用于某一方面就不能同时用于另一方面。这就是说，在某方面的所得，正是由于放弃另一方面的使用机会而产生的。因此，以次优方案的可能收益作为中选方案的所失，可以全面评价备选方案所得与所失的关系。因而机会成本应当作为管理会计决策的相关成本来考虑，否则，就可能做出错误的选择，不能取得应有的效果。

尽管机会成本不是一般意义上的“成本”，不是企业的实际支出，也不需记账，但它表明把资源用于某一方面可能取得的利益，是以放弃它用于其他方面可能取得的利益为代价的。因此在进行决策时，只有将落选方案有可能获得的“潜在收益”作为机会成本计入中选方案的相关总成本中，才能全面、合理地评价中选方案的经济效益，正确判断被选用的方案是否真正最优，从而使资源得到最有效的利用。例如，某公司有一暂时闲置的设备，可以自行加工生产所需的甲零件，又可出租给另一企业。如果用于加工甲零件，总成本费用为28 000元；若用于出租，可获租金4 000元，但此时企业生产用的甲零件只能外购，购买成本为30 000元，表面看甲零件应该自制，因为可以比外购节约成本2 000元。但这里还必须把该闲置设备可供出租的租金收入4 000元作为自制方案的机会成本考虑进去，因为设备一旦用于生产零件就会失去对外出租的机会，那么4 000元的租金就成为自制零件方案丧失的“潜在收益”，即机会成本。此时利用闲置设备生产甲零件的总成本应为32 000元(28 000 + 4 000)，大于外购成本，所以应选择外购甲零件同时将闲置设备出租的方案。

机会成本在决策中的意义在于它有助于决策者全面考虑可能采取的各种行动方案，以便为有限的资源寻求最为有利的使用途径。

(三)边际成本

从经济学的观点来看，边际成本是指产品成本对产品产量无限小变化的变动部分。但在生产实践中，产品产量的无限小的变化只能小到一个单位(如一批、一个、一件等)，因为如果产量低于一个单位就没有什么实际意义了。因此，边际成本的实质就是指在企业的生产能力的相关范围之内，每增加或减少一个单位产量而引起的成本变动。从这个意义上来看，管理会计中的单位变动成本，以及增产或减产一个单位产品的差量成本，都是边际成本这个理论概念的具体表现形式。

根据西方微观经济学的理论，边际成本的内涵是随着产量变动的变动率，是成本函数的一阶导数。从这里可以引申出与边际成本有关的两个重要性质：

第一，当某产品的平均成本与边际成本相等时，其平均成本最低。

第二，当某产品的边际收入与边际成本相等时，可使企业获得最大的利润。

边际成本的上述性质在企业短期经营决策中是非常有用的。因为边际成本与单位变动成本一样，可用来判断增产或减产在经济上是否合算。如当企业的生产能力有剩余时，任何增加产量的方案，只要其销售单价略高于其单位边际成本（或单位变动成本），即使它比总的平均单位成本低些，也会使企业增加利润或减少亏损。另外，企业在定价决策中，选择边际收入等于边际成本时的销售单价，因为此时企业能获得最大的利润。

（四）重置成本

重置成本是指目前从市场上重新购买一项持有资产所需要支付的成本，又称现时成本或现行成本。在商品定价决策中，一般需将重置成本作为重点考虑的对象。如某商场原购入的A商品1 000件，当时购入的单价为10元，现A商品价格大幅度上涨，购入单价已涨至20元。如果该商场以15元的单价销售这批A商品，与其进价相比可获单位销售毛利5元，看起来似乎划算。但从管理会计的角度来看，作这样的结论是不妥当的。因为A商品的价格已发生了明显的变化，其单位重置成本已为20元，如果将A商品的销售单价15元和A商品的重置成本20元相比较的话，不仅不能获利，反而每单位A商品要亏5元。由此可见，重置成本在定价决策中是不可忽视的重要因素。

（五）付现成本

付现成本是指那些由于未来某项决策所引起的需要动用现金支付的成本。这里所指的现金是广义的现金，包括现款、银行存款和有价证券等。当企业在短期经营决策中，如果企业现金短缺，支付能力不足，筹资又十分困难，在这种情况下，对于那些急需上马的方案进行决策时，必须以付现成本而不是以总成本作为方案取舍的标准。因为在资金紧张的情况下，尽管付现成本较低的方案的总成本比较高，但可以用较少的资金及时取得急需的资产，一旦把握住时机，就可以提前取得效益，抵偿多支出的成本，甚至及时开发并占领市场，获得长远的经济利益。而总成本低的方案往往付现成本较高，若企业不能及时筹集到足够的现金，就无法使项目上马，导致坐失良机。

如某企业生产需用A材料50吨，现有两个方案可供选择：

方案一：全部的A材料由甲公司提供，开价为2 000元/吨，立即付款8 000元，其余货款在一年的时间内分5次等额偿还；

方案二：全部的A材料由乙公司提供，开价为1 800元/吨，全部货款立即支付。

假设企业的货币资金十分紧张，并预计在短期内无应收账款可以收回，借入资金的可能性也基本没有。在如此情况下，企业应该选择哪个方案更为有利呢？

根据上述情况，企业应该选择第一方案较为有利。因为虽然第二方案的总成本最低（1 800×50＝90 000元），但第二方案的付现成本为90 000元。而第一方案的付现成本仅为8 000元，远远低于第二方案。在企业资金如此紧张的情况下，选择第二方案根本是不可能的事情，也就更谈不上生产获利。而选择第一方案虽然要多付出总成本，但其会从及早投入生产所取得的销售收入中得到补偿。

（六）专属成本

专属成本是指明确归属于特定的决策方案的固定成本，又称特定成本。它往往是为了弥补生产能力不足的缺陷，增加有关装置、设备、工具等长期资产而发生的。专属成本的确认与取得上述装置、设备和工具的方式有关。若采用租入的方式，则专属成本就是与此相关联的租金成本；若采用购买方式，则专属成本的确认还必须考虑有关装置、设备和工具本身的性质：如果取得的装置、设备和工具是专用的，即只能用于该特定方案，则专属成本就是这些装备的全部取得成本；如果取得的装备是通用的，则专属成本就是与使用这些装备有关的主要使用成本。

（七）可避免成本

可避免成本是指通过管理当局的决策行动可改变其发生数额的成本。如酌量性的固定成本。这些成本的开支数额一般是由企业的管理当局根据计划期的具体情况和财务负担能力作出决定。如将某一零件的取得方式由自制改为外购，那么自制所需支出的各项变动成本就是可避免成本。

（八）可延缓成本

可延缓成本是指在短期经营决策中对某项已决定选用的方案如推迟执行，还不至于对企业的生产经营产生重大影响，那么与该方案相关的成本就叫做可延缓成本，又称可递延成本。如某公司原定重盖一幢办公楼，用来代替现在使用的简易房，但由于企业的生产经营规模扩大，占用了大量的资金，决定延期再盖，此时与其有关的各项未来支出就属于可延缓成本。

三、决策分析的无关成本

与相关成本相对立的是无关成本。所谓的无关成本是指不受决策结果的影响，与决策的关系不大，已经发生或注定要发生的成本。如果无论是否存在某决策方案，均会发生某项成本，那么该项成本就是无关成本。在短期经营决策分析过程中，不能考虑无关成本，否则，可能会导致决策失误。因此，了解和区分哪些成本是无关成本也是十分必要的。无关成本一般包括沉没成本、共同成本、不可避免成本、不可延缓成本等。

（一）沉没成本

沉没成本又称沉入成本或旁置成本，是指由于过去决策结果而引起并已经实际支付过款项的成本，它实质上与历史成本是同义语。正由于这类成本是过去已经发生的，因而现在和将来的任何决策都无法改变这项历史现实。如当一台机床使用一定时间后，由于科学技术的进步，致使该台机床已经过时，若需要作出是继续使用旧机床还是购买新机床的决策时，应该考虑的因素只是旧机床变现价值、新机床的购价以及使用新机床能够增加的收入或节约的成本，而旧机床的账面折余价值则属于沉没成本，无需加以考虑。企业大多数固定成本（尤其是固定资产的折旧费、无形资产的摊销费）均属于沉没成本，但并不是说所有的固定成本或折旧费都属于沉没成本，如与决策方案有关的新增固定资产的折旧费就属于相关成本。另外，某些变动成本也属于沉没成本，如在半成品是否深加工的决策中，半成品本身的成本不仅其固定成本而且变动成本均为沉没成本。

（二）共同成本

共同成本是指应当由多个方案共同负担的注定要发生的固定成本。如企业管理人员的工资、车间的照明费等。由于它的发生与特定方案的选择无关，因此，在决策分析中不必予以考虑。通常情况下，共同成本与专属成本相对立。

（三）不可避免成本

不可避免成本是指通过管理当局的决策行动不能改变其发生数额的成本。如约束性的固定成本（原有固定资产的折旧费、管理人员的工资、固定资产租金）以及原来制造产品的各项变动成本，都属于不可避免成本。这类成本与备选方案的取舍一般没有直接的联系。通常情况下，不可避免成本与可避免成本相对立。

（四）不可延缓成本

不可延缓成本又称不可递延成本，是指在短期经营决策中若对其暂缓开支就会对企业未来的生产经营产生重大影响的那部分成本。如某公司过去一直采用烧柴油的锅炉，能源浪费很大，而且污染环境。现市政府和环保部门要求一律立即改用烧煤的锅炉，否则停业整顿。即使企业的资金再紧张也必须立即更换锅炉，所以，此项成本就是不可延缓成本。通常情况下，不可延缓成本与可延缓成本相对立。

☆★本章关键概念

决策分析 趋势平均法 指数平滑法 简单线性回归 多元线性回归 非线性回归 相关成本 差别成本 机会成本 边际成本 重置成本 付现成本 专属成本 可避免成本 可延缓成本 无关成本 沉没成本 共同成本 不可避免成本 不可延缓成本

☆★复习思考题

1. 试描述决策分析的程序。
2. 简单线性回归模式与多元线性回归模式有何异同？
2. 什么是相关成本？什么是无关成本？两者如何区分？
3. 什么是机会成本？举例说明。

第五章　短期经营决策

【引言】

短期经营决策是管理会计学的核心内容之一，它通常是对企业的生产经营决策方案进行经济分析，其主要内容包括产品生产决策分析、产品定价决策分析等。本章在介绍企业生产经营决策分析的基本方法的基础上，以案例为依托阐述企业生产经营决策分析各项内容的具体程序、方法及相关注意问题，并特别分析了企业在不确定性情况下的经营决策分析的思路与方法。

第一节　生产决策

一、生产决策涉及的范围

企业作为一个独立经营的法人单位，拥有较大的自主权和经营决策权，在生产经营过程中，经常会涉及到许多需要进行决策的问题，一般可分为以下三种类型：

（一）生产何种产品或提供何种劳务

例如，企业为增强竞争能力，准备开发新产品或推出新的劳务项目，究竟生产哪种新产品，或提供哪种新劳务项目最为有利？这需要决策。又如，企业使用同一设备可以生产几种产品或提供多项劳务，也需要决策分析生产哪种产品或提供哪项劳务可获得最佳经济效益。

（二）生产多少数量产品或提供多少数量劳务

例如，在成批生产企业中，每批生产多少数量的产品，全年分几批生产最优？在多品种经营的企业中如何选择最优的产品组合进行生产？在有风险和不确定的情况下，产品产量或劳务量如何确定？等等。

（三）如何组织和安排生产或提供劳务

例如，企业选择何种生产工艺进行加工生产？根据何种标准分配生产任务？怎样在赶工安排上既控制时间又控制成本，追求最佳经济效益？等等。

必须指出，尽管企业生产决策所涉及的问题很多，而且不同类型的问题需要采用不同的决策分析方法，但它们最终的目标都是在现有的生产条件下，如何最合理、有效、充分利用企业的现有资源，取得最佳的经济效益和社会效益。

二、生产决策的基本方法及其应用

由于企业所面临的生产决策问题具有多样性，因此需要采用不同的决策分析方法对各备选方案进行比较和判断。实际工作中经常采用的决策分析方法主要有差量分析法、边际贡献分析法、成本无差别点分析法和概率分析法等。

(一)差量分析法及其在生产决策中的应用

企业进行不同方案的比较、选择的过程，实质是选择最大收益方案的过程，最大收益是在各个备选方案的收入、成本的比较中产生的。当两个备选方案具有不同的预期收入和预期成本时，根据这两个备选方案间差量收入、差量成本计算的差量损益进行最优方案选择的方法即为差量分析法。

运用差量分析法进行决策分析时，首先，将各决策备选方案两两比较，分别计算差量收入和差量成本。其次，将计算出的差量收入和差量成本进行对比择优。若差量收入大于差量成本(即为差量收益)，则作为被减项的方案为优;若差量收入小于差量成本(即为差量损失)，则作为减项的方案为优;若差量收入等于差量成本，则两方案具有同样的经济效益。

1. 应用之一:生产何种产品的决策分析

如果企业有剩余生产能力可供利用，或是利用过时老产品腾出来的生产能力，可生产某一产品，也可生产另一种产品，但不能同时满足多种产品生产的需求，这就要求企业必须根据现有的资源条件，在各种产品之间作出选择。其选择标准是生产哪种产品在经济上最为合算，能为企业提供较多的利润。

[例 5－1]某企业使用同一设备可以生产甲产品，也可以生产乙产品，若该设备最大生产能力为 100 000 机器小时，则在相关范围内生产两种产品的有关资料预测如表 5－1 所示。

表 5－1　　拟生产产品资料

项目	甲产品	乙产品
单位产品机器小时	40	50
单位售价	32	56
单位成本		
直接材料	12	18
直接人工	8	14
变动制造费用	6	16
固定制造费用	5.6	7

根据上述资料可知，由于该企业是用同一台设备进行生产，总生产能力为 100 000 机器小时，那么形成 100 000 机器小时生产能力而发生的代价无论对生产甲产品还是生产乙产品都是一样的，因而不是决策分析的相关成本，所以此决策的相关成本仅为变动成本。这里可通过两种产品的差量收入和差量成本的对比，考察其盈利性的大小，从中选择最优方案。具体计算如表 5－2 所示。

表5-2　　差量分析表

项目	甲产品	乙产品	差量
相关产量	100 000/40 = 2 500(件)	100 000/50 = 2 000(件)	
相关收入	2 500 × 32 = 80 000(元)	2 000 × 56 = 112 000(元)	-32 000(元)
相关成本	2 500 × 26 = 65 000(元)	2 000 × 48 = 96 000(元)	-31 000(元)
相关损益	80 000 - 65 000 = 15 000(元)	112 000 - 96 000 = 16 000(元)	-1 000(元)

计算结果表明，由于差量收入小于差量成本，所以应选择生产乙产品利润较大。但应指出，本例中是以无论甲、乙产品生产多少，市场上均可以容纳为假设的。如果市场上销售量受到限制，则应以最大生产能力和市场最大容量为共同条件来分析。

[例5-2]仍沿用前例的资料，假设企业通过市场调查确定，如企业生产甲产品，其最大市场销量为2 000件，如生产乙产品，其最大市场销量为1 200件。则采用差量分析法分析计算如表5-3所示。

表5-3　　差量分析表

项目	甲产品	乙产品	差量
相关产量	1 200 × 50/40 = 1 500	1 200(件)	
相关收入	1 500 × 32 = 48 000(元)	1 200 × 56 = 67 200(元)	-19 200(元)
相关成本	1 500 × 26 = 39 000(元)	1 200 × 48 = 57 600(元)	-18 600(元)
相关损益	48 000 - 39 000 = 9 000(元)	67 200 - 57 600 = 9 600(元)	-600(元)

由上述计算分析可得，在产品市场销量受限制的情况下，则应以产品最大生产能力和市场最大容量之中小者为决策相关业务量，并同时考虑不同产品决策相关业务量的可比性。本例中，乙产品的最大产量为2 000件，市场最大销量为1 200件，则其决策相关业务量应为1 200件。当乙产品决策相关业务量为1 200件时，耗用企业生产能力为60 000机器小时(1 200件×50小时/件)，按可比性计算，甲产品的决策相关业务量则应为1 500件(60 000小时/40小时/件)。当然，也可以根据甲产品的决策相关业务量来推算乙产品的相关业务量。

计算结果表明，在具有可比性的相关业务量水平下，差量收入小于差量成本，所以应选择乙产品的生产，但此时其耗用企业生产能力仅为60 000机器小时，其余生产能力还可安排生产甲产品1 000件(40 000小时/40小时/件)。因此，企业最优生产方案为利用该设备生产甲产品1 000件，乙产品1 200件，此时企业经济效益为最大。

2. 应用之二：零部件自制还是外购的决策分析

对于具有机械加工能力的企业而言，常常面临所需零部件是自制还是外购的决策问题。由于所需零部件数量对自制方案和外购方案都是一样的，因而这类决策通常只考虑自制方案和外购方案的成本高低，在相同质量并保证及时供货的情况下，就低不就高。

由于在实际工作中影响自制和外购的因素很多，因而所采用的决策分析方法也不尽相同，但一般都采用差量成本分析法。在运用差量分析法进行决策分析时应注意，企业零部件不论是自制还是外购，共同性固定成本必然要发生，并不因方案而异。因此，在一般情况下，特别是在生产能力有剩余的情况下，自制方案不需要考虑固定成本，除非自制时需要增加专用设备，则其新增的“专属固定成本”属于决策相关成本。另外，在分析时还应注意是否有

"机会成本"的存在。至于外购方案的决策相关成本一般包括买价、订货费、运杂费等。

[例5-3]某企业每年需用甲零件3 600件，如向市场购买，每个包括运杂费的进货价为28元。该企业加工车间目前有剩余生产能力可制造这种零件，经会计部门会同生产技术部门进行估算，预计每个零件的生产成本资料如表5-4所示。

表5-4　　单位：元

项目	单位成本
直接材料	14
直接人工	6
变动制造费用	4
固定制造费用	6
单位零件成本	30

根据上述资料可知，由于该企业加工车间有剩余生产能力可以利用，原有的固定成本不会因自制增加，也不会因外购减少，故甲零件自制成本内的固定制造费用属于决策无关成本。据此进行差量分析如表5-5所示。

表5-5　　自制外购分析表

项目	自制方案	外购方案
直接材料	3 600×14 = 50 400(元)	
直接人工	3 600×6 = 21 600(元)	
变动制造费用	3 600×4 = 14 400(元)	
小计	86 400(元)	
购买成本		3 600×28 = 100 800(元)
差量成本	86 400 - 100 800 = -14 400(元)	

根据以上的计算结果，可见甲零件应采用自制方案，可比外购方案节约成本14 400元。

本例忽略了机会成本因素。如果企业用于生产甲零件的生产能力可以生产其他产品或出租或其他用途，则需要考虑机会成本问题。

[例5-4]仍沿用上例资料，假设该企业用于生产甲零件的设备可以生产B产品，预计可按25元的价格每年产销5 000件，单位变动成本为20元，原由自制零件负担的全部固定成本总额不变。

由于企业目前生产能力生产甲零件与生产B产品是两个互斥方案，如果企业所需的甲零件采用自制方案，其生产设备就不能用来生产B产品，由此则会导致企业所实现的边际贡献减少25 000元(5 000×5)，在固定成本不变的情况下，则进一步导致企业所实现的利润减少25 000元。因此，生产B产品所能实现的边际贡献25 000元就成为甲零件自制的机会成本。为了有效地利用企业的生产能力，在决策中必须充分考虑机会成本因素。据此进行差量分析如表 5 - 6 所示。

表 5 - 6 自制外购分析表

项目	自制方案	外购方案
直接材料	3 600 × 14 = 50 400(元)	
直接人工	3 600 × 6 = 21 600(元)	
变动制造费用	3 600 × 4 = 14 400(元)	
机会成本	5 000 × 5 = 25 000(元)	
小计	111 400(元)	
购买成本		3 600 × 28 = 100 800(元)
差量成本	111 400 - 100 800 = 10 600(元)	

从上述计算分析中可得，在考虑机会成本因素的情况下，外购成本低于自制成本，企业应选择外购方案为宜。

实际工作中，企业生产所需用零部件的品种往往具有多样性，在这种情况下进行零部件自制还是外购决策时，还经常会涉及到现有生产能力如何在各零部件之间进行分配问题。

[例 5 - 5]某企业在生产中所需的两种零件的标准成本经确定如表 5 - 7 所示。

表 5 - 7

项目	甲零件	乙零件
变动性材料、人工及制造费用	6	7
固定性制造费用	3	4
合计	9	11
单位零件所耗用机器小时	7	5

该企业每年生产所需的甲零件为 10 000 件，乙零件为 9 000 件，企业现有剩余生产能力 87 000 机器小时可用于这两种零件的生产。同时，有一供应商能提供符合本企业质量要求的零件，单价为甲零件 9.5 元，乙零件 12.5 元。企业管理者希望充分利用闲置的 87 000 机器小时，以期最大限度地实现成本节约。

表 5 - 8 列示了以机器小时为基础而得出的每小时可能的成本节约额。

表 5 - 8 自制外购分析

项目	甲零件	乙零件
外购价格	9.50	12.50
自制单位成本	6.00	7.00
单位零件形成的成本节约额	3.50	5.50
单位零件耗用的机器小时	7	5
单位机器小时形成的成本节约额	0.50	1.10

表 5 - 8 的分析说明：乙零件单位机器小时所形成的成本节约额较大，因此，企业现有生产能力应尽可能优先安排乙零件的生产，剩余生产能力再用来生产甲零件，不足部

分通过外购补足。具体计算如表 5－9 所示。

表 5－9

闲置的、可利用的机器小时	87 000(小时)
乙零件自制耗用的机器小时	9 000 ×5 =45 000(小时)
剩余机器小时	42 000(小时)
甲零件的年需要量	10 000(件)
甲零件可自制的产量	42 000/7 =6 000(件)
甲零件的外购量	4 000(件)

3. 应用之三：半成品或联产品是否进一步加工的决策分析

在某些行业的企业，经常会面临着出售已部分完工的半成品或进一步加工为完工产品后再行出售的抉择问题。例如，棉纺织企业既可出售半成品棉纱，也可以通过对棉纱继续加工织成坯布(完工产品)后再出售。当然，完工产品的销售价格要比半成品高，但继续加工一般都要追加变动成本和专属固定成本。

另外，在某些石油化工企业内，经常会出现在同一生产过程中同时生产出若干种经济价值较大的联产品。这些联产品有的可以在分离后立即出售，也可以在分离后经过继续加工再行出售。究竟哪种方案经济效益较大，是生产联产品的企业经常涉及到的问题。

对于这类决策问题，均可采用差量分析法分析。但应注意的是，半成品或联产品进一步加工前所发生的成本，不论是变动成本还是固定成本，在决策分析中均属无关成本，不必加以考虑。问题的关键在于分析研究半成品或联产品在加工后所增加的收入是否超过在进一步加工中所追加的成本(即可分成本)。如果前者大于后者，则以进一步加工的方案较优；反之，若前者小于后者，则以出售半成品或不加工的联产品的方案较优。

[例 5－6]某石化企业在同一生产过程中可以同时生产出甲、乙两种联产品，可在分离后立即出售，也可继续加工后再行出售，其有关产量、售价及成本资料如表 5－10 所示。

表 5－10

联产品名称		甲产品	乙产品
产量		10 000 千克	4 000 千克
销售价格	分离后	2 元/千克	6 元/千克
	加工后	5 元/千克	10 元/千克
加工前的联合成本		14 000 元	20 000 元
加工过程中追加的成本	单位变动成本	2 元	5 元
	专属固定成本	5 000 元	1 000 元

根据上述资料分别对甲、乙两种联产品编制差量分析表，如表 5－11、表 5－12 所示。

表 5-11 甲联产品差量分析表

方案	加工	不加工	差量
差量收入			
加工后收入:10 000×5	50 000 元		
不加工收入:10 000×2		20 000 元	30 000 元
差量成本			
加工需追加成本:5 000+10 000×2	25 000 元		
不加工的成本:0		0 元	25 000 元
加工方案的差量收益	5 000 元		

表 5-12 乙联产品差量分析表

方案	加工	不加工	差量
差量收入			
加工后收入:4 000×10	40 000 元		
不加工收入:4 000×6		24 000 元	16 000 元
差量成本			
加工需追加成本:4 000+4 000×5	21 000 元		
不加工的成本:0		0 元	21 000 元
加工方案的差量损失	5 000 元		

从以上差量分析的结果可知，甲联产品以分离后继续加工再行出售可获得较多盈利；而乙产品则以分离后立即出售的方案较佳，因若继续加工再行出售反而要损失 5 000 元。

(二)边际贡献分析法及其在生产决策中的应用

边际贡献分析法是在成本性态分类的基础上，通过比较各备选方案边际贡献的大小来确定最优方案的一种方法。

在这里，“贡献”是指企业的产品或劳务对企业利润目标的实现所做的贡献。传统会计认为只有当收入大于完全成本时才形成贡献；而管理会计则认为只要收入大于变动成本就会形成贡献。因为，企业的固定成本总额在相关范围内并不随业务量的增减变动而变动，因此，收入减变动成本后的差额(即边际贡献)越大，则减去不变的固定成本后的余额(即利润)也就越大。也就是说，边际贡献的大小，反映了备选方案对企业利润目标所做贡献的大小。

在运用边际贡献分析法进行备选方案的择优决策时，应注意以下问题：第一，在不存在专属固定成本的情况下，通过比较不同备选方案的边际贡献总额，能够正确地进行择优选择。第二，在存在专属固定成本的情况下，首先应计算备选方案的剩余边际贡献(即边际贡献总额减去专属固定成本后的余额)，然后通过比较不同备选方案的剩余边际贡献总额，方能正确地进行择优决策。第三，在企业的某项资源(如原材料、人工工时、机器工时、销售渠道等)受到限制的情况下，应通过计算、比较各备选方案的单位资源边际贡献，来正确进行择优决策。第四，边际贡献总额的大小，既取决于单位产品边际贡献的大小，也取决于产销量，这时应以边际贡献总额最大作为方案选择的标准。因为单位产品边际贡献大的产品，提供的边际贡献总额不一定最大。也就是说，在决策中不能只根据单位产品边际贡献的大小来择优决策。

1. 应用之一:生产何种产品的决策分析

企业未来时期生产何种产品是企业生产经营决策中需解决的一项重要问题，该项决策分析可采用差量分析法进行方案的择优，也可运用边际贡献分析法来进行决策，尤其是对两个以上方案进行比较或企业某些生产资源受到限制的情况下，运用边际贡献分析法更便于解决问题。

[例5－7]某企业现有设备的生产能力为40 000机器小时，现有生产能力利用程度为80%。现准备用剩余生产能力开发新产品甲、乙或丙。新产品甲、乙、丙的有关资料如表5－13所示。

表5－13

项目	甲产品	乙产品	丙产品
单位产品机器小时(小时)	2	3	4
单位产品销售价格(元)	30	40	50
单位产品变动成本(元)	21	26	30
市场最大销量(件)	3 500	2 000	无限制

由于现有设备加工精度不足，在生产丙产品时，需要增加专属设备5 000元。在甲、乙产品市场销售受限制的情况下，进行方案选择可以采用边际贡献分析法。

根据上述数据编制分析表如5－14所示。

表5－14

项目	甲产品	乙产品	丙产品
相关业务量(件)	3 500	2 000	2 000
单位产品销售价格(元)	30	40	50
单位产品变动成本(元)	21	26	30
单位产品边际贡献(元)	9	14	20
边际贡献总额(元)	31 500	28 000	40 000
专属固定成本(元)	——	——	5 000
剩余边际贡献总额(元)	——	——	35 000
单位产品机器工时(小时)	2	3	4
单位工时边际贡献(元)	4.5	4.67	4.375

注:甲、乙产品以市场最大销量作为相关业务量;丙产品以最大产量作为相关业务量

从上述计算结果可知，在三种新产品中，开发丙产品所实现的边际贡献总额(或剩余边际贡献)最大，但由于开发不同产品所耗用企业的生产能力不同，因而不能以此作为方案择优的依据，而应当计算比较各方案的单位工时边际贡献来确定最优方案。根据单位工时边际贡献的计算结果，企业首先应选择单位工时边际贡献最大的乙产品进行开发生产。由于开发生产乙产品耗用企业生产能力为6 000机器小时(2 000件×3小时/件)，其余的生产能力可考虑开发生产甲产品1 000件(2 000小时/2小时/件)，这样可使企业的经济效益达到最大。

2. 应用之二:亏损产品是否停产或转产的决策分析

企业在生产经营中，由于某些产品不能适销对路或其他原因，造成市场滞销，发生亏损，这就会出现是否停产或转产的问题。由于这方面的决策，一般不涉及原有生产能力的变动，故可采用边际贡献分析法加以解决。

[例5－8]某公司本年产销甲、乙、丙三种产品，年末以完全成本法计算的三种产品损益情况如表5－15所示。

表5－15　　产品损益情况表

项目	甲产品	乙产品	丙产品	合计
销售量(件)	1 000	500	400	
销售单价(元/件)	20	60	25	
单位变动成本(元)	9	46	15	
固定成本总额(元)	18 000元(按各产品的销售收入比例分摊)			
销售收入(元)	20 000	30 000	10 000	60 000
变动总成本(元)	9 000	23 000	6 000	38 000
边际贡献总额(元)	11 000	7 000	4 000	22 000
分摊的固定成本(元)	6 000	9 000	3 000	18 000
收益(亏损)(元)	5 000	(2 000)	1 000	4 000

根据给定的条件，可知乙产品全年净亏损2 000元，表面看来公司为减少亏损、增加盈利，应停产乙产品，但应用了边际贡献分析法就会得出截然不同的结论。

从表5－15中可以看出，乙产品虽然发生亏损，但能够为公司提供边际贡献7 000元，而全公司所发生的固定成本18 000元，不论乙产品停产与否都是要发生的。若将乙产品停产，则全公司的边际贡献总额就会减少7 000元，乙产品原分摊的固定成本则需转嫁给甲、丙两种产品负担，其结果反而造成整个公司的全面亏损。如表5－16所示。

表5－16　　乙产品停产后的边际贡献与收益计算表

项目	甲产品	丙产品	合计
销售收入(元)	20 000	10 000	30 000
变动总成本(元)	9 000	6 000	15 000
边际贡献总额(元)	11 000	4 000	15 000
分摊的固定成本(元)	12 000	6 000	18 000
收益(亏损)(元)	(1 000)	(2 000)	(3 000)

从上述分析中可以看出，企业生产的亏损产品只要能够提供边际贡献就不应停产。但如果亏损产品不能提供边际贡献，通常应考虑停产。

至于亏损产品是否要转产的决策分析，主要看转产的产品是否确实是利用亏损产品停产后腾出来的生产能力，而不占用其他产品生产能力；同时转产产品所提供的边际贡献总额要大于原亏损产品所提供的边际贡献总额，那么这项转产方案就是可行的。若是相反情况则不可行。

(三)成本无差别点分析法及其在生产决策中的应用

所谓成本无差别点是指两个方案总成本相等时的业务量，当决策相关业务量大于或小于该点时，不同方案就具有了不同的业务量优势区域，利用不同方案的不同业务量优势区域进行最优化方案的选择的方法，称为成本无差别点分析法。

由于在成本性态分析的基础上，任何方案的总成本都可以用 $y=a+bx$ 表述，用 x 代表两个方案的成本无差别点，a_1、a_2 代表两个方案的固定成本总额，b_1、b_2 代表两个方案的单位变动成本，y_1、y_2 代表两个方案的总成本，由此可得：

$y_1 = a_1 + b_1x$

$y_2 = a_2 + b_2x$

根据成本无差别点的原理，令两个方案总成本相等(即 $y_1 = y_2$)，可得出成本无差别点的计算公式：

$$成本无差别点 = \frac{两方案固定成本之差}{两方案单位变动成本之差}$$

两方案的成本无差别点计算出来后，就可以在业务量的相关范围内讨论不同业务量水平下的决策结论。

1. 应用之一：零部件自制还是外购的决策分析

在企业的零部件自制还是外购的决策中，如果所需零部件的数量暂时不能准确确定，且自制零部件需增加专属固定成本时，应采用成本无差别点分析法，计算两方案的成本无差别点，讨论其业务量的使用范围。

[例5-9]某公司生产中每年需用甲零件，以前一直外购，购买价为15元/件。现该公司有无法移作他用的剩余生产能力可以用来生产甲零件，但每年发生专属固定成本2 400元，自制时单位变动成本为10元/件。

设x代表甲零件的成本无差别点，y_1 代表自制成本，y_2 代表外购成本，则得：

$y_1 = 10x + 2\ 400$

$y_2 = 15x$

自制成本与外购成本相等时的年需要量，即为成本无差别点。

令：$15x = 10x + 2\ 400$

得：$x = \frac{2400}{15 - 10} = 480$(件)

由此可以得出结论，当该零件的需用量大于480件时，自制方案的成本少于外购方案，因而以自制方案为宜；当该零件的需用量小于480件时，自制方案的成本大于外购方案，此时以外购方案为佳；当零件的需用量正好为480件时，两种方案均可。

2. 应用之二：选择不同生产工艺进行加工的决策分析

生产工艺是指加工制造产品或零部件所使用的机器、设备及加工方法的总称。同一种产品或零部件，往往可以采用不同的生产工艺进行加工。一般而言，生产工艺越先进，其固定成本越高，单位变动成本越低；而生产工艺落后时，其固定成本较低，但单位变动成本却较高。在固定成本和单位变动成本的消长变动组合中，产量成为最佳的判断标准。此时，只要确定不同生产工艺的成本无差别点，就可以根据产量确定选择何种生产工艺最为有利。

[例5-10]某企业在生产某种型号的齿轮时，可采用普通车床进行加工，也可以采用数控车床加工。两种车床加工时所需的不同成本资料如表5-17所示。

表5-17 单位：元

车床类型	每个齿轮加工费 (变动成本)	一次调整准备成本 (固定成本)
普通车床	1.80	20
数控车床	1.00	100

根据上述资料进行选择不同类型车床进行加工决策分析时，设 x 代表普通车床和数控车床的成本无差别点，则可得：

$1.8x+20=x+100$

$x=100$（个）

由此可得，当齿轮的需要量大于 100 个时，数控车床的成本小于普通车床的成本，应采用数控车床进行加工生产；当齿轮的需要量小于 100 个时，普通车床的成本小于数控车床的成本，则应采用普通车床加工生产。

(四)概率分析法及其在生产决策中的应用

前述各种决策分析方法，都是在有关条件已知或确定的情况下，企业进行确定型决策分析时所采用的。但在现实经济生活中，未来的事态往往充满不肯定的因素，从而产生风险型决策，这时则应采用概率分析法进行决策分析。

概率分析法就是对企业经营中的诸多因素（如产品销售量、变动成本、固定成本等）在一定范围内的变动程度作出估计，从而把影响决策的各种现象都考虑进去，因而使决策更加接近于实际情况。在采用概率分析法时，应按以下步骤进行：(1)确定与决策结果有关的变量；(2)确定每一变量的变化范围；(3)根据决策者假定或以历史资料为依据，确定每一变量的概率及各变量的联合概率；(4)将不同概率条件下的结果加以汇总，计算预期值。

［例 5－11］某公司准备开发新产品，现有甲、乙两种新产品可供选择。甲产品预计单位售价为 310 元，预计单位变动成本为 280 元；乙产品预计单位售价为 283 元，预计单位变动成本为 250 元。企业无论开发甲产品还是乙产品，固定成本总额均为 25 000 元，但甲、乙产品的销售量经过市场调查属于随机变量，其具体情况如表 5－18 所示。

表 5－18

销售量（件）	概率	
	甲产品	乙产品
700		0.1
900	0.1	0.2
1 000	0.1	0.2
1 100	0.3	0.4
1 300	0.3	0.1
1 500	0.2	

根据上述资料可知，由于影响决策目标的销售量因素具有不确定性，因此应采用概率分析法进行决策分析。分析时首先根据销售量因素未来时期的变动情况及其概率计算各产品边际贡献的预期值，如表 5－19 所示。

表 5－19

方案	销售量(件)	边际贡献总额(元)	概率	预期值(元)
甲产品	900	27 000	0.1	2 700
	1 000	30 000	0.1	3 000
	1 100	33 000	0.3	9 900
	1 300	39 000	0.3	11 700
	1 500	45 000	0.2	9 000
				36 300
乙产品	700	23 100	0.1	2 310
	900	29 700	0.2	5 940
	1 000	33 000	0.2	6 600
	1 100	36 300	0.4	14 520
	1 300	42 900	0.1	4 290
				33 660

从上述计算结果可得，甲产品提供的边际贡献总额的预期值比乙产品多 2 640 元，故该公司生产新产品甲较为有利。但需注意，由于销售量的不确定，使得预期值的计算和分析带有很大的主观性，所以公司在决策前应慎重地确定各种可能的销售量范围及其相应的概率。只有这样，才能作出接近实际的决策分析结论。

三、最优生产批量决策

在成批生产的企业里，经常会涉及到每批生产多少数量、全年分几批生产最为经济的问题，这就是“最优生产批量”的决策问题。对于这类问题进行决策分析，主要应考虑两个成本因素，即“调整准备成本”和“储存成本”。至于制造产品的直接材料、直接人工等生产成本，则与此项决策无关，不需加以考虑。

调整准备成本是指每批投产前，需要进行一些准备工作（如调整机器、清理现场、准备工卡模量具、布置生产线、下达派工单、领取原材料、准备生产作业记录和成本记录等）而发生的成本。这种成本与每批数量的多少没有直接关系，但与生产批数成正比，具有固定成本性质。

储存成本亦称持有成本或置存成本，是指单位产品（或零部件）在储存过程中所发生的仓储费、搬运费、保险费、占用资金支付的利息等（这部分与储存量的多少成正比，属于变动成本性质），以及仓库房屋、机械设备的折旧费、维修费、通风照明费等（这部分在一定期间内的发生额是固定不变的，属于固定成本性质）。

成批生产企业的全年总生产量一般是固定的，每批产量越大，全年生产的批数就越少；反之，每批产量越小，全年生产的批数就越多。同时与生产批量相关的调整准备成本和储存成本的性质是互相矛盾的，因为调整准备成本与生产批量无关，但与生产批数成正比；若要降低全年的调整准备成本，则应减少批数，而减少批数，就要增大批量，从而提高全年的储存成本。因此，最优生产批量应为全年调整准备成本和全年储存成本之和最低时的生产批量。

（一）单一产品最优生产批量的决策分析

单一产品最优生产批量的决策分析，可采用逐次测试法、图示法和公式法。

设:D——全年生产量;

Q——生产批量;

p——每日生产量

d——每日耗用量(销售量)

K——每批调整准备成本

KC——单位产品年储存成本

TC——全年调整准备成本和储存成本之和

则:最高储存量 = $Q - \frac{Q}{p} \cdot d = Q(1 - \frac{d}{p})$

平均储存量 = $\frac{Q}{2}(1 - \frac{d}{p})$

全年调整准备成本 = $\frac{D}{Q} \cdot K$

全年储存成本 = $\frac{Q}{2}(1 - \frac{d}{p}) \cdot KC$

全年总成本 = $\frac{Q}{2}(1 - \frac{d}{p}) \cdot KC + \frac{D}{Q} \cdot K$

[例 5-12]某企业全年需用甲零件 36 000 个，专门生产甲零件的设备每天能生产 150 个，每天平均领用 120 个。每批调整准备成本为 300 元，单位零件全年的平均储存成本为 2 元。

要求:作出最优生产批量的决策分析。

1. 逐次测试法

采用逐次测试法计算确定产品的最优生产批量，可通过列表的方法分别计算不同生产批量下的总成本。根据本例资料，不同生产批量下的总成本的计算如表 5-20 所示。

表 5-20

批量(个)	4 000	6 000	7 200	9 000	12 000	18 000	24 000
全年批数(批)	9	6	5	4	3	2	1
年平均储存量(个)	400	600	720	900	1 200	1 800	3 600
全年调整准备成本(元)	2 700	1 800	1 500	1 200	900	600	300
全年平均储存成本(元)	800	1 200	1 440	1 800	2 400	3 600	7 200
全年总成本(元)	3 500	3 000	2 940	3 000	3 300	4 200	7 500

通过逐次测试可以看出，甲零件的最优生产批量为 7 200 个，全年投产 5 批，可使全年的调整准备成本和储存成本之和达到最低，即 2 940 元。

2. 图示法

以批量为横坐标，以成本为纵坐标，在坐标图中描绘出全年调整准备成本、全年平均储存成本和全年总成本的三条线，如图 5-1 所示。

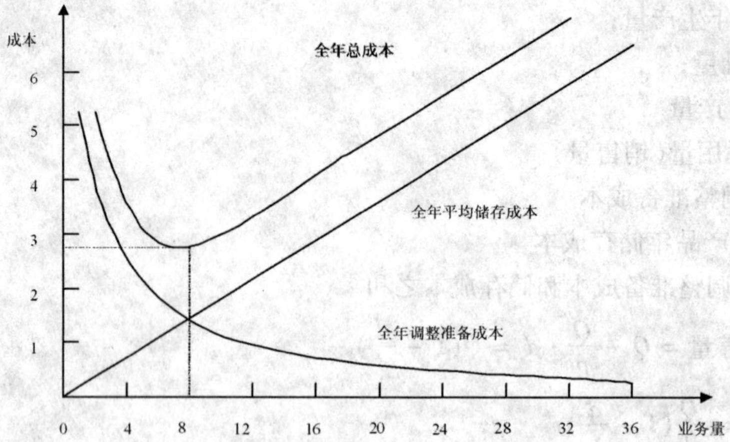

图 5－1

从图 5－1 可见，最优生产批量的最低成本就是处于全年总成本凹形曲线的最低点，即 2 940 元左右，此点恰与全年调整准备成本线与全年平均储存成本线的交点处于相同的业务量位置，即每批投产量为 7 200 个。

3. 公式法

最优生产批量也可通过建立一定的数学模型，即利用全年总成本 TC 与生产批量 Q 的函数关系，用微分法求 TC 为极小值时的 Q 值。由此可以导出：

$$最优生产批量（Q^{*}）=\sqrt{\frac{2DK}{KC\cdot(1-\frac{d}{p})}}$$

$$最优生产批数=\frac{D}{Q^{*}}=\sqrt{\frac{DKC\cdot(1-\frac{d}{p})}{2K}}$$

$$最优生产批量的总成本（TC^{*}）=\sqrt{2\cdot DK\cdot KC\cdot(1-\frac{d}{p})}$$

将本例的有关数据代入上述公式，即可求得：

$$(1)最优生产批量=\sqrt{\frac{2\times36\ 000\times300}{2\times(1-\frac{120}{150})}}=7\ 348(个)$$

$$(2)最优生产批数=\frac{36\ 000}{7\ 348}=5(批)$$

$$(3)最优生产批量的总成本=\sqrt{2\times36\ 000\times300\times2\times(1-\frac{120}{150})}=2\ 939.39(元)$$

（二）同一设备分批轮换生产多种产品的最优生产批量的决策分析

上面介绍的是企业成批生产单一产品的最优生产批量的决策分析方法。若企业同一生产设备上分批轮换生产多种产品时，就不能应用上述数学模型。因为它们的最优生产批数各不相同，使企业无法据以在同一设备上安排生产。这时企业在进行最优生产批量决策时，按照下面的思路解决问题：

首先，根据"各种产品的全年调整准备成本之和与全年平均储存成本之和相等时的全年总成本最低"的原理，计算各种产品的"最优共同生产批数"，其计算公式如下：

$$\text{最优共同生产批数} = \sqrt{\frac{\sum D_i \cdot KC_i \cdot (1 - \frac{d_i}{p_i})}{2\sum K_i}}$$

公式中的 i = 1，2，3，…，n，代表产品的品种；K 代表由一种产品的生产转变为另一种产品的生产而发生的调整准备成本；其他 D，KC，d，p 等符号所代表的指标与前例相同。

其次，根据最优共同生产批数计算每一种产品的最优生产批量，其计算公式如下：

$$\text{某产品最优生产批量} = \frac{\text{该产品的全年生产量}}{\text{最优共同生产批数}}$$

［例 5 - 13］某公司甲设备分批轮换生产 A、B 两种零件，其有关资料如表 5 - 21 所示。

表 5 - 21

项目	A 零件	B 零件
全年生产量(个)	2 400	4 800
每批调整准备成本(元)	240	250
每个零件全年储存成本(元)	3	4
每天生产量(个)	60	30
每天领用量(个)	54	24

(1)计算 A、B 两种零件的最优共同生产批数：

$$\text{最优共同生产批数} = \sqrt{\frac{\left[2\,400 \times 3 \times (1 - \frac{54}{60})\right] + \left[4\,800 \times 4 \times (1 - \frac{24}{30})\right]}{2 \times (240 + 250)}} = 2.2(\text{批})$$

(2)根据最优共同生产批数分别计算 A、B 两种零件的最优生产批量：

$$\text{A 零件最优生产批量} = \frac{2\,400}{2.2} = 1\,091(\text{个})$$

$$\text{B 零件最优生产批量} = \frac{4\,800}{2.2} = 2\,182(\text{个})$$

四、产品最优组合决策

产品最优组合决策适用于多品种生产经营的企业。在多品种产品的生产过程中，各种产品的生产都离不开一些必要的条件或因素，如机器设备、人工、原材料等，而其中有些因素，可以用于不同产品的生产，如果各种产品共同用一种或几种因素，而这些因素又是有限的，就应使各种产品的生产组合达到最优化结构，以便有效、合理地使用这些限制因素。产品最优组合决策就是通过计算、分析进而作出各种产品应生产多少才能使得各个生产因素得到合理、充分的利用，并能获得最大利润的决策。

进行产品最优组合决策需采用线性规划法，其具体方法有图解法、单纯形法等。

［例 5 - 14］某企业生产甲、乙两种产品，这两种产品需经过第一、第二两个生产部门的加工才能制成。第一部门的现有生产能力为 4 500 机器小时，第二部门的现有生产能力为 7 500 机器小时。企业生产甲、乙两种产品的有关资料如表 5 - 22 所示。

表 5－22

产品	单位产品耗用的机器小时		预计市场需求量(件)	单位产品边际贡献(元)
	一部门	二部门		
甲	4	2	1 000	10
乙	1	3	2 500	6

根据上述条件，应如何合理利用现有生产能力，如何实现甲、乙两种产品的最优组合，以争取为企业提供最多的边际贡献?

(一)图解法

1. 列示问题的约束条件和目标函数

设 x 代表甲产品的生产数量，y 代表乙产品的生产数量，TCM 代表预期的边际贡献总额。则约束条件为：

$$\begin{cases}4x+y\leqslant 4500\\2x+3y\leqslant 7500\\x\leqslant 1000\\y\leqslant 2500\\x,y\geqslant 0\end{cases}$$

目标函数为：$TCM=10x+6y$

2. 将上述约束条件化为等式

$$\begin{cases}4x+y=4500\\2x+3y=7500\\x=1000\\y=2500\end{cases}$$

3. 在平面直角坐标系中作图，如图 5－2 所示

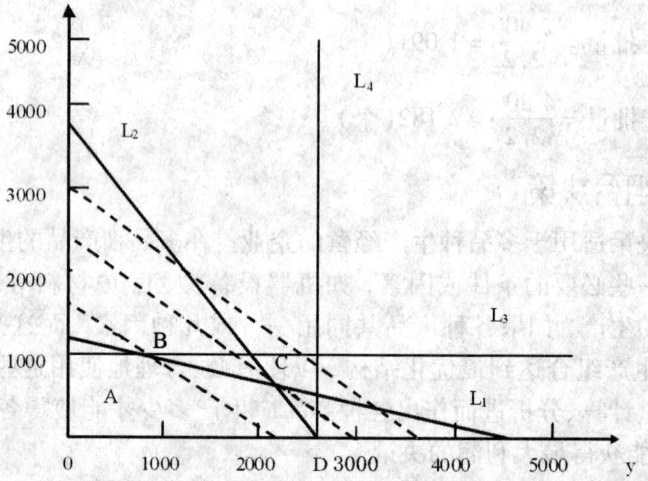

图中 L_1、L_2、L_3、L_4 四条直线分别代表上述四个方程式。这四条直线所组成的斜线区域，就是能满足上述约束条件的可行解区域。

4. 根据目标函数 $TCM=10x+6y$ 在图中作一组平行线(其斜率为 $-\frac{3}{5}$)，这组平行

线称为“等利润线”，用虚线表示，它们的纵截距为$\frac{TCM}{12}$，显然纵截距越大，则目标函数值也越大，这就要求在上图的斜线区域内找到一点，使过这点“等利润线”的纵截距最大。直线L_1和L_2的交点(600，2 100)正符合这样的条件，由此可确定生产甲产品600件，生产乙产品2 100件，既能使两个生产部门的生产能力得到充分利用，又可使企业获得最大边际贡献18 600元。

确定产品最优组合的另一种方法是：首先计算可行解区域里各个角点的坐标值(坐标值表示甲、乙两种产品的生产量)。其次，把各个角点的坐标值分别代入目标函数线性方程，以计算各个角点生产甲、乙产品所取得的边际贡献总额。最后，选出使边际贡献最大化的角点，作为最优解。其具体计算如表5－23所示。

表5－23 单位：元

角点	甲产品(x)	乙产品(y)	边际贡献 TCM＝10x＋6y
O	0	0	0
A	1 000	0	10×1 000＋6×0＝10 000
B	1 000	500	10×1 000＋6×500＝13 000
C	600	2 100	10×600＋6×2 100＝18 600
D	0	2 500	10×0＋6×2 500＝15 000

上述计算表明，应当生产和销售甲产品600件，乙产品2 100件，才能使边际贡献总额达到最大值。其计算结果与前面所计算的结果是一致的。按照这样来安排生产，符合了上面所讲的约束条件，即一部门所耗工时为：600×4＋2 100×1＝4 500，二部门所耗工时为：600×2＋2 100×3＝7 500。也就是没有超过两个部门的最大生产能力，边际贡献总额又达到最大值。

(二)单纯形法

将原问题化为线性规划的标准形式，引进松弛变量x_1，x_2，x_3，x_4，得：

$$\max TCM = 10x + 6y + 0x_1 + 0x_2 + 0x_3 + 0x_4$$

$$\text{约束条件}\begin{cases}4x + y + x_1 = 4500\\ 2x + 3y + x_2 = 7500\\ x + x_3 = 1000\\ y + x_4 = 2500\\ x, y, x_1, x_2, x_3, x_4 \geqslant 0\end{cases}$$

可见该模型的初始单纯形表如表5－24所示。

表5－24

方程	X_B		x	y	x_1	x_2	x_3	x_4	比值
(1)	x_1	4 500	4	1	1	0	0	0	4 500/4＝1 125
(2)	x_2	7 500	2	3	0	1	0	0	7 500/2＝3 750
(3)	x_3	1 000	1	0	0	0	1	0	1 000/1＝1 000
(4)	x_4	2 500	0	1	0	0	0	1	－
(5)	－TCM	0	10	6	0	0	0	0	

因为求最大值，所以迭代从目标函数最大值10开始，也就是首先考虑x列，根据比值得

最小比值为第三行(第三行比值为1 000)，将该行该列的值、化为1，该列的其他行数字化为0，得新单纯形表如表5-25所示。

表5-25

方程	X_B		x	y	x_1	x_2	x_3	x_4	比值
(6)=(1)-4×(3)	x_1	500	0	1	1	0	-4	0	500/1=500
(7)=(2)-2×(3)	x_2	5 500	0	3	0	1	-2	0	5 500/3=1 833
(8)=(3)	x_3	1 000	1	0	0	0	1	0	–
(9)=(4)	x_4	2 500	0	1	0	0	0	1	2 500/1=2 500
(10)=(5)-10×(3)	-TCM	-10 000	0	6	0	0	-10	0	

用上述同样的方法，考虑y列，得出的计算结果如表5-26所示。

表5-26

方程	X_B		x	y	x_1	x_2	x_3	x_4	比值
(11)=(6)	y	500	0	1	1	0	-4	0	–
(12)=(7)-3×(11)	x_2	4 000	0	0	-3	1	10	0	4 000/10=400
(13)=(8)	x	1 000	1	0	0	0	1	0	1 000/1=1 000
(14)=(9)-(11)	x_4	2 000	0	0	-1	0	4	1	2 000/4=500
(15)=(10)-6×(11)	-TCM	-13 000	0	0	-6	0	14	0	

考虑x_3列，用同样的方法，计算结果如表5-27所示。

表5-27

方程	X_B		x	y	x_1	x_2	x_3	x_4	比值
(16)=(11)+4×(17)	y	2 100	0	1	-0.2	-0.3	0	0	
(17)=(12)/10	x_3	400	0	0	-0.3	-0.1	1	0	
(18)=(13)-(17)	x	600	1	0	0.3	-0.1	0	0	
(19)=(14)-4×(17)	x_4	400	0	0	-1.8	-1.4	0	0	
(20)=(15)-4×(17)	-TCM	-18 600	0	0	-1.8	-1.4	0	0	

现(20)行的目标函数都是负号，说明最优方案已得到，即x为600，y为2 100。目标函数TCM为18 600元。因此最优的产品组合应该是甲产品生产600件，乙产品生产2 100件时，边际贡献最大为18 600元。

单纯形法最大的优点是不受产品品种数量的限制，两种以上产品的组合问题可用同样的方法求解，不过计算较为复杂，但如果运用专门的计算线性规划的计算机软件来处理，则可大为简化计算的工作量。

第二节　定价决策

一、影响产品销售价格的基本因素

企业产品价格制定的适当与否，往往决定着该产品能否为市场所接受，并直接影响该产品的市场竞争地位和市场占有率。一般来讲，影响产品销售的基本因素包括下面几个方面。

(一)成本因素

成本是影响企业产品销售价格制定的最基本因素。从长期来看，产品价格应等于总成本加上合理的利润，否则企业无利可图，将会停止生产；从短期来看，企业应根据成本结构确定产品间隔，即产品价格必须高于平均变动成本，以便掌握盈亏情况，减少经营风险。

(二)市场供求因素

在完全竞争的市场上，产品的价格决定于市场上供求关系。当产品在市场上供不应求时，其价格会上升；当产品在市场上供过于求时，其价格会下降。因此，在进行产品定价时，必须充分考虑市场的供求状况，根据市场供求来调整产品的价格。同时，根据供需理论，价格受市场供求影响，而价格的变动也影响市场供求。当产品的价格不断上升时，会使该产品供应增加，需求减少；当产品价格下降时，又会使该产品供应减少，需求增加。因此，充分分析市场供求状况与价格的关系，能保证定价决策适应市场变化的需要。

(三)产品的寿命周期因素

产品的寿命周期通常包括投入期、成长期、成熟期和衰退期四个阶段，在不同的阶段产品定价策略应有所不同。投入期的产品价格，既要补偿高成本，又要能为市场所接受；成长期和成熟期正是产品大量销售，扩大市场占有率的有利时机，要求稳定价格以利于开拓市场；进入衰退期后，一般应采取降价措施，以便充分发挥该产品的经济效益。

(四)竞争因素

产品竞争的激烈程度不同，对产品定价的影响也不同。竞争越激烈，对价格的影响就越大。在完全竞争的市场中，企业几乎没有定价的主动权；在不完全竞争的市场中，竞争的强度主要取决于产品制造的难易程度和供求形势。由于竞争影响产品定价，企业必须充分了解竞争对手的实力以及主要竞争者的定价策略来进行定价决策。如当市场上同类产品有一个基本价格时，企业可适当压低价格，以扩大销售，增加市场占有率；而当其他企业率先压价时，企业则应当采取相应的定价政策，或是以优质高价参与竞争，或是也通过压价来抗衡。

(五)政府对价格的干预

市场经济最基本的特征是自由企业制度，企业有充分处理与经营有关事务的自由，同时也包括自主定价权。但是在现代市场经济条件下，政府可以通过行政、法律、经济的手段对企业定价及社会整体物价水平进行调节和控制，因而企业定价时必须考虑政府的影响。

二、企业产品定价的目标

一般来讲，企业产品定价决策通常包括以下三项工作：一是确定定价目标；二是研究和选择定价方法；三是研究和制定定价策略。确定定价目标，是每一个企业制定产品销售价格的首要过程。所谓的定价目标，就是产品的价格实现以后应达到的目的。企业的定价目标一般有以下几种。

(一)以追求最大利润为定价目标

获取最大利润是企业定价的最重要的目标，也是最终目标。但追求最大利润并不等于追求最高价格。在激烈的市场竞争中，任何企业想靠长期维持不合理的高价以获取最大利润是不可能的，因为会遇到许多方面的抵抗，如需求减少、替代品出现、竞争者加入等。这里所讲的最大利润具有两方面的涵义：一是长期最大利润，而不是短期最大利润；

二是指全部产品的最大利润，而不是每个单一产品的最大利润。不同企业为实现这一目标，往往根据不同情况，对不同产品选择不同的定价目标，也就是下面介绍的几种主要定价目标。

（二）以一定的投资利润率为定价目标

追求一定的投资利润率是企业经常采用的注重长期利润的一种定价目标，它是根据投资期望得到一定百分比的纯利或毛利为目标。这种目标既不盲目追求一时的高利，也不急于限利求销，而是力图保持长期稳定的收益。在选择利润率时，应当慎重研究分析，既要能够保证利润目标的实现，又能为消费者所接受。

选择这一定价目标的企业应具备较强的实力。在同行业中实力雄厚、竞争力强的企业通常以此作为其长期定价目标。如果在同行业中地位不高、竞争力不强，选择这种定价目标会遇到同类产品的竞争或消费者的拒绝。

（三）以保持和提高市场占有率为定价目标

市场占有率是指企业产品销量在同类产品的平均销售总量中所占的比重，也称市场份额，它是反映企业经营状况好坏和产品竞争能力强弱的一个重要指标。能否维持和提高市场占有率对于企业来说有时比获得预期收益更为重要。因为市场占有率的高低，直接影响到企业今后能否长期稳定地获得收益。

选择这一定价目标企业应具备的条件是：有潜在的生产经营能力，总成本的增长速度低于总销售量的增长速度，商品的需求价格弹性较大，即能够“薄利多销”。

（四）以保持稳定价格为定价目标

保持稳定价格是企业达到一定投资收益和长期利润的重要途径，因而一些在同行业中能够左右市场价格的企业，为了长期有效地经营该种产品并稳定地占领市场，往往希望价格稳定并从中获取稳定的利润。

通常的稳定价格是由一个行业的领导企业所决定的，同行业中以稳定价格为定价目标的其他企业所定价格往往与领导企业的定价保持一定比例关系。小企业通常愿意长期追随领导企业的价格，但领导企业也不能任意提高价格，以免引起各方面的不满和政府的干预。

（五）以应付和防止竞争为定价目标

在市场经济中，企业之间的竞争是多方面的，但大多数企业注重价格竞争。企业在定价之前，往往要广泛收集资料，将本企业产品的规格、品质与竞争者类似产品作认真的比较，并主要以对市场有决定性影响的竞争者的价格作为定价基础，以应付和防止竞争为定价目标。

采用这种定价目标时，企业可以采取与竞争者相同的价格，也可以采取低于或高于竞争者的价格。一般来说，较小的企业或谋求扩大产品市场占有率的企业常采取低于竞争者的定价方法；而资金雄厚或是技术先进、产品优良、服务较好的企业采取高于竞争者的定价方法。以竞争因素为定价目标的企业，在成本和需求发生变化时，只要竞争者维持原价，自身一般也应维持原价；当竞争者改变价格时，则应相应调整价格，以应付或避免竞争。

除上述常见的定价目标外，还有保持良好的企业形象定价目标、消费者定价目标等。企业的定价目标是多种多样的，目标选择的合理与否，取决于能否为企业带来最大的利润。由于利润受多种因素影响，在实践中，很多企业的定价目标往往是多种目标的综合运用。

三、以成本为基础的定价决策

以成本为基础的定价决策是指依据产品在生产和销售中所发生的成本费用进行产品定价

的方法，其思路是产品的价格首先应补偿企业的成本，其次再考虑利润，因此，企业在制定产品价格时，通常是在产品成本的基础上，加上一定的加成率来确定，这就是成本加成定价法。在运用成本加成定价法时，按照所要加成的成本基础不同，又可分为完全成本加成和变动成本加成。

(一)完全成本加成定价法

完全成本加成定价法是指在产品全部成本的基础上加上一定的加成率进行定价。这里的全部成本一般包括直接材料、直接人工和制造费用，实际上就是产品的制造成本。虽然企业的行政管理费用、销售费用等不包括在产品的制造成本中，但在确定产品价格时，应考虑在加成的内容中，以使企业的成本能够得到足额的补偿并为企业提供合理的利润，也就是说，加成的内容包括非制造成本及合理的利润。完全成本加成定价法的计算公式为：

产品销售价格 = 单位产品制造成本 ×(1 + 加成率)

$$加成率 = \frac{非制造成本总额 + 目标利润}{产品的制造成本总额}$$

[例 5 - 15]某公司正在研究制定标准产品 A 产品的售价，A 产品预计产销量为 1 000 件，会计部门提供的 A 产品修改设计后的预计成本资料如表 5 - 28 所示。

表 5 - 28　　单位:元

成本项目	单位成本	总成本
直接材料	50	50 000
直接人工	44	44 000
变动制造费用	36	36 000
固定制造费用	70	70 000
变动销售及管理费用	20	20 000
固定销售及管理费用	10	10 000

该公司 A 产品的的开发投资额为 500 000 元，公司预期的投资报酬率为 14%。

根据上述资料，采用完全成本加成定价法确定 A 产品销售价格如下：

A 产品目标利润 = 500 000 × 14% = 70 000(元)

$$加成率 = \frac{20\ 000 + 10\ 000 + 70\ 000}{1\ 000 \times (50 + 44 + 36 + 70)} = 50\%$$

A 产品销售价格 = (50 + 44 + 36 + 70) × (1 + 50%) = 300(元)

(二)变动成本加成定价法

变动成本加成定价法的成本基础是单位产品变动成本。虽然固定成本不包括在成本基础之内，但在确定产品价格时，应考虑在加成的内容中，以使企业的成本能够得到足额的补偿并为企业提供合理的利润，也就是说，加成的内容包括全部固定成本及合理的利润。变动成本加成定价法的计算公式为：

产品销售价格 = 单位产品变动成本 ×(1 + 加成率)

$$加成率 = \frac{固定成本总额 + 目标利润}{产品的变动成本总额}$$

[例 5 - 16]仍沿用上例资料，采用变动成本加成定价法确定 A 产品的销售价格。

A 产品目标利润 = 500 000 × 14% = 70 000(元)

$$加成率 = \frac{70\ 000 + 10\ 000 + 70\ 000}{1\ 000 \times (50 + 44 + 36 + 20)} = 100\%$$

A 产品销售价格 = (50 + 44 + 36 + 20) × (1 + 100%) = 300(元)

应当注意的是，采用成本加成定价法制定的产品目标售价，其主要缺点在于没有考虑价格与销售量的关系。如上例中的 A 产品若按每件 300 元的价格出售，可能由于市场上的竞争致使公司的销售量达不到预定的目标销售量 1 000 件。当然，也可能出现 A 产品在市场上的需求量激增，使公司因缺货而丧失许多获利机会。因此，为使成本加成定价法能切合实际，一般可采取以下两项补救措施：

第一，用公式计算出来的目标售价绝不能一成不变，需要根据市场竞争形势的变化，由企业管理当局作出上下浮动的决定。

第二，每个企业不应对其全部产品采用同一种加成率，而需根据市场上各种产品需求的不同情况，各地区的习惯，同行业惯例，确定不同产品的加成率。

四、以需求为基础的定价决策

以需求为基础的定价决策是指企业在制定产品销售价格时应以市场和消费者对特定价格水平的承受能力作为定价依据，考虑市场需求状况与价格弹性，分析销售收入、成本、利润与价格之间的关系，从中寻找最优价格点。其主要方法有用于最优售价决策的边际分析法和用于调价决策的利润无差别点法。

(一)边际分析法在最优售价决策中的应用

边际分析法是指通过分析不同价格与销售量组合条件下的产品边际收入、边际成本、边际利润之间的关系，从而选取企业实现最大利润时最优售价的方法。

在管理会计中，边际成本是指每增加一个单位产品销售所增加的总成本；边际收入则指每增加一个单位产品销售所增加的总收入；边际收入与边际成本的差额称为边际利润，表示每增加一个单位产品销售所增加的利润。如果从数学角度看，边际成本是以销售量为自变量的总成本函数的一阶导数，表示总成本线任何一点的斜率；边际收入则是以销售量为自变量的总收入函数的一阶导数，表示总收入线任何一点的斜率。当总成本线和总收入线的斜率相等或接近时，意味着边际成本与边际收入相等或近似相等，边际利润等于零(连续函数)或接近于零(非连续函数)。此时，如果再增加产品销售量，由于边际收入小于边际成本，将不能再为企业提供新增利润，因此企业利润总额不会增加反而减少。由此可见，收入等于边际成本时的利润总额最大。

假设 TS(x)代表产品销售 x 件时的总收入；TC(x)代表产品销售 x 件时的总成本；TP(x)代表产品销售 x 件时的总利润，则：

$TP(x) = TS(x) - TC(x)$

以 x 为自变量，对 TP(x)求导数，并令其为 0，此时 TP(x)的值为最大。

$TP'(x) = TS'(x) - TC'(x) = 0$

则：$TS'(x) = TC'(x)$

上述推导说明，当边际收入 TS'(x)等于边际成本 TC'(x)时，总利润 TP(x)的值为最大。这时的产品价格和产品销售量就是最优价格和最优销售量。

[例 5 - 17]某企业生产销售甲产品，销售总收入的函数为：$TS = 40x - 2x^2$，销售总成本的函数为：$TC = 60 + 5x + 0.5x^2$。

根据已知条件确定该产品最优售价时，先计算其边际收入与边际成本：

$TS'(x) = 40 - 4x$

$TC'(x) = 5 + x$

由前述边际收入等于边际成本、边际利润等于零时利润为极大值的关系，得：

$40 - 4x = 5 + x$

最优销售量为：$x = 7$（单位）

最优售价为：$p = 40 - 2 \times 7 = 26$（元）

边际分析法的优点是以微分极值的原理为理论依据，直接对总收入函数、总成本函数求导，使得计算结果较准确。其缺点在于销售总收入函数与总成本函数关系不容易确定，并且由于函数存在有可微函数与不可微函数，只有可微函数才能求导，对于非连续函数则应采用列表法计算。

[例5－18]某企业销售的甲产品，固定成本为50万元，单位变动成本为8万元，根据市场预测分析取得的有关资料及编制的边际分析计算如表5－29所示。

表5－29 **甲产品边际分析表** 单位：万元

产销量	销售价格	销售收入	边际收入	总成本	边际成本	边际利润	利润
1	80	80	–	90	–	–	–10
2	76	152	72	130	40	32	22
3	73	219	67	170	40	27	49
4	70	280	61	210	40	21	70
5	68	340	60	250	40	20	90
6	66	396	56	290	40	16	106
7	64	448	52	330	40	12	118
8	62	496	48	370	40	8	126
9	60	540	44	410	40	4	130
10	58	580	40	450	40	0	130
11	56	616	36	490	40	–4	126
12	54	648	32	530	40	–8	118
13	52	676	28	583	53	–25	93
14	49	686	10	638	55	–45	48

由上表可知，当甲产品的销售量为10个单位，售价为58元时，边际收入等于边际成本，此时的利润总额最大。因此，甲产品每件定价58元为最优售价。

（二）利润无差别点法在调价决策中的应用

利润无差别点法是指利用调价后预计销量与利润无差别点销量之间的关系进行调价决策的一种方法，也称价格无差别点法。

利润无差别点销量是指某种产品为确保原有盈利能力，在调价后应至少达到的销量指标。其计算公式为：

$$利润无差别点销量 = \frac{固定成本 + 调价前可获利润}{拟调价格 - 单位变动成本} = \frac{调价前可获边际贡献}{拟调价格 - 单位变动成本}$$

应用利润无差别点法进行调价决策时，若调价后预计销量大于利润无差别点销量，则可考虑调价；若调价后预计销量小于利润无差别点销量，则不能调价；若调价后预计销量等于利润无差别点销量，则调价与不调价的效益相同。

在此类决策中，需要综合考虑最大生产能力、调价后预计销量因素、是否追加专属成本、绝对剩余生产能力是否转移等条件。

[例 5－19]某企业生产甲产品，目前售价为 110 元，可销售 12 000 件，固定成本为 350 000 元，单位变动成本为 70 元，实现利润 130 000 元。假定企业最大生产能力为 20 000 件。分别考虑下列各不相关条件下的调价方案的可行性：

(1)若该产品单价降低为 100 元，预计销量可达到 18 000 件左右

$$\text{利润无差别点销量}=\frac{350\ 000+130\ 000}{100-70}=16\ 000(\text{件})$$

$\because$ 最大生产能力 20 000 件 > 预计销量 18 000 件 > 利润无差别点销量 16 000 件

$\therefore$ 应当考虑调价

(2)若该产品单价降低为 90 元，预计销量可达到 24 000 件以上

$$\text{利润无差别点销量}=\frac{350\ 000+130\ 000}{90-70}=24\ 000(\text{件})$$

$\because$ 最大生产能力 20 000 件 < 利润无差别点和预计销量 24 000 件

$\therefore$ 不应调价

(3)若调低该产品单价为 90 元，预计最大销量可达到 28 000 件，但企业必须追加 60 000 元固定成本才能具备生产 28 000 件产品的能力

$$\text{利润无差别点销量}=\frac{350\ 000+130\ 000+60\ 000}{90-70}=27\ 000(\text{件})$$

$\because$ 最大生产能力和预计销量 28 000 件 > 利润无差别点销量 27 000 件

$\therefore$ 应当考虑调价

(4)若调高该产品单价为 120 元，只能争取到 9 000 件的订货(剩余生产能力无法转移)

$$\text{利润无差别点销量}=\frac{350\ 000+130\ 000}{120-70}=9\ 600(\text{件})$$

$\because$ 预计销量 9 000 件 < 利润无差别点销量 9 600 件

$\therefore$ 不应调价

(5)若调高该产品单价为 120 元，只能争取到 9 000 件的订货，但剩余生产能力可以转移，转移后能够获得边际贡献 70 000 元

$$\text{利润无差别点销量}=\frac{350\ 000+(130\ 000-70\ 000)}{120-70}=8\ 200(\text{件})$$

$\because$ 预计销量 9 000 件 > 利润无差别点销量 8 200 件

$\therefore$ 应当考虑调价

五、以特殊订货为基础的定价决策

在实际工作中，许多企业在满足正常渠道的销售需要后，生产能力尚有剩余，如果此时遇到一些出价比较低的追加订货，称为特殊订货。为特殊订货定价的方法，可因情况的不同而有所区别。

(一)在生产能力允许范围内的特殊定价决策

这种情况是指企业利用现有剩余生产能力能够完全满足追加订货的生产需求，也就是说，也接受追加订货不影响其正常的生产和销售。此时企业按以下要求定价，即可增加利润。

追加订货价格 > 单位变动成本

由于无论是否接受追加订货，固定成本都不会发生变动，追加订货所提供的边际贡献将转化为利润，从而增加企业的利润总额。因此在这里固定成本属于决策无关成本而不需考虑。在这种情况下，新增利润的计算公式为：

新增利润 = 追加订货数量 ×（追加订货价格 - 单位变动成本）

[例5-20]某企业生产甲产品，生产能力为200件，正常产销量为160件，固定成本为1 600元，单位变动成本为40元，正常销售价格为70元。现有一客户欲订购40件，但对方最高出价为每件45元。

因为追加订货的价格45元大于单位变动成本40元，所以该项追加订货可以接受。此项结论可以通过表5-30得到验证。

表5-30 单位:元

项目	正常销售	追加订货	合计
销售收入	11 200	1 800	13 000
变动成本	6 400	1 600	8 000
边际贡献	4 800	200	5 000
固定成本	1 600	–	1 600
营业利润	3 200	200	3 400

从表5-30中可以看出，这项追加订货能使企业新增边际贡献200元，由于固定成本已全部由正常销售负担，所新增的200元边际贡献全部转化为利润，即这项追加订货可使企业增加利润200元。

(二)超过生产能力允许范围的特殊定价决策

如果追加订货的数量超过了企业现有剩余生产能力，则接受追加订货必然产生两种可能:一是减少部分正常的生产和销售，以满足追加订货的需要;二是扩大企业生产能力，它将使企业增加固定成本。

1. 企业减少部分正常生产和销售以接受追加订货

如果企业通过减少部分正常生产和销售来满足追加订货的需求，此时应按下列要求定价才能使企业增加利润。

$$\text{追加订货价格} > \text{单位变动成本} + \frac{\text{因减少正常销售而损失的边际贡献}}{\text{追加订货数量}}$$

由于追加订货冲击了正常的生产和销售，从而减少了企业正常的边际贡献，所以要使追加订货为企业增加利润，就必须使追加订货的价格在补偿单位变动成本及因减少正常销售所损失的边际贡献后仍有余额。在这种情况下，新增利润的计算公式为：

$$\text{新增利润} = \text{追加订货数量} \times (\text{追加订货价格} - \text{单位变动成本}) - \text{因减少正常销量而损失的边际贡献}$$

[例5-21] 仍沿用上例资料，如果该客户提的订货数量为50件，最高出价仍为45元，

那么，能否接受该项订货呢？

从上可得，企业要接受该项订货，就必须减少10件的正常生产和销售。因此，要使企业增加利润就必须：

$$\text{追加订货价格} > 40 + \frac{(70-40)\times 10}{50} = 46(\text{元})$$

由于客户最高出价仍为每件45元，因此不能接受这项订货。将两种方案的结果通过编表对比也可得出此项结论，如表5－31所示。

表5－31 **单位：元**

项目	不接受追加订货			接受追加订货		
	正常销售	追加订货	合计	正常销售	追加订货	合计
销售收入	11 200	0	11 200	10 500	2 250	12 750
变动成本	6 400	0	6 400	6 000	2 000	8 000
边际贡献	4 800	0	4 800	4 500	250	4 750

从表5－31中可以看出，如果接受该项追加订货，将会使企业边际贡献减少50元，由于固定成本不发生变动，因此企业的利润总额也将下降50元。

2. 企业通过扩大生产能力以接受追加订货

企业为接受追加订货而扩大生产能力，必然使固定成本相应地增加，由于所增加的固定成本与决策相关，这时应按下列要求定价，即可增加企业利润。

$$\text{追加订货价格} > \text{单位变动成本} + \frac{\text{新增专属固定成本}}{\text{追加订货数量}}$$

在接受追加订货需增加专属固定成本的情况下，要使追加订货为企业增加利润，追加订货的价格就必须在补偿单位变动成本和因接受追加而新增的固定成本后仍有余额。由于原有固定成本不变，所以其属于决策无关成本而不予考虑。在这种情况下，新增利润的计算公式为：

［例5－22］仍沿用上例资料，如果该客户提的订货数量为50件，最高出价仍为45元，企业为不影响其正常的生产和销售需增加专属固定成本200元。

$$\text{追加订货价格} > 40 + \frac{200}{50} = 44(\text{元})$$

所以，可以接受此项订货，并使企业增加利润50元。即：

$$50 \times (45-40) - 200 = 50(\text{元})$$

第三节　不确定型决策

一、不确定型决策的基本原理

不确定型决策是指决策者对未来情况虽有一定程度的了解，但又无法确定各种情况可能出现的概率，而需要作出的决策。例如，某企业开发一种新产品，现有三种不同数量的生产方案可供选择，同时未来的市场又可能出现“畅销”、“一般”、“滞销”三种销售情况。在每种产量方案下尽管可以估算出在三种不同的市场情况下的盈利或亏损的金额，但不能确定究竟属于哪种情况，也不能判明各种情况可能出现的机会或概率。

对于这类不确定型的决策问题，其选优标准通常取决于决策者对未来所持的态度是乐观还是审慎、稳健？不同的态度所选用的决策分析方法是不同的。但绝大多数是先把不确定型决策问题转化为确定型或风险型决策问题，估计出各种方案的预期收益或预期损失，然后以预期收益的最大值或预期损失的最小值作为最优方案。

二、不确定型决策分析的方法

(一)大中取大法

大中取大法是指在几种不确定的随机事件中，选择最有利的市场需求情况下具有最大收益值的方案作为最优方案的决策方法，亦称“最大的最大收益值法”。这里的“收益值”在短期经营决策中是指“边际贡献总额”、“已减除专属固定成本后的剩余边际贡献总额”、“税前净利”;在长期投资决策中是指“净现值”、“获利指数”、“内部收益率”。

在不确定条件下的决策中，如果决策者对未来持乐观态度，可以采用该方法。其程序是，首先，从每个方案中找出一个最大的收益值;然后，再从这些最大收益值中选择一个最大值，则该收益值所对应的方案就是最优方案。

大中取大法是以今后出现的情况总是最有利为假定前提，但它往往导致决策者过分乐观，容易引起冒进或轻率行动。

[例 5-23] 假定某公司在计划年度决定开发新产品甲，根据销售部门的市场调查，提出三种不同的产量方案，即 40 000 件、45 000 件和 50 000 件。在市场销路好坏不同的情况下，三种产量方案估计可能获得的边际贡献总额的数据资料如表 5-32 所示。

表 5-32 单位:元

产量方案	畅销	一般	滞销
40 000 件	80 000	58 000	34 000
45 000 件	88 000	50 000	39 000
50 000 件	98 000	56 000	31 000

由于三个备选方案的最大收益值都集中在“畅销”栏，而最大收益值中最大的是 50 000 件产量，其边际贡献总额为 98 000 元，即以此作为开发新产品甲的最优方案。其情况如表 5-33 所示。

表 5-33 单位:元

产量方案	畅销	一般	滞销	最大收益值
40 000 件	80 000	58 000	34 000	80 000
45 000 件	88 000	50 000	39 000	88 000
50 000 件	98 000	56 000	31 000	98 000

(二)小中取大法

小中取大法是指在几种不确定的随机事件中，选择最不利情况下收益值最大的方案作为最优方案的一种分析方法。亦称为“最大的最小收益值法”。这里收益值的涵义与“大中取小法”相同。

在不确定条件下的决策中，如果决策者对持比较保守和稳健的态度，可采用该方法。其程序是:首先，找出各方案中的最小收益值;然后，从所有最小收益值中选择最大收益值，则该收益值对应的方案即为最优方案。

[例5-24] 仍沿用上例资料，采用小中取大法为该公司作出最优产量方案的决策分析。

由于三个产量方案的最小收益值都集中在“滞销”栏内，而最小收益值中最大的是45 000件产量，其边际贡献总额为39 000元，即以此作为最优方案，其情况如表5-34所示。

表5-34 单位:元

产量方案	畅销	一般	滞销	最小收益值
40 000件	80 000	58 000	34 000	34 000
45 000件	88 000	50 000	39 000	39 000
50 000件	98 000	56 000	31 000	31 000

由此可见，小中取大法的基本点是选择最不利情况下的最大收益值作为最优方案，一般说来是比较审慎、稳健的选优方法。

(三)大中取小法

大中取小法也是一种决策者持审慎、稳健态度的选优方法，它是在几种不确定的随机事件中，选择最不利情况下“损失额”最小的方案作为最优方案的决策方法。

这里的“损失额”是指“后悔值”，即当出现随机事件时，各种情况下的最大收益值超过本方案收益值的差额，它表示如果选错方案将会受到的损失额。

很显然，当出现几种随机事件时，每个方案就会相应地出现几个后悔值，然后把各个方案的最大后悔值集中起来进行比较，选取其中后悔值最小的方案作为最优方案，故该方法亦称“最小的最大后悔值法”。

[例5-25] 仍沿用前例资料，采用大中取小法为该公司作出最优产量方案的决策分析。

1. 根据有关资料，对市场销售的三种不同情况分别确定其最大的收益值。

畅销情况下的最大收益值为98 000元

一般情况下的最大收益值为58 000元

滞销情况下的最大收益值为39 000元

2. 分别计算不同销售情况下的后悔值。

(1)畅销情况下的后悔值:

40 000件产量的后悔值=98 000-80 000=18 000(元)

45 000件产量的后悔值=98 000-88 000=10 000(元)

50 000件产量的后悔值=98 000-98 000=0(元)

(2)一般情况下的后悔值:

40 000件产量的后悔值=58 000-58 000=0(元)

45 000件产量的后悔值=58 000-50 000=8 000(元)

50 000件产量的后悔值=58 000-56 000=2 000(元)

(3)滞销情况下的后悔值:

40 000件产量的后悔值=39 000-34 000=5 000(元)

45 000件产量的后悔值=39 000-39 000=0(元)

50 000件产量的后悔值=39 000-31 000=8 000(元)

3. 将上述不同销售情况的三种产量方案的后悔值排列成表，如表5-35所示。

表 5－35　　单位:元

产量方案	畅销	一般	滞销	最大后悔值
40 000 件	18 000	0	5 000	18 000
45 000 件	10 000	8 000	0	10 000
50 000 件	0	2 000	8 000	8 000

从表 5－35 中所列示的数据可以看出，最大后悔值一栏中最小的是 8 000 元，因此产量 50 000 件的方案最优。

总之，大中取小法的基本点也是以各个方案的最不利情况为基础，即在总体上从几种不同方案的最大“损失额”（后悔值）中选择其最小的作为最优方案，故仍不失为一种比较审慎、稳健的选优方法。

（四）折衷决策法

折衷决策法的基本点是要求决策者对未来情况应持一定的乐观态度，但也不要盲目乐观，而应采取一种现实主义的折衷标准。其具体做法是：

首先，决策者根据实际情况和实践经验确定一个乐观系数 α，α 的值要大于 0、小于 1。如果 α 的值接近 1，则比较乐观；若接近 0，则比较悲观。

其次，为每个备选方案按下列计算公式计算各自的“预期价值”：

$$\text{各方案的预期价值}=\left(\text{最高收益值}\times\alpha\right)+\left[\text{最低收益值}\times(1-\alpha)\right]$$

最后，从各个备选方案的预期价值中选择最大的作为最优方案。

必须注意的是，α 值的大小，应根据不同决策的对象和当时的具体情况而定，它是一个经验数据。另外，由于这种方法是赫威兹创立的，亦称“赫威兹决策法”。

［例 5－26］仍沿用前例资料，若该公司决策者对开发新产品甲比较乐观，并把 α 的值定为 0.7。现要求采用折衷决策法为该公司作出最优产量的决策分析。

根据给定的各项资料，按照上述公式分别计算三个备选方案的预期价值：

$$\text{产量 40 000 件方案的预期价值}=(80\,000\times0.7)+[34\,000\times(1-0.7)]=66\,200(\text{元})$$

$$\text{产量 45 000 件方案的预期价值}=(88\,000\times0.7)+[39\,000\times(1-0.7)]=73\,300(\text{元})$$

$$\text{产量 50 000 件方案的预期价值}=(98\,000\times0.7)+[31\,000\times(1-0.7)]=77\,900(\text{元})$$

从以上的计算结果可见，应以产量 50 000 件的方案为最优，因为它提供的边际贡献总额的预期价值最高，为 77 900 元。

☆★本章关键概念

差量成本 剩余边际贡献 成本平衡点 最优生产批量 生产准备成本 储存成本
成本加成定价法 边际分析法 利润无差别点

☆★**复习思考题**

1. 举例说明机会成本在零部件自制还是外购决策中的运用。

2. 有人认为:“为改变企业亏损状况，凡是亏损的产品都应停产。”这种认识对不对？为什么？

3. 企业在进行产品最优组合决策分析时都应注意哪些问题？如何解决？

4. 许多被大型企业视为陈旧和不经济的生产设备，往往极受中小企业的欢迎并以合理的价格购置，有人认为这是“扩散落后技术”而加以反对，你是否同意这种观点？

5. 在进行是否接受特殊订货决策分析时，有人提出:“凡是该批订货的单价低于按完全成本计算的单位成本，均不宜接受。”这种观点对不对？为什么？

6. 什么是边际收入和边际成本？它们与产品的最佳价格之间有何关系？

7. 简述生产准备成本、储存成本与生产批量、生产批次的关系。

8. 大中取小法和小中取大法有什么不同？什么是后悔值？应怎样计算？

第六章 长期投资决策分析

【引言】

长期投资决策分析是企业在经营过程中对新建厂房、购置新的机器设备、对原有厂房和设备进行更新改造等投资问题的分析，它是管理会计中一个非常重要的内容。本章主要介绍长期投资决策的基本观念、评价指标的计算和运用以及几种典型的长期投资决策的内容和方法。

第一节 长期投资决策的基本价值观念

长期投资决策是指投入大量资金，投资方案获取报酬或收益的时间在一年以上，能在较长时间内影响企业经营获利能力的、涉及企业生产经营全面性和战略性问题的决策。广义的长期投资既包括固定资产投资，也包括无形资产投资和长期有价证券投资等内容 。我们一般讨论狭义的长期投资，即固定资产投资，一般涉及到固定资产的新建、改建、扩建和恢复工程的投资，或是进行设备更新和技术改造等方面的投资。这些投资支出都需要耗费大量的资金，而且建设时间和生产周期较长，因此投资回收期长，对企业盈亏的影响时间也长，风险性也大。所以，在投资决分析中，为保证决策的正确性需要考虑货币时间价值、风险及现金流量等相关因素。

一、货币时间价值观念

(一)货币时间价值的涵义和作用

货币时间价值是指在不考虑风险和通货膨胀的条件下，同一货币量在不同时间的价值量的差额。

时间价值可以有两种表现形式:一是相对数，即时间价值率，简称利率，是指不考虑风险和通货膨胀的社会平均资金利润率;二是绝对数，即时间价值额，简称利息额，是指资金在再生产过程中带来的真实增值额，即一定金额的资金与利息率的乘积。

货币时间价值的计算方法有两种，即单利制和复利制。单利制是指当期利息不计入下期本金，从而不改变计息基础，各期利息额不变的计息制度。目前我国银行在国内存贷款利息的计算，大都采用单利的计算方法。复利制是指当期末被支取的利息计入下期本金，改变计息基础，使每期利息递增、利上生利的计息制度。西方企业管理和国际贸易中，货币的时间价值大都是采用复利的计算方法，而且复利的计算周期逐渐在缩短，如一年、半年、一季、一月等。从理论上讲，长期投资决策应以复利计息方式计算货币的时间价值。

（二）复利终值与现值

1. 复利终值

复利终值是指货币在一期或连续若干期的一段时期内的期末价值。设 F 为复利终值，PV 为复利现值，i 为利息率，也称折现率，n 为期数。按复利计算的终值的计算公式为：

$$F = PV \cdot (1+i)^n$$

［例 6－1］将 10 000 元存入银行，存期 3 年，年利率 10%，分别采用单利和复利的方法进行各年本利和的计算如表 6－1 所示。

表 6－1

年度	单利终值	复利终值
第一年	10 000 ×（1 +10% ×1）=11 000	10 000 ×（1 +10%）=11000
第二年	10 000 ×（1 +10% ×2）=12 000	10 000 ×（1 +10%）2 =12 100
第三年	10 000 ×（1 +10% ×3）=13 000	10 000 ×（1 +10%）3 =13 310

在复利终值的计算公式中的 $(1+i)^n$ 又称一次性收付款终值系数（或称复利终值系数，一元的复利终值），记作（F/PV，i，n）。在实际工作中，为了简化和加速计算，当计算复利终值时，可查用“1 元的复利终值表”。该表是以 1 元为基础编制的，它的纵栏为利率（i），横栏为期数（n），纵栏与横栏的交叉点即为复利终值系数（F/PV，i，n）。

［例 6－2］仍沿用例 6－1 所示资料，计算复利终值如下：

F =10 000 ×（F/PV，10%，3）=10 000 ×1.331 =13 310（元）

2. 复利现值

复利现值是指货币在一期或连续若干期的一段时期内的期初价值。设 PV 为复利现值，i 为利息率，也称折现率，n 为期数。按复利计算的现值的计算公式为：

$$PV = F \cdot (1+i)^{-n}$$

在复利现值的计算公式中的 $(1+i)^{-n}$ 又称一次性收付款现值系数（或称复利现值系数，一元的复利现值），记作（PV/F，i，n）。在实际工作中，为了简化和加速计算，当计算复利现值时，可查用“1 元的复利现值表”。该表是以 1 元为基础编制的，它的纵栏为利率（i），横栏为期数（n），纵栏与横栏的交叉点即为复利现值系数（PV/F，i，n）。

［例 6－3］假定 A 公司打算 4 年后用 50 万元购买一台先进设备，若目前银行存款年利率为 8%（每年复利一次），试问该公司现在需一次存入银行多少款项？

PV =500 000 ×（PV/F，8%，4）=500 000 ×0.735 =367 500（元）

（三）年金终值与现值

年金是指在一定时期内每隔相同时间（如一年、半年、一季等）就发生相同数额的系列收付款项，也称等额系列收付款项。年金一般要满足两个条件：（1）连续性。即指在一定期间内每隔一段时间必须发生一次收付款业务，形成系列，不得中断。（2）等额性。即指各期发生的收付款项必须在数额上相等。

在现实经济生活中，分期等额形成或发生的各种偿债基金、按直线法计提的折旧费、养老金、保险金、租金、等额分期收付款、零存整取储蓄存款业务中的零存数额、整存零取储蓄存款业务中的零取数额、个人抵押贷款的分期还款数额、定期发放的固定奖金、债券利息和优先股股息以及等额回收的投资额等，都属于年金的范畴。

年金又包括普通年金、先付年金、递延年金和永续年金等。其中普通年金在长期投资决策分析中应用最为广泛，其他几种年金现值和终值的计算均可在普通年金的基础上推算出来。

1. 普通年金的终值和现值

普通年金是指在每期期末发生的年金，又称后付年金，用 A 表示。

普通年金终值的计算公式为(FA 代表普通年金终值)：

$$FA = A \cdot \frac{(1+i)^n - 1}{i}$$

上式中的 $\frac{(1+i)^n - 1}{i}$，称作年金终值系数(又称一元年金终值)，记作(FA/A，i，n)。在实际工作中，为了简化和加速计算，当计算普通年金终值时，可查用"1 元的普通年金终值表"。该表是以 1 元为基础编制的，它的纵栏为利率(i)，横栏为期数(n)，纵栏与横栏的交叉点即为普通年金终值系数(FA/A，i，n)。

[例 6－4]设一项投资 200 万元，建设期为 5 年，在每年年末投入 40 万元，若年利率为 10%，按复利计息，5 年后的投资总额是多少？

FA＝400 000×(FA/A，10%，5)＝400 000×6.105＝2 442 000(元)

[例 6－5]某企业在 6 年后需要资金 400 万元，若银行存款利率为 8 %(每年复利计息一次)，问企业每年年末需等额存入银行多少款项，才能保证在 6 年后一次取出 400 万元？

∵ FA＝A·(FA/A，i，n)

∴ A＝FA/(FA/A，i，n)

＝4 000 000/(FA/A，8%，6)＝4 000 000/7.336

＝545 256.27(元)

注：当由已知的普通年金终值 FA 求普通年金 A 时，此时的普通年金 A 又称作年偿债基金或积累基金，它是普通年金终值的逆运算。

普通年金现值的计算公式为(PVA 代表普通年金现值)：

$$PVA = A \cdot \frac{1-(1+i)^{-n}}{i}$$

上式中的 $\frac{1-(1+i)^{-n}}{i}$，称作年金现值系数(又称一元年金现值)，记作(PVA/A，i，n)。在实际工作中，为了简化和加速计算，当计算普通年金现值时，可查用"1 元的普通年金现值表"。该表是以 1 元为基础编制的，它的纵栏为利率(i)，横栏为期数(n)，纵栏与横栏的交叉点即为普通年金现值系数(PVA/A，i，n)。

[例 6－6]企业打算今后连续 5 年在每年年末取出 200 000 元，若年利率为 8%，每年复利计息一次，现在应一次性存入银行多少款项？

PVA ＝200 000×(PVA/A，8%，5)＝200 000×3.993

＝798 600(元)

[例6-7]某公司投资一项目，一次性投资额为300万元，该项目的有效期为7年，若基准收益率为10%，每年应回收多少金额才能收回总投资？

∵ PVA = A·(PVA/A, i, n)

∴ A = PVA/(PVA/A, i, n)

= 3 000 000/(PVA/A, 10%, 7) = 3 000 000/4.868

= 616 269.51(元)

注：当由已知的普通年金现值 PVA 求普通年金 A 时，此时的普通年金 A 又称作年回收额，它是普通年金现值的逆运算。

2. 先付年金的现值和终值

先付年金是在每期期初发生等额收付款的一种年金形式，又称预付年金或即付年金，记作 A。

其现值和终值的计算可在普通年金现值和终值计算公式的基础上调整计算。有关的计算公式如下：

先付年金终值的计算公式为（FA 代表先付年金终值）：

$$FA = A \cdot \left[\frac{(1+i)^{(n+1)}}{i} - 1\right]$$

$$= A \cdot [(FA/A, i, n+1) - 1]$$

先付年金现值的计算公式为（PVA 代表先付年金现值）：

$$PVA = A \cdot \left[\frac{1-(1+i)^{-(n-1)}}{i} + 1\right]$$

$$= A \cdot [(PVA/A, i, n-1) + 1]$$

[例6-8]企业连续8年，于每年年初存入银行20 000元，年复利率为9%，计算第8年末企业一次可以提取多少款项？

FA = 20 000 × [(FA/A, 9%, 9) - 1] = 20 000 × (13.021 - 1)

= 240 420(元)

[例6-9]某公司为了提高产品质量，准备购进一台全自动化生产设备，现有两个方案可供选择：A 方案是一次性付款80万元；B 方案是分4期付款，在每期期初付款21万元。银行存款年复利率为10%。

方案 A 的现值 = 800 000 元

方案 B 的现值 = 210 000 × [(PVA/A, 10%, 3) + 1]

= 210 000 × (2.487 + 1) = 732 270(元)

∵ 方案 A 的现值 > 方案 B 的现值

∴ 应选择方案 B

3. 递延年金的现值

递延年金是指在一定期间（n 期）内，从0期开始隔 s 期（s≥1）以后才发生的系列等额收付款的一种年金形式，记作 A。

递延年金现值的计算也可借助于普通年金现值以及复利现值计算的原理，进行调整计算。

递延年金现值的计算公式为（PVA 代表递延年金现值）：

PVA = A·[(PVA/A, i, n) - (PVA/A, i, s)]

或 = A·(PVA/A, i, n - s)·(PV/F, i, s)

[例 6-10]有一张保险单要求现在一次支付保险费，第 11 年至第 20 年每年年初可领取保险金 1 000 元，年复利率为 8%，购买这张保险单需要支付多少保险费？

依题意，A = 1 000 元，n = 20，s = 10

PVA = 1 000 ×[(PVA/A, 8%, 20) - (PVA/A, 8%, 10)]

= 1 000 ×(9.818 - 6.710) = 3 108(元)

4. 永续年金的现值

永续年金是指无限等额支付的特种年金，即是当期限 $n \to +\infty$ 时的普通年金。在实际经济生活中，并不存在无限期永远支付的永续年金，但可以将持续期限较长的年金视同永续年金计算。由于假设永续年金没有终点，故不存在其终值的计算问题，只需计算其现值即可，其计算公式可通过普通年金的计算公式推导出来：

$$\because \ PVA = A \cdot \frac{1-(1+i)^{-n}}{i}$$

当 $n \to +\infty$ 时，$(1+i)^{-n}$ 的极限为 0

∴ 上式可以改写为：

$$PVA = A \cdot \frac{1}{i}$$

[例 6-11]某公司准备从今年建立一项永久的奖励基金，每年年末颁发 20 万元专门奖给对公司有突出贡献的各类人员。如目前银行存款的年复利率为 10%，计算该公司应该存入银行多少款项，才能使这项基金正常运转？

PVA = 200 000/10% = 2 000 000(元)

二、风险观念

长期投资由于投资回收期长，在较长的时间内往往会碰到许多不确定的因素，长期投资能否取得一定的回报，取得利润的大小为多少等问题都是不完全肯定的，因此，在长期投资决策时应充分考虑投资风险的存在，以及投资风险价值的度量。

(一)风险的涵义

风险是指在一定条件下和一定时期内，人们在事先能够得知采取某种行动可能发生的各种结果，以及每种结果出现的可能性的状况。例如我们在预计一个投资项目的报酬时，不可能十分精确，也没有百分之百的把握，但却可以大致估计一个可能的报酬的概率。又例如企业开发一种新产品，其经济效益也可能出现畅销、盈利一般、亏损等几种结果，我们无法确知是哪一种，但可以估计出现三种情况中任何一种的概率，这就是风险状况。大部分事情的未来发展我们事先都是不能确知的，如果某项活动事先确定只有一种结果是必然发生的，那就是无风险。

与风险紧密相连的另一个概念就是不确定性。不确定性是指人们事先已经知道采取某一行动所有可能的结果，但却不知道每一种结果出现的概率，或者两者都不知道，而只能做出粗略估计的状况。风险是事件本身的不确定性，具有客观性。例如，无论企业还是个人，购买政府公债肯定能按期收到本息，其收益的不确定性较小甚至为零；而投资于股票，则收益的不确定性要大得多。这种风险是“一定条件下”的风险。你在什么时间、买哪一种或哪几种股票、各买多少，风险是不一样的。但条件一旦确定，风险大小也就无法改变了。这也说明，投资的风险大小是客观的，而是否去冒风险及冒多大风险，是可以选择的，是主观决策的。

风险的大小随时间延续而变化，是“一定时期内”的风险。我们对一个投资项目成本，事先的预计可能不很准确，越接近完工则预计越准确。随着时间的延续，事件不确定性程度也在缩小。事件完成，其结果也就完全肯定了。因此，风险总是“一定时期内”的风险。

风险可能给投资人带来超出预期的收益，也可能带来超出预期的损失。一般情况下，投资人对意外损失的关切比对意外收益要强烈得多。因此人们研究风险时侧重研究如何减少损失，主要从不利的方面来考察风险，经常把风险看成是不利事件发生的可能性。从财务的角度来说，风险主要是指无法达到预期报酬的可能性。

（二）风险与报酬之间的关系

风险和报酬之间成正比例关系，即风险越大要求的报酬率也越高。实务中，投资项目的风险大小是不同的，在投资报酬率相同的情况下，人们都会选择风险小的投资，导致的结果是竞争也会使风险增加，报酬率下降。最终，高风险的项目必须有高报酬，低报酬的项目必须风险很低，否则就没有人会投资。可见，风险和报酬之间的同向变动关系，是市场竞争的结果。

风险和期望投资报酬率的关系可以表示如下：

期望投资报酬率 = 无风险报酬率 + 风险报酬率

期望投资报酬率包括两部分：一部分是无风险报酬率，如购买国家发行的公债，到期连本带息肯定可以收回。这个无风险报酬率，可以吸引公众储蓄，是最低的社会平均报酬率。另一部分是风险报酬率，是投资者因冒风险进行投资而要求超过时间价值部分的额外报酬，它与风险大小有关，风险越大则要求的报酬率越高，是风险的函数。

假设风险和风险报酬率成正比，则有：

风险报酬率（R）= 风险报酬系数（b）× 风险程度（V）

其中的风险程度用标准离差或变异系数即标准离差率计量，标准离差是各种可能的报酬率偏离期望报酬率的综合差异，反映离散程度的一种度量。但它是一个绝对值，只能用来比较期望报收率相同的项目的风险程度，标准离差率是用标准离差比上期望报酬率，是一个相对数指标，弥补了标准离差的不足，用来衡量期望报酬率不同的投资的风险程度。风险报酬系数则取决于全体投资者的风险回避态度，可以根据以往的同类项目或由企业领导或国家有关部门组织有关专家通过统计方法来加以测定。

（三）风险的衡量

风险客观存在，广泛影响着企业的财务和经营活动，因此，正视风险并将风险予以量化，进行较为准确的衡量，便成为企业管理中的一项重要工作。风险与概率直接相关，并由此与期望值、离散程度等相联系，对风险进行衡量时应着重考虑这几方面因素。

1. 概率

在经济活动中，某一事件在相同的条件下可能发生也可能不发生，这类事件被称为随机事件。随机事件可能发生的机会就是概率，通常用 P 表示。一般情况下，把必然发生的事件概率设为 1，把不可能发生的事件的概率设为 0，而一般随机事件的概率是介于 0 与 1 之间的一个数。概率越大表示该事件发生的可能性越大。

[例 6－12] 某公司有两个投资项目，A 投资项目所要进入的领域竞争激烈，如果经济发

展迅速并且该项目搞得好，会取得较大利润，否则利润很小甚至亏本。B 项目很稳定，销售前景可以准确预测。现假设未来的经济情况只有三种：繁荣、一般和衰退，有关的概率分布和预期报酬率见表 6－2。

表 6－2

经济情况	发生概率	A 项目预期报酬	B 项目预期报酬
繁荣	0.2	90%	25%
一般	0.6	30%	20%
衰退	0.2	－90%	5%
合计	1		

此处，概率表示每一种经济情况出现的可能性。未来经济情况出现繁荣的可能性有 0.3。假如这种情况真的出现，A 项目可获得高达 90% 的报酬率，也就是说，采纳 A 项目获利 90% 的可能性是 0.3。实务中报酬率受多种因素的影响，我们这里为了简化，假设其他因素都相同，只有经济情况一个因素影响报酬率。

如果随机变量只取有限个数，并且对应于这些值有确定的概率，则此随机变量是离散型分布，前面所举例子就属于离散型分布。

实践中，出现的经济情况远不止三种，有各种可能的情况会出现，如果对每种情况都赋予一个概率，并分别测定其报酬率，则还可以得到连续型概率分布。

2. 期望值

随机变量的各个取值，以相应的概率为权数的加权平均数，叫做随机变量的期望值（数学期望或均值），它反映随机变量取值的平均化。

报酬率的期望值 $(\bar{E}) = \sum_{i=1}^{n}(p_i \times k_i)$

式中 p_i —— 第 i 种结果出现的概率；

k_i —— 第 i 种结果出现后的预期报酬率；

n —— 所有可能结果的数目。

据上例的资料进行计算：

预期报酬率（A）$=0.2\times90\% + 0.6\times30\% + 0.2\times(-90\%) = 18\%$

预期报酬率（B）$=0.2\times25\% + 0.6\times20\% + 0.2\times5\% = 18\%$

两者的预期报酬率相同，但其概率分布不同。A 项目的报酬率的分散程度大，变动范围在 －90% 至 90% 之间；B 项目的分散程度小，变动范围在 5% 至 25% 之间。这说明两个项目的报酬率虽然相同，但是风险不同。为了定量的衡量风险的大小，还要使用统计学中衡量概率分布离散程度指标。

3. 离散程度

离散程度是用以衡量风险大小的统计指标。一般说来，离散程度越大，风险越大；离散程度越小，风险越小。表示随机变量离散程度的数量指标包括平均差、方差、标准离差和标准离差率等，最常用的是方差和标准离差。

方差是用来表示随机变量与期望值之间离散程度的一个量。

$$方差(\delta^2) = \sum_{i=1}^{N}[(k_i - \overline{E})^2 \times p_i]$$

标准离差也叫均方差，是方差的平方根。

$$标准离差(\delta) = \sqrt{\sum_{i=1}^{N}[(k_i - \overline{E})^2 \times p_i]}$$

仍以前例进行计算：

A 项目的方差 $=(90-18)^2\times0.2+(30-18)^2\times0.6+(-90-18)^2\times0.2=2160$

A 项目的标准离差 $=\sqrt{2160}=46.48$

B 项目的方差 $=(25-18)^2\times0.2+(20-18)^2\times0.6+(5-18)^2\times0.2=22$

B 项目的标准离差 $=\sqrt{22}=4.69$

A 项目的标准离差是46.48，B 项目的标准离差是4.69，定量计算的结果说明 A 项目的风险比 B 项目大。

三、现金流量观念

(一)现金流量的涵义

现金流量，是指在长期投资决策中，投资项目在其计算期内所发生的因资本循环而可能或应该发生的各项现金流入量和现金流出量的统称。现金流量以收付实现制为基础，反映广义现金的流动。一定期间内企业收到的现金称为该期间的现金流入量；支出的现金称为该期间的现金流出量；一定期间内的现金流入量与现金流出量的差额称为净现金流量或现金净流量。

以现金流量作为评价长期项目投资经济效益的基础，有如下原因：

1. 采用现金流量将现金收支运动与其发生的时间紧密联系起来，有利于将货币时间价值引入到对项目投资的评价体系中，可以更加真实地反映项目的投资效益。

2. 采用现金流量可以回避在贯彻权责发生制时必然遇到的存货估价及费用摊销等问题，可以避免因会计方法不一致而导致的不同方案利润指标相关性差的问题，从而加强了不同投资项目之间的可比性。

(二)现金流量的内容

1. 现金流入的内容

(1)营业收入

营业收入是指项目投产后由于该项目的实施而每年实现的全部收入，这里主要指的是销售收入或营业收入。

(2)固定资产回收额

固定资产回收额也称固定资产余值，是指投资项目中的固定资产在项目终结时(即项目终结点)报废清理或中途变价转让处理所收回的价值，即处理固定资产的净收益。

(3)流动资金回收额

流动资金回收额主要是指投资项目完全终结时，因不再发生新的替代投资而收回的原垫付的全部流动资金。在实务中会因资金周转速度的提高而发生某年流动资金增加额为负值的情况。在长期投资决策中，往往假定不发生这种提前回收流动资金投资的现象。因此，各年垫支的流动资金投资额的合计应等于在终结点一次回收的流动资金。

固定资产回收额和流动资金回收额的合计数也称作为回收额。

(4) 其他现金流入

其他现金流入指以上三项以外的现金流入项目。

2. 现金流出的内容

(1)原始投资

原始投资是指任何一个投资项目在初始投资时发生的现金流出量。投资项目的有效持续时间(即指项目计算期)是指该投资项目从建设开始一直到最后清理的全部年份，通常情况下可以分为建设期和生产经营期。项目的投资既可以发生在建设期，也可以发生在生产经营期，但大多发生在建设期。为了简化核算，可假定一个投资项目的所有投资都是在建设期投入的。一个投资项目的原始投资一般包括:①在固定资产上的投资:是指房屋、建筑物、生产设备等的购入或建造成本、运输成本、安装成本等;②在无形资产上的投资;③在流动资产上的投资:是指对原材料、在产品、产成品、存货、和货币资金等流动资产上的投资;④其他项目上的投资:是指与长期投资项目有关的谈判费、注册费、职工培训费等筹建费用。

(2)经营成本

经营成本又称付现的营运成本或简称付现成本，它是生产经营阶段上最主要的现金流出项目。某年经营成本等于当年的总成本费用扣除那些性质上属于总成本范畴但不需实际支出现金的部分，如该年的折旧费用、无形资产摊销额、开办费摊销额等项目。

虽然在生产经营期发生的经营成本节约额相当于本期现金流入的增加，但为统一现金流量的口径，在实务中仍按其性质将节约的经营成本以负值计入现金流出项目，而并非列入现金流入项目。

(3)各项税款

各项税款是指投资项目投产后依法缴纳的、单独列示的各项税款，包括营业税、消费税、所得税等。但一般纳税人企业在价外核算的增值税不包含在此项目中。

(4)其他现金流出

其他现金流出指不包括以上内容的现金流出项目。

3. 净现金流量

1. 净现金流量的一般计算公式

净现金流量(NCF，又称现金净流量)，是指在项目计算期内由每年现金流入量与同年现金流出量之间的差额所形成的序列指标，它是长期投资决策评价指标计算的重要依据。其一般计算公式为:

某年净现金流量 = 该年现金流入量 - 该年现金流出量

即: $NCF_t = CI_t - CO_t$

上式中的 NCF_t 为第 t 年的净现金流量，CI_t 为第 t 年的现金流入量，CO_t 为第 t 年的现金流出量，t 的取值范围为 $0 \leq t \leq n$(0 期为建设起点，即第一年年初)。

2. 净现金流量的简便计算公式

由于现金流入流出在项目计算期内的不同阶段上的内容不同，使得各阶段上的净现金流量表现出不同的特点。一个可行的投资方案在通常情况下，由于建设期内往往只发生投资即现金流出，因此建设期的净现金流量一般小于或等于零;而在生产经营期内，净现金流量则多为正值。

(1)建设期的净现金流量计算的简便公式

建设期某年的净现金流量 = 该年现金流入量 - 该年现金流出量

= - 该年的原始投资额

(2)生产经营期的净现金流量计算的简便公式

生产经营期某年的净现金流量 = 该年现金流入量 - 该年现金流出量

$$=\left(\begin{matrix}\text{该年营}\\\text{业收入}\end{matrix}+\begin{matrix}\text{该年}\\\text{回收额}\end{matrix}\right)-\left(\begin{matrix}\text{该年经}\\\text{营成本}\end{matrix}+\begin{matrix}\text{该年}\\\text{所得税}\end{matrix}\right)$$

$$=\left(\begin{matrix}\text{该年营}\\\text{业收入}\end{matrix}+\begin{matrix}\text{该年}\\\text{回收额}\end{matrix}\right)-\left[\left(\begin{matrix}\text{该年}\\\text{总成本}\end{matrix}-\begin{matrix}\text{该年}\\\text{折旧}\end{matrix}-\begin{matrix}\text{该年}\\\text{摊销}\end{matrix}-\begin{matrix}\text{该年}\\\text{利息}\end{matrix}\right)+\begin{matrix}\text{该年}\\\text{所得税}\end{matrix}\right]$$

$$=\left(\begin{matrix}\text{该年营}\\\text{业收入}\end{matrix}-\begin{matrix}\text{该年}\\\text{总成本}\end{matrix}-\begin{matrix}\text{该年}\\\text{所得税}\end{matrix}\right)+\begin{matrix}\text{该年}\\\text{折旧}\end{matrix}+\begin{matrix}\text{该年}\\\text{摊销}\end{matrix}+\begin{matrix}\text{该年}\\\text{利息}\end{matrix}+\begin{matrix}\text{该年}\\\text{回收额}\end{matrix}$$

$$=\begin{matrix}\text{该年}\\\text{净利润}\end{matrix}+\begin{matrix}\text{该年}\\\text{折旧}\end{matrix}+\begin{matrix}\text{该年}\\\text{摊销}\end{matrix}+\begin{matrix}\text{该年}\\\text{利息}\end{matrix}+\begin{matrix}\text{该年}\\\text{回收额}\end{matrix}$$

[例 6 - 13]某公司准备投资一个新项目，经测算，有关资料如下：

①该项目的固定资产投资为 160 万元，在建设起点投入，建设期 1 年；在第 1 年年末垫支流动资产 40 万元，以便进行生产经营活动，垫支的流动资产在项目终结点收回

②预计该固定资产完工后可使用 8 年，期满预计净残值为 8 万元，按直线法计提折旧

③固定资产完工后第一年的营业收入为 80 万元，付现成本为 40 万元；以后 7 年的营业收入为 120 万元，付现成本为 60 万元。假定每年的营业收入均于当年收到。

④假定该公司适用的所得税税率为 33%

该项目的各年的净现金流量计算如下：

1. 采用一般计算公式计算，根据有关资料计算结果如表 6 - 3。

表 6 - 3　　**项目各年净现金流量计算表**　　**单位：万元**

年　度	0	1	2	3 ~ 8	9
现金流入量					
营业收入			80	120	120
固定资产回收额					8
流动资产回收额					40
小　计	0	0	80	120	168
现金流出量					
固定资产投资	160				
流动资产投资		40			
经营成本			40	60	60
所得税			6.93	13.53	13.53
小　计	160	40	46.93	73.53	73.53
净现金流量	-160	-40	33.07	46.47	94.47

2. 采用简便计算公式计算：

NCF_0 = -160 万元

NCF_1 = -40 万元

$NCF_2=(80-40-19)\times(1-33\%)+19=33.07$（万元）

$NCF_{3\sim8}=(120-60-19)\times(1-33\%)+19=46.47$（万元）

$NCF_9=(120-60-19)\times(1-33\%)+19+40+8=94.47$（万元）

3. 固定资产更新改造项目净现金流量的计算

由于企业在进行固定资产更新改造决策分析时主要是对固定资产更新和不更新两个方案进行选择，因此在计算固定资产更新改造项目各年净现金流量时，实质上是在计算固定资产更新和不更新两个方案各年的差量净现金流量（△NCFt）这项指标。固定资产更新改造项目各年差量净现金流量的计算公式如下：

$$\text{建设期某年差量净现金流量}=-\left(\text{该年发生的新固定资产投资}-\text{旧固定资产变价净收入}\right)$$

$$\text{生产经营期某年差量净现金流量}=\text{该年因更新改造而增加的净利润}+\text{该年因更新改造而增加的折旧额}+\text{该年回收新固定资产净残值超过继续使用旧固定资产净残值之差额}$$

［例 6－14］某企业计划变卖一套尚可使用五年的旧设备，另行购置一套新设备来替换它。取得新设备的投资额为 180 000 元，旧设备的账面价值 150 000 元，已计提折旧 100 000 元，目前变价净收入为 80 000 元，到第五年末，新设备与继续使用旧设备的预计净残值相等。使用新设备可使企业在 5 年内每年增加营业收入 60 000 元，增加经营成本 30 000 元，该企业采用直线法计提折旧，所得税税率为 33%。

根据上述资料可计算以下相关指标：

（1）使用新设备比旧设备增加的投资额 $=180\,000-80\,000=100\,000$（元）

（2）经营期每年折旧变动额 $=\dfrac{100\,000}{5}=20\,000$（元）

（3）经营期每年总成本变动额 $=30\,000+20\,000=50\,000$（元）

（4）经营期每年营业利润变动额 $=60\,000-50\,000=10\,000$（元）

（5）经营期每年所得税变动额 $=10\,000\times33\%=3\,300$（元）

（6）经营期每年净利润变动额 $=10\,000-3\,300=6\,700$（元）

（7）建设期各年差量净现金流量：$\triangle NCF_0=-(180\,000-80\,000)=-100\,000$（元）

（8）经营期各年差量净现金流量：$\triangle NCF_{1\sim5}=6\,700+20\,000=26\,700$（元）

第二节　长期投资决策评价指标

长期投资决策评价指标是指用于衡量和比较长期投资项目的可行性及其优劣，以便据以进行方案决策的定量化标准与尺度。它是由一系列综合反映投资效益、投入产出关系的量化指标构成的。长期投资决策评价指标按是否考虑货币时间价值可分为静态指标和动态指标两大类。

一、静态评价指标

(一)投资利润率

投资利润率(ROI)是指投资项目达产期正常年利润或年均利润与原始投资额的比率。其计算公式为:

$$投资利润率(ROI)=\frac{年利润或年均利润}{原始投资额}\times 100\%$$

[例6-15]沿用例6-13的资料,计算该项目的投资利润率。

该项目投产后第一年净利润=(80-40-19)×(1-33%)=14.07(万元)

该项目投产后第二至八年净利润=(120-60-19)×(1-33%)=27.47(万元)

该项目投产后年均净利润=(14.07×1+27.47×7)/8=25.8(万元)

该项目投资利润率=25.8/200=12.9%

投资利润率是一个静态正指标。它的优点是计算过程比较简单,其缺点在于:第一,没有考虑货币时间价值因素;第二,不能正确反映建设期的长短、投资方式的不同和回收额的有无等条件对项目的影响;第三,无法直接利用现金流量信息;第四,计算公式的分子分母的时间特征不同,不具有可比性。

(二)静态投资回收期

静态投资回收期(PP)是指以投资项目生产经营期净现金流量抵偿该投资项目原始投资额所需要的全部时间。

1. 特殊条件下静态投资回收期指标的计算

所谓特殊条件是指所有的原始投资都是在建设起点(即0期)投入的,建设期为0年,投产后即生产经营期的每年净现金流量相等,则静态投资回收期可以采用以下公式计算:

$$静态的投资回收期(PP)=\frac{该项目的原始投资额}{生产经营期年净现金流量}$$

[例6-16]假设某一投资项目的建设期为0年,所有原始投资100万元均在建设起点投入,该项目的计算期为8年,生产经营期每年的净现金流量均为20万元。

$$该投资项目的静态投资回收期(PP)=\frac{100}{20}=5(年)$$

2. 一般情况下静态投资回收期的计算

上述特殊条件不可能存在于每个投资项目中,通常情况下,某投资项目各年净现金流量不符合上述特殊条件,这时静态投资回收期就要采用以下方法计算:预计的静态投资回收期需要运用计算各年年末的累计净现金流量的办法进行计算,即逐年计算,直到累计的净现金流量等于零的那一年为止,该年的年数就是该投资项目的静态投资回收期。但有时找不恰好使累计的净现金流量等于零的那一年,这时投资项目的静态投资回收期就等于最后一年上一年的年数再加上最后一年补偿的原始投资额与最后一年全部净现金流量的比值。

[例6-17]仍沿用例6-13所示资料,计算该投资项目的静态投资回收期如表6-4所示。

表 6－4　　累计净现金流量计算表　　单位:万元

年　度	每年净现金流量	累计净现金流量
第 0 年	－160	－160
第 1 年	－40	－200
第 2 年	33.07	－166.93
第 3 年	46.47	－120.46
第 4 年	46.47	－73.99
第 5 年	46.47	－27.52
第 6 年	46.47	18.95
第 7 年	46.47	65.42
第 8 年	46.47	111.89
第 9 年	94.47	206.36

根据上表计算结果可知:该投资项目的静态投资回收期应大于 5 年同时小于 6 年，则:

$$静态投资回收期(PP)=5+\frac{27.52}{46.47}=5.59(年)$$

静态投资回收期指标是一个绝对量反指标，它能够直观地反映原始投资额的返本期限，便于理解和掌握，其计算也不难，是应用较为广泛的传统评价指标。但由于它没有考虑货币时间价值因素，不能正确反映投资方式的不同对项目的影响，又不考虑回收期满后继续发生的各期净现金流量的变化情况，故存在着一定弊端。

二、动态评价指标

(一)净现值

由于任何一项长期投资项目，决策者总是期望未来能获得的报酬的总金额要比原始投资的总金额更多一些，这样才能体现价值的增值。但未来得到的报酬的现金流量和原始投资的现金流量发生在不同时期，根据货币时间价值观念，不同时期货币的价值是不相等的，这两类金额只有统一在同一时点上(通常情况下，这一时点是指建设起点，即 0 期)才好相互对比。所谓的净现值(NPV)就是指在长期投资项目的项目计算期内，按行业基准收益率或其他设定的折现率计算的各年净现金流量现值的代数和。

净现值的计算步骤通常为:

1. 计算投资项目的每年的净现金流量

2. 将每年的净现金流量按照行业基准收益率或设定的折现率折算到建设起点，即已知终值求现值。

3. 将每年的净现金流量的现值相加求代数和，即为净现值。

[例 6－18]某公司现有两个投资项目可供选择，若两个投资项目的固定资产投资均为 50 万元，且均在建设起点投入，建设期均为 0 年。两个投资项目的寿命周期均为 5 年，期末无残值，采用直线法计提折旧。假设折现率为 8%，其他有关资料如表 6－5 所示。

表 6－5　　净现金流量计算表　　单位：元

年度	甲项目			乙项目		
	净利	折旧	NCF	净利	折旧	NCF
1	200 000	100 000	300 000	140 000	100 000	240 000
2	200 000	100 000	300 000	180 000	100 000	280 000
3	200 000	100 000	300 000	220 000	100 000	320 000
4	200 000	100 000	300 000	240 000	100 000	340 000
5	200 000	100 000	300 000	220 000	100 000	320 000
合计	1000 000	500 000	1500 000	1000 000	500 000	1500 000

由于甲项目生产经营期各年的净现金流量相等，即为普通年金形式，因此可采用简化公式进行计算。

甲项目的净现值(NPV)＝(－500 000)＋300 000×(PVA/A，8%，5)
＝(－500 000)＋300 000×3.993
＝697 900(元)

由于乙项目的各年净现金流量不相等，故应分别按普通复利折现，然后加总计算净现值。现编制乙项目净现值计算表如表 6－6 所示。

表 6－6　　净现值计算表　　单位：元

年　度 n	各年净现金流量 NCFt	复利现值系数 (PV/F，8%，n)	复利现值 PV
0	－500 000	1.000	－500 000
1	240 000	0.926	222 240
2	280 000	0.857	239 960
3	320 000	0.794	254 080
4	340 000	0.735	249 900
5	320 000	0.681	217 920
净 现 值(NPV)			684 100

在长期投资决策中很多评价指标的计算都会用到净现值指标，因此净现值指标是投资决策评价指标中最重要的指标之一。净现值是动态绝对量正指标，其优点在于既综合考虑了货币时间价值因素，又运用了投资项目计算期的全部净现金流量。净现值指标的缺点是无法从动态的角度直接反映投资项目的实际收益水平，尤其是当几个投资项目的原始投资额不相同的情况下，仅以净现值绝对量的大小，是不能作出获利水平高低的正确评价的。

(二)净现值率

净现值率(NPVR)是指投资项目的净现值和原始投资现值合计之比。其计算公式为：

$$净现值率(NPVR)=\frac{投资项目的净现值}{|原始投资额现值合计|}\times 100\%$$

[例 6－19]仍沿用例 6－18 所示资料，计算甲、乙两项目的净现值率。

甲项目净现值率＝697 900/500 000＝139.58%

甲项目净现值率＝684 100/500 000＝136.82%

净现值率是一个相对量正指标，在长期投资决策中是一个比较重要的指标。在不同的投资项目计算期具体内容相同但原始投资不同的情况下，净现值率指标比净现值指标更具有说服力。

(三)现值指数

现值指数又称获利指数(PI)，是指项目投产后各年净现金流量的现值合计与原始投资的现值合计之比，其计算公式为：

$$现值指数(PI)=\frac{投产后各年净现金流量的现值合计}{原始投资额的现值合计}$$

当原始投资在建设期内全部投入时，现值指数与净现值率有如下关系：

现值指数 = 1 + 净现值率

[例6-20]仍沿用例6-18所示资料，计算甲、乙两项目的现值指数。

甲项目现值指数 = 300 000 × (PVA/A, 8%, 5)/500 000 = 2.3958

乙项目现值指数 = [240 000 × (PV/F, 8%, 1) + 280 000 × (PV/F, 8%, 2) + 320 000 × (PV/F, 8%, 3) + 340 000 × (PV/F, 8%, 4) + 320 000 × (PV/F, 8%, 5)]/500 000 = 2.3682

现值指数是一个折现的相对量评价指标，可从动态的角度反映项目投资的资金投入与总产出之间的关系；其缺点除了无法直接反映投资项目的实际收益率外，计算起来比净现值指标复杂，计算口径也不一致。

(四)内部收益率

内部收益率(IRR)又称内含报酬率或内部报酬率，是指使投资项目的净现值等于零时的报酬率，是一项长期投资项目在其寿命周期内按现值计算的实际可望达到的投资报酬率。

内部收益率计算的基本原理，就是根据这个报酬率对投资项目寿命周期的各年全部净现金流量进行折现，使未来各年净现金流量的总现值正好等于该投资项目原始投资的现值合计，即寻求投资项目净现值等于零时的投资报酬率。

内部收益率的计算方法，视各年的净现金流量发生的具体情况的不同而有所不同，现分述如下：

1. 内部收益率计算的特殊方法

当全部投资均于建设起点一次投入，建设期为零，投产后每年净现金流量相等时，建设起点即0期的净现金流量等于原始投资的负值，第1期至第n期每年净现金流量取得了普通年金的形式，依据内部收益率的定义，则有：

(-原始投资额) + 生产经营期年净现金流量 × (PVA/A, i, n) = 0

经整理，可得：

$$(PVA/A, i, n)=\frac{原始投资额}{生产经营期年净现金流量}$$

内部收益率特殊计算方法的具体步骤：

(1)首先利用上式计算普通年金现值系数。

(2)根据计算出来的普通年金现值系数，查n年期的普通年金现值系数表。

(3)如果在普通年金现值系数表的n年序列上恰好能够找到上述公式计算出来的普通年金现值系数，则该系数所对应折现率即为所求的内部收益率。

(4)如果在普通年金现值系数表的n年序列上找不到上述公式计算出来的普通年金现值系数，则应该采用插值法求解。

[例 6－21]某公司有一投资项目，原始投资总额为 4 000 000 元，全部在建设起点投入，建设期为 0 期，生产经营期为 12 年，经营期每年的净现金流量为 1 000 000 元

计算该投资项目的内部收益率如下：

$$(PVA/A, i, 12)=\frac{4\ 000\ 000}{1\ 000\ 000}=4$$

查 12 年的普通年金现值系数表

$\because (PVA/A, 22\%, 12)=4.127>4$

$(PVA/A, 24\%, 12)=3.851<4$

$\therefore 22\%<IRR<24\%$，应用插值法计算 IRR：

$$IRR=22\%+(24\%-22\%)\times\frac{4.127-4}{4.127-3.851}=22.92\%$$

2. 内部收益率计算的一般方法

若投资项目各年的净现金流量不符合上述特殊情况，就无法应用简便算法。在这种情况下，需采用逐次测试法，具体方法如下：

(1)先自行设定一个折现率，并根据它来计算该投资项目的净现值。

(2)根据计算的结果，进行如下判断：

①若净现值＝0，则此次设定的折现率即为内部收益率，测试完成。

②若净现值＞0，则说明原先设定的折现率过低。由于现值和折现率呈反向关系，即折现率越高，折算出来的现值就越小；反之，折现率越低，折算出来的现值就越大。而内部收益率是寻求使投资项目的净现值等于零时的折现率，因此，当测算应用设定的折现率计算出来的净现值大于零时，下次测试所设定的折现率就应该调高，应设定一个稍高一些的折现率再次按照上述步骤进行测试。

③若净现值＜0，则说明原先设定的折现率过高。应重新设定一个稍低一些的折现率再次按照上述步骤进行测试。

(3)如果通过多次测试，始终找不到恰好使投资项目净现值等于零时的折现率，则可利用最为接近零的两个净现值正负临界值及其相应的折现率，应用插值法计算近似的内部收益率。

在逐步测试法运用过程中，值得注意的是：

①在多次测试过程中，为了使计算结果更加接近于实际情况，每两次测试所设定的折现率之间的差距不应过大，通常情况下不超过5%，在测试出来的净现值接近于 0 的时候，两次测试设定折现率的差距一般为 2%。

②在内部收益率的两种计算方法中，都可能用到插值法，但具体内容有所不同。

在内部收益率计算的特殊方法中，是利用普通年金现值系数进行插值；而在内部收益率计算的一般方法中，是利用计算出来的最为临近的正负净现值进行插值。

[例 6－22]仍沿用例 6－13 所示资料，计算该投资项目的内部收益率。根据所示资料整理计算如表 6－7 所示。

表 6-7 内部收益率计算表——多次测试法 单位:万元

年度	各年净现金流量 NCFt	设定折现率 10%		设定折现率 12%		设定折现率 14%	
		复利现值系数	复利现值	复利现值系数	复利现值	复利现值系数	复利现值
0	-160.00	1.00000	-160.00	1.00000	-160.00	1.00000	-160.00
1	-40.00	0.90909	-36.36	0.89286	-35.71	0.87719	-35.09
2	33.07	0.82645	27.33	0.79719	26.36	0.76947	25.45
3	46.47	0.75131	34.91	0.71178	33.08	0.67497	31.37
4	46.47	0.68301	31.74	0.63552	29.53	0.59208	27.51
5	46.47	0.62092	28.85	0.56743	26.37	0.51937	24.14
6	46.47	0.56447	26.23	0.50663	23.54	0.45559	21.17
7	46.47	0.51316	23.85	0.45235	21.02	0.39964	18.57
8	46.47	0.46651	21.68	0.40388	18.77	0.35056	16.29
9	94.47	0.42410	40.06	0.36061	34.07	0.30751	29.05
净现值 NPV		38.29		17.03		-1.54	

∵ 最接近于0的两个净现值临界点分别为 -1.54 和 +17.03，其相应的折现率分别为14%和12%

∴ 12% < IRR < 14%，应用插值法计算 IRR：

$$IRR = 12\% + (14\% - 12\%) \times \frac{17.03 - 0}{17.03 + 1.54} = 13.84\%$$

内部收益率指标是一个动态相对量正指标，它能从动态的角度直接反映投资项目的实际收益水平，又不受行业基准收益率高低的影响，比较客观。但该指标的缺点是计算过程十分麻烦，当经营期大量追加投资时，又有可能导致多个 IRR 的出现，或偏高偏低，缺乏实际意义。

(五)NPV、NPVR、PI 和 IRR 之间的关系

净现值 NPV、净现值率 NPVR、现值指数 PI 和内部收益率 IRR 指标不仅都属于动态正指标，而且它们之间存在着以下数量关系：

当 NPV > 0 时，NPVR > 0，PI > 1，IRR > ic

当 NPV = 0 时，NPVR = 0，PI = 1，IRR = ic

当 NPV < 0 时，NPVR < 0，PI < 1，IRR < ic

上述中的 ic 代表行业基准收益率或设定的折现率。

此外，净现值率、现值指数和内部收益率指标的计算都需要运用净现值指标的形式和计算技巧。这些指标都受建设期的长短、投资方式以及各年净现金流量的数量特征的影响。所不同的是净现值为绝对量指标，其余均为相对量指标。计算净现值、净现值率和现值指数指标所依据的折现率都是实现已知的行业基准收益率或设定的折现率，而内部收益率指标的计算本身与行业基准收益率或设定的折现率无关。

第三节　固定资产更新决策

固定资产更新是指对技术上或经济上不宜继续使用的旧资产，用新的资产更换或用先进的技术对原有设备进行局部改造。固定资产更新决策是长期投资决策中的一个重要问题。固定资产形成以后，由于资产本身的磨损，以及技术、经济上的原因，都面临着继续使用和更新重置的选择问题。

固定资产更新决策主要研究三个问题：一是决定是否更新，即继续使用旧资产还是更换新资产；二是何时更新，即确定固定资产的最佳使用年限；三是更新何种设备，即决定选择什么样的设备来更新。实际上，这几个问题是结合在一起考虑的。如果市场上没有比现有设备更适用的设备，那么就继续使用旧设备。由于旧设备总可以通过修理继续使用，所以更新决策是继续使用旧设备与购置新设备的选择。

一、固定资产最优寿命的决策

固定资产寿命一般有自然寿命和经济寿命两种情况。某项固定资产从开始投入使用直至丧失其应有功能而无法修复再使用为止的期限，称为固定资产自然寿命。某项固定资产的年平均成本达到最低的使用年限，称为固定资产经济寿命，也称最低成本期或最优更新期。一般固定资产的经济寿命要短于自然寿命。

要确定固定资产的经济寿命，就要计算出固定资产在使用期限内各年的年平均成本。与固定资产相关的总成本在其被更新前包括两部分：一是运行成本，包括设备的能源消耗及其维修费用等。二是消耗在使用年限内的设备本身的价值，从数量上看，它设备购买价格与更新期变现价值之差。因此，固定资产的年平均成本，是指该资产引起的现金流出的年平均值。若不考虑货币时间价值，它是未来尚可使用年限内的现金流出总额与尚可使用年限的比值。若考虑货币时间价值，它是未来尚可使用年限内现金流出总现值与年金现值系数的比值，即平均每年的现金流出。

不考虑货币时间价值时，年平均成本计算公式如下：

$$年平均成本=\frac{原始投资-折余价值}{有效使用年限}+年运行成本$$

考虑货币时间价值时，年平均成本计算公式如下：

$$年平均成本=\frac{原始投资的现值+年运行成本的现值-折余价值的现值}{(PVA/A,i,n)}$$

[例6－23]假设某设备的购买价格为70 000元，预计使用年限为10年，无残值。资金成本率为10%，其各年的折旧额、折余价值及运行成本如表6－8所示。

表6－8　　各年折旧额、折余价值及运行成本　　单位：元

更新年限	1	2	3	4	5	6	7	8	9	10
折旧额	7 000	7 000	7 000	7 000	7 000	7 000	7 000	7 000	7 000	7 000
折余价值	63 000	56 000	49 000	42 000	35 000	28 000	21 000	14 000	7 000	0
运行成本	10 000	10 000	10 000	11 000	11 000	12 000	13 000	14 000	15 000	16 000

根据上述资料，可计算出不同年份的年平均成本，如表6-9所示。

表6-9　　不同年份的年平均成本　　单位:元

更新年限	1	2	3	4	5	6	7	8	9	10
折旧额	7 000	7 000	7 000	7 000	7 000	7 000	7 000	7 000	7 000	7 000
$(1+10\%)^{-n}$	0.9091	0.8264	0.7513	0.6830	0.6209	0.5645	0.5132	0.4665	0.4241	0.3855
折余价值	63 000	56 000	49 000	42 000	35 000	28 000	21 000	14 000	7 000	0
折余价值现值	57 273	46 278	36 814	28 686	21 732	15 000	10 777	6 531	2 969	0
运行成本	10 000	10 000	10 000	11 000	11 000	12 000	13 000	14 000	15 000	16 000
运行成本现值	9 091	8 264	7 513	7 513	6 830	6 774	6 672	6 531	6 361	6 168
累计数	9 091	17 355	24 868	32 381	39 211	45 985	52 657	59 188	65 549	71 718
(P/A, 10%, n)	0.9091	1.7355	2.4869	3.1699	3.7908	4.3553	4.8684	5.3349	5.7590	6.1446
现值总成本	21 818	41 077	58 054	73 695	87 479	100 179	111 880	122 657	132 580	141 718
年平均成本	24 000	23 669	23 344	23 248	23 077	23 002	22 981	22 991	23 021	23 064

比较上表中年平均成本可知,该设备运行到第七年时的年平均成本最低,因此，应在设备使用七年后予以更新。

二、固定资产是否更新的决策

固定资产是否更新的决策，是在假设维持现有生产能力水平不变的情况下，选择继续使用旧设备(包括对其进行大修理)还是将其淘汰而重新选择性能更优、运行费用更低的新设备的决策。

由于假设新旧设备的生产能力相同，对企业而言，销售收入没有增加，现金流入量没有发生变化，但是生产成本却发生了变化。新旧设备的使用寿命往往不同，因此，固定资产是否更新决策实际上也是比较两个方案的年平均成本。

新旧设备总成本都包括两个组成部分:即设备的资本成本和运行成本。在计算新旧设备的年平均成本时，要注意运行成本、大修理费和折旧费对所得税的影响。上述成本会减少企业的利润，进而减少企业所得税的交纳。对企业而言，税负的减少实际上可看作一项现金流入，这里作现金流出的节约额处理。

[例6-24]假设某企业有一台旧设备，重置成本为8 000元，年运行成本为3 000元，可大修两次，每次大修理费用为8 000元，4年后报废无残值。如果用40 000元购买一台新设备，年运行成本为6 000元，使用寿命8年，不需大修，8年后残值2 000元。新旧设备的产量及产品销售价格相同。另外企业计提折旧方法为直线法，企业的资本成本率为10%，企业所得税税率为40%。

企业对继续使用旧设备，还是将其更新为新设备进行决策时，年平均成本计算如下:

(1)继续使用旧设备

设备重置成本:8 000(元)

大修理费用现值:8 000 + 8 000 × (PV/F, 10%, 2) = 14 611.2(元)

大修理费及折旧费对所得税的影响现值:

(8 000 + 8 000 + 8 000)/4 × 40% × (PVA/A, 10%, 4) = 7 607.76(元)

总运行成本现值:3 000 × (1 - 40%) × (PVA/A, 10%, 4) = 5 705.82(元)

年平均成本：$\frac{8\ 000+14\ 611.2-7\ 607.76+5\ 705.82}{3.1699}=6\ 533.1$（元）

（2）重新购置新设备

新设备采购成本：40 000（元）

残值回收现值：2 000 ×（PV/F，10%，8）= 933（元）

折旧费对所得税的影响现值：（40 000 − 2 000）/8 ×40% ×（PVA/A，10%，8）

= 10 136.31（元）

总运行成本现值：6 000 ×（1 − 40%）×（PVA/A，10%，8）= 19 205.64（元）

年平均成本：$\frac{40\ 000-933-10\ 136.31+19\ 205.24}{5.3349}=9\ 022.91$（元）

由上述计算结果可知，更新设备的年平均成本高于继续使用旧设备的年平均成本，因此不应当进行更新。

三、固定资产租赁或购买的决策

在进行固定资产租赁或购买决策时，由于所用设备相同，即设备的生产能力与产品的销售价格相同，同时设备的运行成本也相同，因此只需比较两种方案的成本差异及成本对企业所得税所产生的影响差异即可。

固定资产租赁指的是固定资产的经营租赁，与购买设备相比，每年将多支付一定的租赁费用。另外由于租赁费用是在成本中列支的，因此企业还可以减少交纳所得税，即得到纳税利益；购买固定资产是一种投资行为，企业将支出一笔可观的设备款，但同时每年可计提折旧费进行补偿，折旧费作为一项成本，也能使企业得到纳税利益，并且企业在项目结束或设备使用寿命到期时，还能够得到设备的残值变现收入。

[例 6-25] 假设某企业在生产中需要一种设备，若企业自行购买，需支付设备买入价款 200 000 元，该设备使用寿命为 10 年，预计残值率 5%；企业若采用租赁的方式进行生产，每年将支付 40 000 元的租赁费用，租赁期限为 10 年。假设贴现率为 10%，所得税税率为 40%。

（1）购买设备方案

设备残值价值：200 000 ×5% = 10 000（元）

设备年折旧额：（200 000 − 10 000）/10 = 19 000（元）

购买设备支出：200 000（元）

因折旧税负减少现值：19 000 ×（PVA/A，10%，10）= 46 699（元）

设备残值变现现值：10 000 ×（PV/F，10%，10）= 3 855（元）

现值总成本：200 000 − 46 699 − 3 855 = 149 446（元）

（2）租赁设备方案

租赁费现值：40 000 ×（PVA/A，10%，10）= 245 784（元）

因租赁税负减少现值：40 000 ×40% ×（PVA/A，10%，10）= 98 314（元）

现值总成本：245 784 − 98 314 = 147 470（元）

上述计算结果表明，购买设备的总支出大于租赁设备的总支出，因此，企业应采取租赁方式。

第四节　长期投资决策的风险分析

前面在讨论投资决策时，假定现金流量是确定的，即可以确知现金收支的金额及发生时间，实际上，投资活动充满了不确定性。如果投资决策面临的不确定性较小，一般可以忽略它们的影响，把决策视为确定情况下的决策；如果决策面临的不确定性和风险比较大，足以影响方案的选择，那么就应对它们进行计量并在决策时加以考虑。

投资决策风险分析常用的方法有二：一是风险调整贴现率法，即对不同风险项目采用的包含风险的贴现率（而不是货币时间价值）进行评价；二是风险调整现金流量法，即把投资项目各年的现金流量调整为考虑风险后的现金流量，然后利用各种投资决策指标进行评价。在本书中的风险调整现金流量法是指肯定当量法。

一、风险调整贴现率法

风险调整贴现率法的基本思想是对于高风险的项目采用较高的贴现率计算净现值；对于低风险的项目采用较低的贴现率计算净现值，然后根据净现值法的决策标准来选择方案。其关键是根据风险的大小确定包含风险因素的贴现率即风险调整贴现率。

根据本章第一节对风险问题的讨论可知：

预期的投资报酬率 = 货币时间价值（或无风险报酬率） + 投资风险价值（或风险报酬率）

既：$R_i = i + bv$

式中：R_i ——风险调整贴现率，即预期投资报酬率

i ——无风险报酬率，既货币时间价值

b ——风险报酬系数，即风险报酬斜率

v ——风险程度

假设 i 为已知，为了确定 R_i，需先确定 b 和 v。

下面通过具体举例来说明计算风险程度、风险报酬系数以及风险调整贴现率来选择方案。

[例 6－26] 某公司有甲、乙两个项目，其各年的现金流量及其概率分布如表 6－10 所示。

表 6－10

年份	自然状态	概率	甲方案	乙方案
第一年	好	0.5	2 000	
	中	0.3	1 800	
	差	0.2	1 500	
第二年	好	0.4	1 800	
	中	0.3	1 500	
	差	0.3	1 200	
第三年	好	0.3	1 500	3 000
	中	0.5	1 200	2 000
	差	0.2	1 000	1 500

若货币时间价值为10%，风险系数为0.2，甲方案投资额为3 000元，乙方案投资额为1 200元。

要求：采用风险调整贴现率法计算净现值，并判断是否可行。

1. 对于甲方案来讲，原始投资3 000元是确定的，各年现金流入有三种可能，并已知其概率分布，其风险因素全部体现在现金流入中。

(1)计算各年的期望值

$E_1=0.5\times2\ 000+0.3\times1\ 800+0.2\times1\ 500=1\ 840$(元)

$E_2=0.4\times1\ 800+0.3\times1\ 500+0.3\times1\ 200=1\ 530$(元)

$E_3=0.3\times1\ 500+0.5\times1\ 200+0.2\times1\ 000=1\ 250$(元)

(2)计算各年的标准离差

$$\delta_1=\sqrt{(2\ 000-1\ 840)^2\times0.5+(1\ 800-1\ 840)^2\times0.3+(1\ 500-1\ 840)^2\times0.2}=190.79$$

$$\delta_2=\sqrt{(1\ 800-1\ 530)^2\times0.4+(1\ 500-1\ 530)^2\times0.3+(1\ 200-1\ 530)^2\times0.3}=249.20$$

$$\delta_3=\sqrt{(1\ 500-1\ 250)^2\times0.3+(1\ 200-1\ 250)^2\times0.5+(1\ 000-1\ 250)^2\times0.2}=180.28$$

(3)计算综合的标准离差

$$D=\sqrt{\sum\frac{\delta_t^2}{(1+i)^{2t}}}$$

$$=\sqrt{\frac{190.79^2}{(1+10\%)^2}+\frac{249.2^2}{(1+10\%)^2}+\frac{180.28^2}{(1+10\%)^6}}=301.4$$

(4)计算现金流入的期望值

$$E=\frac{E_t}{(1+i)^t}$$

$$=\frac{1\ 840}{(1+10\%)}+\frac{1\ 530}{(1+10\%)^2}+\frac{1\ 250}{(1+10\%)^3}=3\ 876.33\text{(元)}$$

(5)计算综合标准离差率

$$q=\frac{D}{E}=\frac{301.4}{3\ 876.33}=0.0778$$

(6)计算风险调整贴现率

$R_i=i+bq=10\%+0.2\times0.0778=11.56\%$

(7)根据风险调整贴现率计算净现值

$$NPV=\sum\frac{E_t}{(1+R_i)^t}-A_0$$

$$=\frac{1\ 840}{(1+11.56\%)}+\frac{1\ 530}{(1+11.56\%)}+\frac{1\ 250}{(1+11.56\%)^3}-3\ 000=778.98\text{(元)}$$

2. 乙方案只有在第三年才有现金流入资料，因此只能计算一个现金流量的期望值，不存在计算综合的标准离差问题，其计算相对比较简单。

(1)计算现金流入期望值

$E=3\ 000\times0.3+2\ 000\times0.5+1\ 500\times0.2=2\ 200$(元)

(2)计算标准离差

$D = \sqrt{(3\,000 - 2\,200)^2 \times 0.3 + (2\,000 - 2\,200)^2 \times 0.5 + (1\,500 - 2\,200)^2 \times 0.2} = 556.78$

(3)计算标准离差率

$$q = \frac{D}{E} = \frac{556.78}{2\,200} = 0.253$$

(4)计算风险调整贴现率

$$R_i = i + bq = 10\% + 0.2 \times 0.253 = 15.06\%$$

(5)根据风险调整贴现率计算净现值

$$NPV = \frac{2\,200}{(1 + 15.06\%)^3 - 1\,200} = 224.27$$

由于甲乙两方案的净现值均大于零，因此两个方案均可行。

风险调整贴现率法比较符合逻辑，因此使用较为广泛。但是该方法把货币时间价值和风险价值混在一起，并据此对现金流量进行贴现，意味着风险随时间的推移而加大，有时与事实不符，因为某些行业的投资，前几年的现金流量难以预料，越往后反而越有把握。

二、肯定当量法

肯定当量法是为了克服风险调整贴现率法的缺点而提出，这种方法的基本思路是先用一个系数把有风险的现金流量调整为无风险的现金流量，然后用无风险的贴现率计算净现值，以便用净现值法的规则判断投资机会的可取程度。其计算公式如下：

$$NPV = \sum_{t=0}^{n} \frac{a_t CFAT_t}{(1 + i)^t}$$

$$a_t = \frac{\text{肯定的现金流量}}{\text{不肯定的现金流量}}$$

式中：a_t ——t 年现金流量的肯定当量系数

i ——无风险贴现率

$CFAT$ ——税后现金流量

肯定当量系数是指不肯定的 1 元现金流量的期望值相当于使投资者满意的金额的系数，它可以把不肯定的现金流量折算为肯定的现金流量。肯定当量系数为经验数据，可以查表取得。常用的肯定当量系数与投资项目某一年度现金流量的标准离差率之间的关系如表 6－11 所示。

表 6－11

某一年度的标准离差率	肯定当量系数
0.00—0.07	1
0.08—0.15	0.9
0.16—0.23	0.8
0.24—0.32	0.7
0.33—0.42	0.6
0.43—0.54	0.5
0.55—0.70	0.4

[例 6－27]仍以例 6－26 资料为例，采用肯定当量法进行决策分析。

甲方案各年现金流入的标准离差率：

$$q_1 = \frac{\delta_1}{E_1} = \frac{190.79}{1\ 840} = 0.10369$$

$$q_2 = \frac{\delta_2}{E_2} = \frac{249.2}{1\ 530} = 0.1629$$

$$q_3 = \frac{\delta_3}{E_3} = \frac{180.28}{1\ 250} = 0.1442$$

乙方案现金流入的标准离差率：

$$q = \frac{556.78}{2\ 200} = 0.253$$

$$NPV_{甲} = \frac{0.9 \times 1\ 840}{(1+10\%)} + \frac{0.8 \times 1\ 530}{(1+10\%)} + \frac{0.9 \times 1\ 250}{(1+10\%)^3} - 3\ 000 = 362.25(元)$$

$$NPV_{乙} = \frac{0.7 \times 2\ 200}{(1+10\%)^3} - 1\ 200 = -42.98(元)$$

从上述计算结果可得，乙方案的净现值为负数，是不可行方案，甲方案的净现值为正数，是可行方案，但在风险调整贴现率法下乙方案的净现值为正数，是可行的。上述两种方法计算结果不完全相同，主要原因是风险调整贴现率法对远期现金流量予以较大的调整，肯定当量法则不然，它克服了风险调整贴现率法夸大远期风险的缺点，可以根据不同的风险程度，分别采用不同的肯定当量系数，因而同一方案的计算结果不完全相同。

☆★本章关键概念

货币时间价值 年金 现金流量 投资利润率 静态投资回收期 净现值 净现值率 现值指数 内部收益率 风险调整贴现率法 肯定当量法

☆★复习思考题

1. 在长期投资决策中为什么要考虑货币时间价值因素？

2. 简述现金流量及其内容。

3. 为什么要采用固定资产经济寿命作为固定资产的最佳使用年限？

4. 净现金流量是如何计算的？

5. 什么是固定资产的经济寿命？为什么要使用该项指标？

6. 静态投资回收期和动态投资回收期的关系如何？

7. 什么是净现值？净现值指标在长期投资决策中的地位如何？

8. 净现值、净现值率、现值指数和内部收益率指标之间的关系如何？

9. 如何运用各项长期投资指标进行单一独立投资项目决策？

10. 在原始投资额不相等的情况下，应采用什么方法进行选优决策？简述各个方法的具体内容和评价标准。

11. 简述长期投资评价指标的分类。

12. 当投资总额受到限制时，应如何进行多个投资项目组合排队的决策分析？

第七章　全面预算

【引言】

企业通过长期和短期经营决策，基本上可以确定未来生产经营活动的长期战略目标和短期经营目标。为了实现既定的目标，保证决策所确定的最优方案在实际工作中得到贯彻执行，全面预算的编制成为必不可少的手段与方法。本章在介绍全面预算编制的基本原理与方法的基础上，详细阐述全面预算编制的具体程序和步骤。

第一节　全面预算概述

一、全面预算的涵义和内容

全面预算是所有以货币及其他数量形式反映企业未来时期全部经营活动各项目标的行动计划与相应措施的数量说明，具体包括特种决策预算、日常业务预算和财务预算三大类内容。

特种决策预算又称专门决策预算，它实际是决策方案的进一步策划，最能直接体现决策的结果，如资本支出预算，其编制依据可追溯到决策之前收集到的有关资料，只不过预算比决策估算更细致、更精确。

日常业务预算是指与企业日常经营活动直接相关的经营业务的各种预算。具体包括销售预算、生产预算、直接材料预算、直接人工预算、制造费用预算、产品成本预算、应交税金及附加预算、销售及管理费用预算等，这些预算前后衔接，相互勾稽，既有价值量指标，又有实物量和时间量指标。

财务预算是一系列专门反映企业未来一定时期财务状况、经营成果以及现金收支等价值指标的各种预算的总称。具体包括现金预算、预计利润表、预计资产负债表等内容。财务预算作为全面预算体系中的最后环节，可以从价值方面总括地反映特种决策预算和日常业务预算的结果，亦称为总预算，其余预算则相应称为辅助预算或分预算。由此可见，财务预算在全面预算体系中占有举足轻重的地位。

全面预算所包含的内容和各项预算之间的关系可用图 7－1 表示。

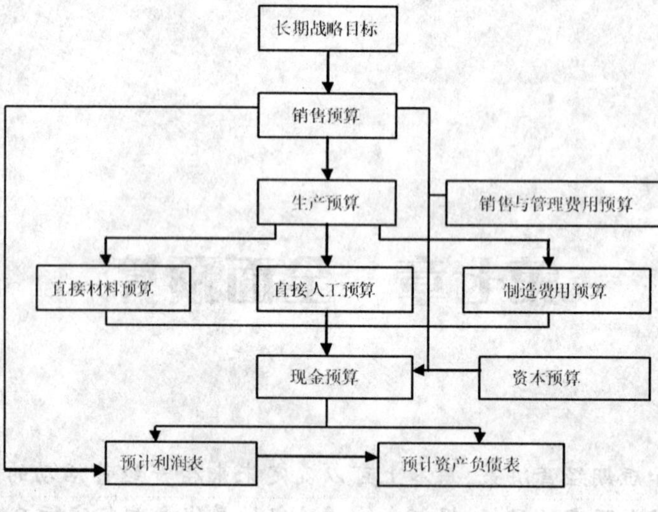

图 7－1　全面预算体系示意图

二、全面预算的作用

(一)明确工作目标

预算是目标的具体化,通过编制全面预算,就分别确定了企业和各个职能部门在计划期间的工作目标,也明确了部门和个人的责权利,使个人利益与企业的经济收益挂钩,促使企业的每个职工努力去完成企业的总目标。

(二)协调部门关系

企业要圆满地实现既定的经营目标,必须使其内部各部门密切配合,使生产经营各环节相互衔接、协调发展,形成一个为共同完成企业总体目标而运行的有机整体。全面预算把整个企业各方面的工作严密地组织起来,而且把企业内部有关协作单位的配合关系也纳入统一的计划之中,把企业内部上下左右协调起来,以更好地发挥预算的控制作用。

(三)控制日常活动

编制预算的目的是为了贯彻目标管理的原则,在预算执行过程中,各部门应通过各项指标完成数与预算数的对比,及时揭示实际脱离预算的差异,并分析其原因,以便采取必要的措施,消除薄弱环节,保证经营目标的顺利实现。

(四)考核部门业绩

通过编制全面预算,明确了各部门为实现企业总体目标应达到的具体目标,这一系列具体工作目标既为各部门的生产经营活动提供了依据,也为企业评价各部门的工作业绩提供了客观的标准。通过预算的编制并加以执行,再以预算为基本尺度对各部门的工作业绩进行考核。在评定各部门工作业绩时,根据预算的完成情况,分析偏离预算的程度和原因,以划清责任,促使各部门为完成预算规定的目标而努力。

第二节 全面预算的编制

全面预算涉及企业预算期间的全部经营活动及其成果。为保证预算目标的科学性和各预算数字之间的协调性,在具体编制这些预算时,应按照各项预算的相互逻辑关系,以销售预算为基础逐步进行编制。

一、销售预算

销售预算是全面预算编制的基础和起点,它主要根据企业年度的利润目标和销售预测对预算期内各产品的销售量和销售额等作出计划。在编制过程中,应根据有关年度内各季度市场预测的销售量和售价,确定预算期销售收入,并同时考虑增值税销项税额的取得情况。

为了便于财务预算,还应在编制销售预算同时,编制与销售收入有关的经营现金收入预算表,以反映全年及各季销售所得的现销含税收入和回收以前时期应收账款的现金收入。

[例7-1] MC公司生产经营甲、乙两种产品,20×7年度预计销售情况为:每季度甲产品预计销售量均为100件,一至四季度乙产品预计销售量分别为400件、500件、600件和500件。甲产品和乙产品的销售价格分别为100元/件和50元/件。甲产品的现销比例为100%,乙产品的货款分别按70%、20%和10%分三个季度收回。该公司20×7年初应收账款余额为7 000元,一季度均可收回。该公司增值税税率为17%。则该公司20×7年度的销售预算如表7-1、表7-2所示。

表7-1 20×7年度MC公司销售预算 单位:元

季度		1	2	3	4	全年
销售单价(元/件)	甲产品	100	100	100	100	100
	乙产品	50	50	50	50	50
预计销量(件)	甲产品	100	100	100	100	400
	乙产品	400	500	600	500	2 000
预计销售收入	甲产品	10 000	10 000	10 000	10 000	40 000
	乙产品	20 000	25 000	30 000	25 000	100 000
	合计	30 000	35 000	40 000	35 000	140 000
增值税销项税额		5 100	5 950	6 800	5 950	23 800
含税销售收入		35 100	40 950	46 800	40 950	163 800

表 7-2　　20×7 年度 MC 公司经营现金收入预算　　单位:元

季度	1	2	3	4	全年
含税销售收入	35 100	40 950	46 800	40 950	163 800
期初应收账款	7 000				7 000
第一季度	28 080	4 680	2 340		35 100
第二季度		32 175	5 850	2 925	40 950
第三季度			36 270	7 020	43 290
第四季度				32 175	32 175
经营现金收入合计	35 080	36 855	44 460	42 120	158 515

二、生产预算

生产预算是指为规划企业预算期内预计生产量水平而编制的一种日常业务预算。它是在销售预算的基础上编制的,并可以为下一步编制成本和费用预算提供依据。

编制生产预算的主要依据是预算期各种产品的预计销售量及存货量资料。具体计算公式为:

$$\text{预计生产量} = \text{预计销售量} + \text{预计期末产成品存货量} - \text{预计期初产成品存货量}$$

由于预计销售量可以直接从销售预算中得到,预计期初存货量等于上季期末存货量,因此,编制生产预算的关键是正确地确定各季预计期末存货量。在实践中,可按事先估计的期末存货量占一定时期销售量比例进行估算,当然还要考虑季节性因素的影响。

[例 7-2] MC 公司 20×7 年度预计产成品存货资料如下:甲产品 20×6 年年末存货量为 50 件,单位变动成本为 91.6 元,每季末存货量均为 50 件;乙产品 20×7 年年末存货量为 60 件,其余每季度存货量均为下季销量的 10%。存货按先进先出法计价。则该公司 20×7 年度的生产预算如表 7-3 所示。

表 7-3　　20×7 年度 MC 公司生产预算　　单位:元

产品	季度	1	2	3	4	全年
甲产品	预计销售量	100	100	100	100	400
	加:预计期末存货量	50	50	50	50	50
	减:期初存货量	50	50	50	50	50
	预计生产量	100	100	100	100	400
乙产品	预计销售量	400	500	600	500	2 000
	加:预计期末存货量	50	60	50	60	60
	减:期初存货量	40	50	60	50	40
	预计生产量	410	510	590	510	2 020

三、直接材料预算

直接材料预算是指为规划一定预算期内因组织生产活动和材料采购活动预计发生的直接材料需用量、采购数量和采购成本而编制的一种经营预算。

直接材料预算以生产预算、材料消耗定额和预计材料采购单价等信息为基础,并考虑期初、期末材料存货水平。该预算中相关预算指标计算公式如下：

$$\text{预计直接材料生产需要量} = \text{预计生产量} \times \text{单位产品材料消耗定额}$$

$$\text{预计直接材料采购量} = \text{预计直接材料生产需要量} + \text{预计期末材料存货量} - \text{预计期初材料存货量}$$

$$\text{预计直接材料采购成本} = \text{预计直接材料采购量} \times \text{材料计划单价}$$

$$\text{预计直接材料采购金额} = \text{预计直接材料采购成本} \times \left(1 + \text{增值税税率}\right)$$

为了便于编制财务预算，在直接材料预算中还必须计算与材料采购活动有关的现金支出，包括前期采购材料将于本期支付的现金和本期采购材料并于本期支付的现金。

［例 7－3］MC 公司甲乙两种产品 20×7 年度需用的各种材料消耗定额和采购单价如表 7－4 所示。

表 7－4　　20×7 年度 MC 公司材料消耗定额及采购单价资料

项目	直接材料		
	A 材料	B 材料	C 材料
单位甲产品消耗定额	10 千克	5 千克	
单位乙产品消耗定额	3 千克	2 千克	
材料单价	2 元	7 元	10 元

该公司 20×7 年度预计材料的存货量及付款方式如下：20×6 年年末 A 材料存货量 669 千克，B 材料 396 千克；预计 20×7 年年末 A 材料存货量 840 千克，B 材料 510 千克。各种材料季末存货量均为下季生产总耗用量的 30%。每季购买 A、B 材料只需支付 60% 现金，余款下季内付清。根据特种预算，企业拟于 20×7 年第四季度用现金购买 10 000 元 C 材料，以备下年开发新产品之用。则该公司 20×7 年度的直接材料预算如表 7－5、7－6、7－7 所示。

表 7－5　　20×7 年度 MC 公司直接材料需用量预算

产品品种	项目	季度	1	2	3	4	全年
甲产品	材料单耗	A 材料	10	10	10	10	10
		B 材料	5	5	5	5	5
	预计生产量		100	100	100	100	400
	预计生产需要量	A 材料	1 000	1 000	1 000	1 000	4 000
		B 材料	500	500	500	500	2 000
乙产品	材料单耗	A 材料	3	3	3	3	3
		B 材料	2	2	2	2	2
	预计生产量		410	510	590	510	2 020
	预计生产需要量	A 材料	1 230	1 530	1 770	1 530	6 060
		B 材料	820	1 020	1180	1 020	4 040

表 7-6　　20×7 年度 MC 公司直接材料采购预算　　单位:元

材料	季度	1	2	3	4	全年
A 材料	材料采购单价	2	2	2	2	2
	甲产品耗用量	1 000	1 000	1 000	1 000	4 000
	乙产品耗用量	1 230	1 530	1 770	1 530	6 060
	材料耗用总量	2 230	2 530	2 770	2 530	10 060
	加:期末材料存量	759	831	759	840	840
	减:期初材料存量	669	759	831	759	669
	本期采购量	2 320	2 602	2 698	2 611	10 231
	材料采购成本	4 640	5 204	5 396	5 222	20 462
B 材料	材料采购单价	7	7	7	7	7
	甲产品耗用量	500	500	500	500	2 000
	乙产品耗用量	820	1 020	1 180	1 020	4 040
	材料耗用总量	1 320	1 520	1 680	1 520	6 040
	加:期末材料存量	456	504	456	510	510
	减:期初材料存量	396	456	504	456	396
	本期采购量	1 380	1 568	1 632	1 574	6 154
	材料采购成本	9 660	10 976	11 424	11 018	43 078
C 材料	材料采购单价				10	10
	本期采购量				1 000	1 000
	材料采购成本				10 000	10 000
材料采购成本合计		14 300	16 180	16 820	26 240	73 540
增值税进项税额		2 431	2 750.6	2 859.4	4 460.8	12 501.8
材料采购总支出		16 731	18 930.6	19 679.4	30 700.8	86 041.8

表 7-7　　20×7 年度 MC 公司直接材料采购现金支出预算　　单位:元

季度	1	2	3	4	全年
材料采购总支出	16 731	18 930.6	19 679.4	30 700.8	86 041.8
期初应付账款	5 000				5 000
第一季度	10 038.6	6 692.4			16 731
第二季度		11 358.4	7 572.2		18 930.6
第三季度			11 807.6	7 871.8	19 679.4
第四季度				18 420.5	18 420.5
现金支出合计	15 038.6	18 050.8	19 379.8	26 292.3	78 761.5

四、应交税金及附加预算

应交税金及附加预算是指为规划一定预算期内预计发生的应交增值税、营业税、消费税、资源税、城市维护建设税和教育费附加金额而编制的一种经营预算。

本预算中不包括预交所得税和直接计入管理费用的印花税。由于税金需要及时清缴,为简化预算方法,可假定预算期发生的各项应交税金及附加均于当期以现金形式支付。

应交税金及附加预算需要根据销售预算、材料采购预算的相关数据和适用税率资料来编制,有关指标的估算公式为:

$$\text{某期预计发生的应交税金及附加} = \text{某期预计发生的销售税金及附加} + \text{该期预计应交增值税}$$

$$\text{某期预计发生的销售税金及附加} = \text{某期预计应交营业税} + \text{该期预计应交消费税} + \text{该期预计应交资源税} + \text{该期预计应交城市维护建设税} + \text{该期预计应交教育费附加}$$

预计应交营业税、消费税均等于应纳税额与适用税率的乘积,交资源税按照应税产品的课税数量和规定的单位税额计算;应交城市维护建设税和应交教育费附加分别等于预计应交营业税、消费税和增值税之和与适用的附加税率或征收率的乘积。

$$\text{某期预计应交增值税} = \text{该期预计应交增值税销项税额} - \text{该期预计应交增值税进项税额}$$

[例 7-4] MC 公司 20×7 年度各季度预计的增值税销项税额和进项税额资料分别如表 7-1 和表 7-6 所示;该公司销售环节的销售税金为销售收入的 5%;全年预交所得税 2 000 元。则该公司 20×7 年度的应交税金及附加预算如表 7-8 所示。

表 7-8　20×7 年度 MC 公司应交税金及附加预算　单位:元

季度	1	2	3	4	全年
增值税销项税额	5 100	5 950	6 800	5 950	23 800
增值税进项税额	2 431	2750.6	2 859.4	4 460.8	12 501.8
应交增值税	2 669	3 199.4	3 940.6	1 489.2	11 298.2
销售税金及附加	1 500	1 750	2000	1 750	7 000
现金支出合计	4 169	4 949.4	5 940.6	3 239.2	18 298.2

五、直接人工预算

直接人工预算是指为规划一定预算期内人工工时的消耗水平和人工成本水平而编制的一种经营预算。

编制直接人工预算的主要依据是已知的标准工资率、标准单位直接人工工时和生产预算中的预计生产量等资料。相关指标计算公式如下:

$$\text{某产品预计直接人工总工时} = \text{预计该产品生产量} \times \text{单位产品工时定额}$$

$$\text{某产品预计直接人工成本} = \text{某产品预计直接人工总工时} \times \text{单位工时工资定额}$$

[例 7-5] MC 公司 20×7 年单位工时工资率和工时定额资料如表 7-9 所示。

表 7－9　　20×7 年度 MC 公司单位工时工资成本和工时定额资料

项目	直接人工	
	一车间	二车间
单位甲产品工时定额	3 小时	2 小时
单位乙产品工时定额	2 小时	1 小时
小时工资率	4	4

根据上述资料，该公司 20×7 年度的直接人工预算如表 7－10 所示。

表 7－10　　20×7 年度 MC 公司直接人工预算

产品	季度	1	2	3	4	全年
甲产品	单位产品工时定额	5	5	5	5	5
	预计生产量	100	100	100	100	400
	直接人工工时	500	500	500	500	2 000
	单位工时人工成本	4	4	4	4	4
	直接人工成本	2 000	2 000	2 000	2 000	8 000
乙产品	单位产品工时定额	3	3	3	3	3
	预计生产量	410	510	590	510	2 020
	直接人工工时	1 230	1 530	1 770	1 530	6 060
	单位工时人工成本	4	4	4	4	4
	直接人工成本	4 920	6 120	7 080	6 120	24 240
直接人工成本现金支出		6 920	8 120	9 080	8 120	32 240

六、制造费用预算

凡生产成本中不属于直接材料和直接人工的部分，都包括在制造费用中，所以制造费用预算是为规划一定预算期内除直接材料和直接人工预算以外预计发生的其他生产费用水平而编制的一种日常业务预算。

企业在编制制造费用预算时，通常将制造费用按性态分为变动性制造费用和固定性制造费用两种。固定性制造费用可在上年的基础上根据预算期有关因素的变动加以适当调整进行预计，变动性制造费用则根据预计生产量乘以单位产品的预定分配率进行预计。

为了编制现金预算，在制造费用预算中，通常还包括费用方面预计的现金支出。由于固定资产折旧费是非付现成本项目，在计算时应予剔除。相关指标计算公式如下：

$$\text{某季度预计制造费用现金支出}=\text{该季度预计变动性制造费用现金支出}+\text{该季度预计固定性制造费用现金支出}$$

$$\text{某季度预计变动性制造费用现金支出}=\sum\left(\text{变动性制造费用预算分配率}\times\text{该季度某种产品预计直接人工工时}\right)$$

$$\text{变动性制造费用预算分配率}=\frac{\text{变动性制造费用预算总额}}{\text{全年直接人工总工时}}$$

$$\text{某季度预计固定性制造费用现金支出}=\frac{\text{该年度预计固定性制造费用}-\text{预计年折旧费}}{4}$$

[例7－6] MC公司在编制预算时采用变动成本法,变动性制造费用按各产品直接人工工时比例分配,20×7年预计的直接人工工时资料如表7－10所示,制造费用中除折旧费以外的各项目均以现金支付。该公司20×7年度的制造费用预算如表7－11、表7－12所示。

表7－11　　20×7年度MC公司制造费用预算　　单位:元

变动性制造费用		固定性制造费用	
1. 间接材料	5 000	1. 管理人员工资	3 900
2. 间接人工	3 500	2. 折旧费	4 000
3. 维修费	3 120	3. 办公费	1 500
4. 水电费	3 400	4. 保险费	900
5. 其他	1 100	5. 租赁费	1 200
		6. 其他	500
合计	16 120	合计	12 000
直接人工总工时	8 060	减:折旧费	4 000
预算分配率＝16 120÷8 060＝2		现金支出合计	8 000

表7－12　　20×7年度MC公司制造费用现金支出预算　　单位:元

季度		1	2	3	4	全年
变动制造费用分配率		2	2	2	2	2
直接人工工时	甲产品	500	500	500	500	2 000
	乙产品	1 230	1 530	1 770	1 530	6 060
	小计	1 730	2 030	2 270	2 030	8 060
变动制造费用	甲产品	1 000	1 000	1 000	1 000	4 000
	乙产品	2 460	3 060	3 540	3 060	12 120
	小计	3 460	4 060	4 540	4 060	16 120
付现固定制造费用		2 000	2 000	2 000	2 000	8 000
现金支出合计		5 460	6 060	6 540	6 060	24 120

七、产品成本预算

产品成本预算是指为规划一定预算期内各种产品的单位产品成本、生产成本、销售成本等内容而编制的一种日常业务预算。该预算需要在生产预算、直接材料预算、直接人工预算和制造费用预算的基础上编制;同时,也为编制预计利润表和预计资产负债表提供数据。

产品成本预算必须按照产品品种编制,其程序与存货的计价方法密切相关;不同的存货计价方法,需要采取不同的预算编制方法。此外,不同的成本计算模式也会产生不同的影响。

[例7－7] MC公司采用变动成本法编制其产品成本预算,产成品存货按先进先出法计价。则该公司20×7年度的甲乙产品成本预算如表7－13、表7－14所示。

表 7－13　　20×7 年度甲产品成本预算

成本项目	单价	单位用量	单位成本	总成本
直接材料				
A 材料	2	10	20	8 000
B 材料	7	5	35	14 000
直接人工	4	5	20	8 000
变动制造费用	2	5	10	4 000
合计			85	34 000
加:产成品期初余额			91.6	4 580
减:产成品期末余额			85	4 250
预计产品销售成本			85.83	34 330

注:年初产成品存货量 50 件,单位变动成本 91.6 元

表 7－14　　20×7 年度乙产品成本预算

成本项目	单价	单位用量	单位成本	总成本
直接材料				
A 材料	2	3	6	12 120
B 材料	7	2	14	28 280
直接人工	4	3	12	24 240
变动制造费用	2	3	6	12 120
合计			38	76 760
加:产成品期初余额			38	1 520
减:产成品期末余额			38	2 280
预计产品销售成本			38	76 000

注:年初产成品存货量 40 件,单位变动成本 38 元

八、销售及管理费用预算

销售及管理费用预算是指为规划一定预算期内企业为组织销售和管理企业预计发生各项费用水平而编制的一种日常业务预算。

销售及管理费用预算的编制方法与制造费用预算的编制方法非常接近,可将其划分为变动性和固定性两部分费用。对于随销售量成正比例变动的那部分变动性销售费用(管理费用一般均为固定性费用),只需要反映各个项目的单位产品费用分配额即可;对于固定性销售及管理费用,则按项目反映全年预计水平。

销售及管理费用预算也要编制相应的现金支出预算。

预算期变动性销售费用的现金支出等于该期各种产品的相应现金支出之和,一定期间某种产品预计发生的变动性销售费用的现金支出的计算公式为:

某期某种产品预计的变动性销售费用现金支出 = 该种产品单位变动性销售费用分配额 × 改期该产品预计销售量

对于固定性销售及管理费用的现金支出可以采取两种处理方法:第一种方法是根据全年固定性销售及管理费用的预算总额扣除其中的非付现成本的差额在年内各季度平均分摊。第

二种方法不主张将其在年内各季度平均分摊，而是根据具体的付现成本项目的预计发生情况分季度编制预算。这是因为固定性销售及管理费用中有部分内容属于年内待摊或预提的性质，如一次性支付的全年广告费和保险费等，这些开支的时间与受益期间不一致，对于这些跨期分摊的项目来说，任何平均费用都不等于实际支出，必须逐项按预计支出情况编制预算。本书采用第一种方法。

[例7-8] MC公司预计20×7年度发生销售及管理费用合计为8 000元，均为固定付现费用。则该公司20×7销售及管理费用预算如表7-15所示。

表7-15　　20×7年度MC公司销售及管理费用预算　　单位：元

季度	1	2	3	4	全年
变动销售及管理费用分配率	0	0	0	0	0
变动销售及管理费用	0	0	0	0	0
付现固定销售及管理费用	2 000	2 000	2 000	2 000	8 000
现金支出合计	2 000	2 000	2 000	2 000	8 000

九、现金预算

现金预算亦称现金收支预算，它是以日常业务预算和特种决策预算为基础所编制的反映现金收支情况的预算。这里的现金是指货币资金，广义的现金收支预算主要反映企业预算期的现金收入、现金支出、现金余缺和现金筹措运用情况，同时也要求反映期初期末现金余额。

在该预算中，现金收入主要是指经营业务活动的现金收入；现金支出除了涉及有关直接材料、直接人工、制造费用、销售及管理费用方面的经营性现金支出外，还包括用于缴纳税金、股利分配方面的支出，以及购买设备等资本性支出。

现金收支差额与期末余额均要通过协调资金筹措及运用来调整，应当在保证各项支出所需资金供应的前提下，注意保持期末现金余额在合理的上下限度内波动。因为现金储备过少会影响周转，现金过多又会造成浪费，所以现金余额既不是越大越好，也不是越少越好。因此，企业不仅要定期筹措到抵补收支差额的现金，还必须保证有一定的现金储备。当收支差额为正值（即现金结余），在偿还了利息和借款本金之后仍超过现金余额上限时，就应拿出一部分资金用于有价证券投资；但一旦发现还本付息之后收支差额低于现金余额下限，就应抛出一部分有价证券来补足现金短缺；如果现金收支差额为负值（即现金短缺），可采取暂缓还本付息、抛售有价证券或向银行借款等措施。

[例7-9] MC公司根据各项日常业务预算的结果编制现金预算，相关资料如下：公司第四季度购置设备5 000元；每季度预分500元股利；各季预交所得税200元；各季季末现金余额的核定范围为2 000—3 000元；各季现金余缺可通过归还或取得短期借款解决，短期借款年利率为10%，归还或借入金额为1 000元的倍数。则该公司20×7现金预算如表7-16所示。

表 7-16　　20×7 年度 MC 公司现金预算　　单位:元

季度	1	2	3	4	全年
期初现金余额	1 000	2 742	2 642	2 311	1 000
经营现金收入	35 080	36 855	44 460	42 120	158 515
经营现金支出					
采购直接材料	15 039	18 051	19 380	26 292	78 762
支付直接人工	6 920	8 120	9 080	8 120	32 240
支付制造费用	5 460	6 060	6 540	6 060	24 120
支付销售及管理费用	2 000	2 000	2 000	2 000	8 000
支付增值税、销售税金及附加	4 169	4 949	5 941	3 239	18 298
预交所得税	200	200	200	200	800
预分股利	500	500	500	500	2 000
资本性现金支出					
购置固定资产				5 000	5 000
现金支出合计	34 288	39 880	43 641	51 411	163 420
现金余缺	1 792	-283	3 461	-6 980	-9 705
现金筹措或运用					
加:短期借款	1 000	3 000		10 000	14 000
处置有价证券					
减:支付利息	50	75	150	125	400
归还借款			1 000		1 000
购买有价证券					
期末现金余额	2 742	2 642	2 311	2 895	2 895

十、预计利润表

预计利润表是指以货币形式综合反映预算期内企业经营活动成果(包括利润总额、净利润)计划水平的一种财务预算。该预算需要在销售预算、产品成本预算、应交税金及附加预算、销售及管理费用预算等日常业务预算的基础上编制。

[例 7-10] 依据前例资料,MC 公司按变动成本法编制的 20×7 年度预计利润表如表 7-17 所示。

表 7－17　　20×7 年度 MC 公司预计利润表　　单位:元

项目	金额
营业收入	140 000
减:变动营业成本	110 330
销售税金及附加	7 000
变动销售及管理费用	
边际贡献	22 670
减:固定制造费用	12 000
固定销售及管理费用	8 000
财务费用	400
利润总额	2 270
减:所得税(33%)	749.1
净利润	1 520.9

十一、预计资产负债表

预计资产负债表是指用于总括反映企业预算期末财务状况的一种财务预算。

预计资产负债表中除上年期末数已知外,其余项目均应在前述各项日常业务预算和特种决策预算的基础上分析填列。

[例 7－11] 依据前例资料,MC 公司编制的 20×7 年度预计资产负债表如表 7－18 所示。

表 7－18　　20×7 年度 MC 公司预计资产负债表　　单位:元

资产	年初数	年末数	权益	年初数	年末数
现金	1 000	2 895	短期借款	2 000	15 000
应收账款	7 000	12 285	应付账款	5 000	12 280
存货:材料	4 110	15 250	应交税费	200	149
产成品	6 100	6 530	股本	35 000	35 000
固定资产净值	38 440	39 440	留存收益	14 450	13 971
合计	56 650	76 400	合计	56 650	76 400

注:应收账款年末数 = 7 000 + 163 800 − 158 515 = 12 285(元)

固定资产净值年末数 = 38 440 + 5 000 − 4 000 = 39 440(元)

应付账款年末数 = 5 000 + 86 041 − 78 761 = 12 280(元)

应交税费年末数 = 200 + 749 − 800 = 149(元)

留存收益年末数 = 14 450 + 1 521 − 2 000 = 13 971(元)

第三节 预算与控制

预算与控制密不可分。预算编制既是一个计划过程,同时也是确定控制标准的过程。而预算的执行过程也就是根据预算对实际经营活动进行控制的过程,即预算控制。在上一节,为了说明全面预算各个组成部分之间的相互关系,我们只按预算期内计划的一种业务量水平来编制相应的预算,这种预算称为固定或静态预算。一般而言,企业的生产经营活动及其所处的环境并非如此简单稳定,作为控制手段的预算也就必须根据其特点而采取不同的形式。实际上,管理人员在编制预算时,就要考虑预算控制的要求,针对不同企业和不同特点的生产经营活动进行有效控制的需要,使用比一般预算方法更先进的方法编制预算。预算编制的具体方法和技巧是否恰当是预算控制能否成功的一个重要方面。

一、固定预算与弹性预算

编制预算的方法按其业务量基础的数量特征不同,可分为固定预算方法和弹性预算方法两大类。

(一)固定预算

固定预算又称静态预算,是指根据预算期内正常的、可能实现的某一业务量水平作为唯一基础来预算的一种方法。其主要特点是:所编制的预算的业务量水平固定不变,不考虑预算期内业务量水平可能发生的变动;在进行业绩考核评价时,也只能将实际执行结果与预算期内所确定的预计业务量水平下的预算数相比较。如果企业的实际业务量水平与预计的业务量水平相差较大时,有关预算指标的实际数与预算数之间就会因业务量基础不同而失去可比性。因此,采用固定预算方法编制的预算不利于正确地控制、考核和评价企业预算的执行情况。

[例 7-12] BT 公司在预算期内生产某种产品的预计产量为 50 000 件,按固定预算方法编制的该产品成本预算如表 7-19 所示。

表 7-19　　BT 公司产品成本预算(按固定预算方法编制)

预计产量:50 000 件　　单位:元

成本项目	总成本	单位成本
直接材料	700 000	14
直接人工	300 000	6
制造费用	750 000	15
合　计	1 750 000	35

该产品预算期的实际产量为 60 000 件,实际发生总成本为 1 920 000 元,其中:直接材料 900 000 元,直接人工 300 000 元,制造费用 720 000 元。该企业根据实际成本资料和预算成本资料编制的成本业绩报告如表 7-20 所示。

表 7－20 BT 公司成本业绩报告 单位:元

成本项目	实际成本	预算成本		差异	
		未按产量调整	按产量调整	未按产量调整	按产量调整
直接材料	900 000	700 000	840 000	+200 000	+60 000
直接人工	300 000	300 000	360 000	0	－60 000
制造费用	720 000	750 000	900 000	－30 000	－180 000
合计	1 920 000	1 750 000	2 100 000	+170 000	－180 000

从上表中可以看出,实际成本与未按产量调整的预算成本相比,超支较多;实际成本与按产量调整后的预算成本相比,又节约不少。

在产量从 50 000 件增加到 60 000 件的情况下,如果不按变动后的产量对预算成本进行调整,就会因业务量不一致而导致所计算的差异缺乏可比性;但是如果所有的成本项目都按实际产量进行调整,也不科学。因为制造费用中包括一部分固定制造费用,它们是不随产量变动的,即使按产量调整了固定预算,也不能准确反映企业预算的执行情况。

一般说来,固定预算方法只适用于业务量水平较为稳定的企业或非营利组织编制预算时采用。

(二)弹性预算

弹性预算又称变动预算或滑动预算,是指为克服固定预算方法的缺点而设计的,以业务量、成本和利润之间的依存关系为依据,以预算期可预见的各种业务量水平为基础,编制能够适应多种情况预算的一种方法。

与固定预算方法相比,弹性预算方法具有如下两个显著的优点:

第一,预算范围宽。弹性预算方法能够反映预算期内与一定相关范围内的可预见的多种业务量水平相对应的不同预算额,从而扩大了预算的适用范围,便于预算指标的调整。因为弹性预算不再是只适应一个业务量水平的一个预算,而是能够随业务量水平的变动作机动调整的一组预算。

第二,可比性强。在弹性预算方法下,如果预算期实际业务量与计划业务量不一致,可以将实际指标与实际业务量相应的预算额进行对比,从而能够使预算执行情况的评价与考核建立在更加客观和可比的基础上,便于更好发挥预算的控制作用。

在实际工作中,弹性预算方法主要用来编制制造费用预算、销售及管理费用预算。由于企业的制造费用和销售及管理费用中都包含变动费用和固定费用两部分,因此在编制其弹性预算时,应首先将有关预算中的全部成本费用分为固定和变动两部分,变动费用的预算数主要根据单位业务量来计算和控制,而固定费用预算数则按总额来确定和控制。某一成本费用项目预算的计算公式如下:

成本的弹性预算数 = 单位变动成本预算数 × 预计业务量 + 固定成本预算数

[例 7－13] BBS 公司以产品产量为业务量基础所进行的制造费用成本性态分析如表 7－21 所示。

表 7－21　制造费用成本性态分析表　单位:元

项目	固定成本	单位变动成本
间接材料		2
间接人工		2
维修费	55 000	1
水电费	25 000	1.5
机物料消耗	40 000	2.5
管理人员工资	45 000	
保险费	50 000	
设备租金	85 000	
合计	300 000	9

该公司正常产量水平为 50 000 件,产量变动范围为 40 000—60 000 件,据此编制该公司弹性制造费用预算如表 7－22 所示。

表 7－22　BBS 公司弹性制造费用预算　单位:元

产量	40 000	45 000	50 000	55 000	60 000
生产能力利用程度	80%	90%	100%	110%	120%
变动成本项目	160 000	180 000	200 000	220 000	240 000
间接材料	80 000	90 000	100 000	110 000	120 000
间接人工	80 000	90 000	100 000	110 000	120 000
混合成本项目	320 000	345 000	370 000	395 000	420 000
维修费	95 000	100 000	105 000	110 000	115 000
水电费	85 000	92 500	100 000	107 500	115 000
机物料消耗	140 000	152 500	165 000	177 500	190 000
固定成本项目	180 000	180 000	180 000	180 000	180 000
管理人员工资	45 000	45 000	45 000	45 000	45 000
保险费	50 000	50 000	50 000	50 000	50 000
设备租金	85 000	85 000	85 000	85 000	85 000
制造费用预算	660 000	705 000	750 000	795 000	840 000

上表中的业务量间距为 10%,在实际工作中可选择更小的间距。显然,业务量的间距越小,实际业务量水平出现在预算表中的可能性就越大,但工作量也就越大。

另外应当注意的是,弹性预算方法不仅适用于制造费用和销售管理费用预算的编制与控制。实际上,任何随业务量变化而变化的预算项目均可采用这种方法编制预算,从而为预算控制提供一个坚实的基础。

二、增量预算与零基预算

编制成本费用预算方法按其出发点的特征不同,可分为增量预算方法和零基预算方法两种。

(一)增量预算

增量预算又称调整预算方法,是指以基期成本费用水平为基础,结合预算期业务量水平及有关影响成本因素的未来变动情况,通过调整有关原有费用项目而编制预算的一种方法。

传统的预算编制方法基本上采用的是增量预算方法，这种方法的基本假设思想是：现有的业务活动是企业所必需的；原有的各项开支都是合理的；增加费用预算是值得的。在这种假设思想之下，企业采用增量预算方法编制预算时往往不加分析地保留、接受原有成本项目，或按主观臆断平均削减，或只增不减，容易造成浪费，有可能使不必要的开支合理化。

（二）零基预算

零基预算的全称为"以零为基数编制的计划与预算"，是指在编制预算时，对所有的预算支出均以零为基础，不考虑其以往情况如何，从根本上研究、分析各项费用是否有支出的必要性和支出额的大小。

零基预算的程序为：

1. 提出预算目标。即由企业内部各部门根据企业的经营目标和各部门的具体任务，对每一项业务说明其性质、目的，以零为基础，详细提出各项业务所需要的开支或费用。

2. 进行成本效益分析。即对每一个预算项目的所得与所费进行比较，以其计算对比的结果衡量评价各预算项目的经济效益，在权衡各个费用开支项目轻重缓急的基础上决定对所有预算项目资金分配的先后顺序。

3. 分配预算资金。即根据以上确定的预算项目的先后顺序，将企业在计划期内可动用的经济资源，在有关项目之间进行合理分配，既保证优先预算项目的资金需要，又要使预算期内的各项生产经营活动得以均衡协调发展。

[例 7－14] 某企业采用零基预算方法编制销售与管理费用预算。该企业可用于下一年度销售与管理费用的资金总额为 250 万元。销售与管理费用预算的具体编制步骤如下：

第一步，经研究讨论，销售与管理部门提出下一年度销售与管理费用预算总额为 300 万元，具体项目如表 7－23 所示。

表 7－23　　销售及管理费用项目及开支金额　　单位：元

费用项目	开支金额
1. 销售人员工资	500 000
2. 广告宣传费	750 000
3. 差旅费	300 000
4. 保险费	200 000
5. 办公费	250 000
6. 职工培训费	150 000
7. 销售佣金	850 000
合计	3 000 000

第二步，经企业预算委员会分析研究，认为销售人员工资、保险费、销售佣金、办公费和差旅费五项开支属于约束性费用，在预算期必须全额保证它们对资金的需求，而职工培训费和广告宣传费两项开支属于酌量性费用，可在满足约束性资金需求的前提下，将余下的资金按它们对企业收益的影响程度来分配。

根据历史成本资料对职工培训费和广告宣传费进行成本效益分析，得到数据如表 7－24 所示。

表 7－24　　成本效益分析表　　单位：元

项目	各期平均发生额	各期平均收益额	成本收益率
职工培训费	100 000	600 000	6
广告宣传费	680 000	6 800 000	10
合计			16

第三步，将下一年度实际可用的资金 250 万元在各费用项目之间进行分配。

(1)确定约束性费用项目的预算金额：

500 000 + 200 000 + 850 000 + 250 000 + 300 000 = 2 100 000(元)

(2)确定可分配的资金数额：2 500 000 － 2 100 000 = 400 000(元)

(3)按成本效益比重将可分配的资金数额在广告宣传费和职工培训费之间进行分配：

$$广告宣传费可分配资金 = 400\ 000 \times \frac{10}{10+6} = 250\ 000(元)$$

$$职工培训费可分配资金 = 400\ 000 \times \frac{6}{10+6} = 150\ 000(元)$$

在实际工作中，某些成本项目的成本效益的关系不容易确定，按零基预算方法编制预算时，不能机械地平均分配资金，而应根据企业的实际情况，有重点、有选择地确定预算项目，保证重点项目的资金需要。

零基预算与传统预算方法相比，它不是以承认现实的基本合理性为出发点，而是以零为起点，从而避免了原来不合理的费用开支对预算期费用的影响，因而具有能够充分合理、有效地配置资源，减少资金浪费的优点，特别适用于那些较难分辨其产出的服务性部门。但是，零基预算的方案评级和资源分配具有较大的主观性，容易引起部门之间的矛盾，引起部门注意短期效益而忽视企业长期效益，而且当费用项目较多时，工作量大，编制预算的费用较高。

三、定期预算与滚动预算

编制预算的方法按其预算期的时间特征不同，可分为定期预算方法和滚动预算方法两大类。

(一)定期预算

定期预算是指在编制预算时以不变的会计期间(如日历年度)作为预算期的一种预算编制方法。

定期预算方法的唯一优点是能够使预算期间与会计年度相配合，便于考核和评价预算的执行结果。按照定期预算方法编制的预算主要有以下缺点：第一，远期指导性差。由于定期预算往往是在年初甚至提前两三个月编制的，对于整个预算年度的生产经营活动很难作出准确的预算，尤其是对预算后期的预算只能进行笼统地估算，数据笼统含糊，缺乏远期指导性。第二，灵活性差。由于定期预算不能随情况的变化及时调整，当预算中所规划的各种经营活动在预算期内发生重大变化时(如预算期临时中途转产)，就会造成预算滞后过时，使之成为虚假预算。第三，连续性差。由于受预算期的限制，致使经营管理者的决策视野局限于本期规划的经营活动，不能适应连续不断的经营过程，从而不利于企业的长远发展。

(二)滚动预算

滚动预算是指在编制一定期间预算的基础上，当预算执行一段时间后，再立即补充一个相应期间的预算，并依次向后滚动。由于这种预算在执行中随着执行期间的推移而连续不断地滚动编制，并且在任何期间都始终有对应的预算，所以也称永续预算或连续预算。其主要特点是，预算期是连续不断的，始终保持一定的期限。以一年预算期为例，预算执行每过一个月，就根据前一个月的预算执行情况及有关因素的变化，对剩余 11 个月的预算数加以修订和调整，并在原来的预算期末补充一个月的预算，使总预算经常保持 12 个月的预算期。

编制滚动预算时，前几个月的预算要尽可能地详细完整，后几个月的预算可以粗略一些，随着时间的推移，将原先较粗的预算调整修正为详细的预算，并随之补充新的预算。滚动预算示意图如图 7－2 所示。

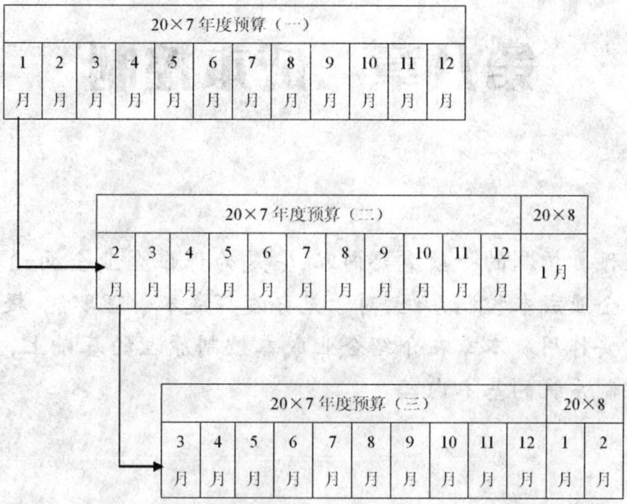

图 7－2　滚动预算示意图

由上可见，滚动预算与传统的定期预算相比具有以下优点：首先，可保持预算的完整性、连续性，从动态预算中把握企业的未来发展趋势；其次，有利于企业管理决策人员以长远的眼光去统筹企业的各项生产经营活动，将近期预算与远期预算很好地联系和衔接起来，保证企业的经营管理工作能稳定而有序地进行；最后，在这种方法下，企业要经常根据实际情况的变化，修订编制预算，使预算比较切合，因此，有利于充分发挥预算的指导和控制作用，也有利于预算的顺利执行和实施。但是，滚动预算也有其不足之处，主要是预算工作要经常进行，增加了预算编制的工作量。

☆★本章关键概念

全面预算　弹性预算　零基预算　滚动预算　现金余缺　现金筹措与运用

☆★复习思考题

1. 生产经营全面预算包括哪些主要内容？它们之间相互关系怎样？
2. 为什么说销售预算是编制全面预算的基础和关键？怎样编制销售预算？
3. 试分析和比较固定预算与弹性预算的联系与区别。
4. 什么是零基预算？它具有哪些基本特征？如何对它进行客观评价？
5. 什么是滚动预算？它有哪些特点？

第八章　成本控制

【引言】

成本控制是企业预算控制的一项重要内容,它是为保证企业全面预算执行而采取的各种控制措施。建立健全企业成本控制系统,对于充分发挥成本管理职能,提高企业经营管理水平和市场竞争力具有重要作用。本章在介绍企业成本控制原理的基础上,主要阐述标准成本控制系统与目标成本控制系统的基本内容。

第一节　成本控制概述

一、成本控制的涵义

企业的预算编制好以后,为了保证预算的顺利完成,必须对企业发生的有关经济活动进行控制。此时,控制活动要以预算作为标准,又称预算控制。预算控制的对象和范围比较广泛,涉及企业供应、生产、销售、财务等有关责任单位的成本、收入、利润等方方面面,而成本控制则是预算控制的基础。因此本章将对成本控制做一专门讨论。

所谓成本控制是指企业在生产经营活动中,以不断降低成本和提高效益为目的,对影响成本的各种因素加以管理,及时发现与预定目标成本之间的差距,采取一定的措施,保证成本目标和成本预算任务的完成。

成本控制在企业管理中起着重要作用。首先,成本控制是企业增加赢利的根本途径。增加利润是企业经营的目的之一,而控制成本则直接服务于此目的,因为无论在何种情况下,降低成本都可以增加利润:(1)在收入不变的情况下,降低成本可以增加利润;(2)在收入增加的情况下,降低成本可使利润增加得更快;(3)在收入减少的情况下,降低成本可抑制利润的下降。因此,降低成本是企业实现赢利目的的根本途径。其次,成本控制是企业抵抗内外压力,求得生存的主要保障。企业在经营过程中面对各方压力,外有同行竞争、政府课税和经济环境逆转等不利因素,内有职工改善待遇、股东分红和债权人的压力。企业为了抵御内外压力,常常以降低成本,提高产品质量、创新产品设计和增加产销量为主要手段。而其中降低成本是最主要、最有效的手段。因为降低成本可以提高企业价格竞争能力;可以提高安全边际率,使企业在不景气的经济环境中继续生存;降低成本可以抵御由于价格提高而引发的经销商和供应商的提价要求和增加流转税的外在压力;降低成本,才可能去提高质量、创新设计、提高职工待遇和增加股利。最后,成本控制是企业发展的基础。把成本控制在同类企业的先进水平上,才可能获得超额利润,为企业迅速发展打下基础。许多企业陷入困境的重要原因之一是在成本失控的情况下盲目发展,以致当市场萎缩或决策失误时没有抵抗能力,最终被市场淘汰。因此,只有进行成本控制,使成本降低到最低状态,才能使企业的发展有足够的后劲,在竞争中处于不败之地。

成本控制可按成本发生的时间先后划分为事前成本控制、事中成本控制和事后成本控制三个阶段,也就是成本控制循环中的设计阶段、执行阶段和考核阶段。

事前成本控制是指产品投产前通过对产品的成本功能关系的分析研究,提出对产品功能和目标成本的要求,从根本上解决功能过剩、成本过高的问题,同时还要对影响成本的有关因素进行分析研究,制定出一整套成本控制制度,针对不同类型的成本采取不同方法约束成本开支,防止偏差和浪费的发生,它们又分别被称为成本的前馈控制和预防控制。

事中成本控制又称日常成本控制,就是指在成本形成过程中,企业内部各级对成本负有经营管理责任的单位,根据事先制定的成本目标或标准,对企业各责任中心日常发生的各项成本和费用进行严格的计量、监督,如发生偏差,就及时分析原因并采取措施进行调节,使各项成本费用不超过预定的标准,以保证目标成本的实现。

事后成本控制是指在成本发生后,把日常发生的成本差异及其原因汇总起来进行分析研究,找出成本升降的原因,明确经济责任,为下一期企业生产经营计划和目标成本的确定提供改进意见,又被称为成本的后馈控制。

二、成本控制的要求

为了充分发挥成本控制的作用,成本控制应注意如下几点:

1. 成本控制要对成本形成全过程进行全面控制。成本形成的全过程,包括产品投产前的设计、工艺的确定,以及生产过程的各个环节;另外,还要考虑产品使用中的寿命周期成本。全面成本控制就是以产品成本形成的全过程为对象,结合生产经营各阶段的不同性质和特点进行有效控制。

2. 成本控制要进行全员控制。成本控制涉及到企业的全体员工和部门,要降低成本,就要充分调动企业各部门和全体员工关心成本和参加成本控制的积极性。

3. 成本控制要进行全方位的控制。成本控制不是单纯的限制和监督。它一方面要精打细算,节约开支,消灭浪费,另一方面,又要按照成本效益的原则实现相对的成本节约,以较少的消耗,取得更多的成果。

4. 成本控制要贯彻责权利相结合的原则。要保证落实到责任中心的成本预算能够恰当地执行,必须赋予它们与其责任大小、控制范围一致的权利,如决定某项成本项目能否开支的权利。此外,成本控制必须在定期考核评价成本实绩的基础之上,与对责任中心的奖惩挂钩。

5. 成本控制必须以目标成本为依据。目标成本是企业成本控制的目标,但是,目标成本作为企业的整体目标,不便进行日常控制。按照目标管理理论,应该把企业的目标成本层层分解，落实带各成本责任中心，分级归口管理。这样一来，可以使责任单位明确责任范围，及时发现成本差异，分析成本超降的原因，并采取措施予以纠正。

6. 成本控制必须按例外管理原则，重点剖析例外差异。例外管理原则是西方国家在经营管理工作上进行日常控制的一种专门方法，特别是在成本指标控制方面采用更多。因为在日常控制活动中，实际水平与预算数之间的差异，特别是那些数量小、影响不大的差异普遍存在，如果要一一查明，势必会影响成本控制工作的效率。因此，应把注意力集中于那些非正常的关键性差异上，对其追根溯源，查明原因，并采取有效措施予以纠正。

三、成本控制制度

成本控制制度是指通过在对产品设计、研制等阶段影响成本有关因素的分析和研究的基础上，制定出的一整套适合于本企业具体情况的成本控制方法和相应的规章制度。其关键是要通过企业内部设置的规章制度，针对不同的成本采用不同的成本控制方法，约束成本开支，预防偏差和杜绝浪费现象的发生。成本控制制度是企业内部控制制度的重要组成部分。

从目前国外成本控制的实践看，其成本控制方法繁多，一般有目标成本控制法、预算控制法、标准成本控制法、相对成本控制法、责任成本控制法等等，对于这些适应现代化大生产和市场经济创造出来的行之有效的成本控制方法，应结合我国企业的具体情况、成本控制对象和内容的不同而灵活加以运用。

企业内部的全部成本按成本习性可以分为变动成本和固定成本两类。变动成本主要是通过制定标准成本和编制弹性预算进行控制。直接材料和直接人工在制造业产品成本中一般占有较大的比重，数额易于分割，用标准成本控制比较简便易行，而变动性制造费用通常由变动性的成本项目组成，金额分散，通过编制弹性预算控制较为适宜。对于固定成本，首先要根据其开支项目的性质和轻重缓急区别为约束性固定成本和酌量性固定成本，然后分别控制。对于约束性固定成本，控制关键在于作出长期投资决策之前的事前控制。因此，应根据相关的资本支出预算中的数据，分项目制定固定预算，作为事前控制的依据；而企业其他非约束性固定成本，则可以通过编制零基预算的方法来加强成本控制。另外在企业产品设计阶段则适合采取目标成本控制法来实施成本控制。

应该说明的是，标准成本控制与预算成本控制是兼容的，实质上等于预算控制，只是标准成本控制以标准成本为基础，按照成本项目反映单位产品的目标成本。而预算是企业总体规划的数量说明，无论对弹性预算或其他预算类型，以标准成本乘以业务量就可以得出预算总成本。采用标准成本可以使成本控制更加科学有效。

第二节　标准成本控制

一、标准成本概述

标准成本控制系统是指通过事前制定标准成本，在实际执行过程中将实际成本与标准成本进行比较分析，找出差异产生的原因，并据以加强成本控制和业绩评价的成本控制系统。一个完整的标准成本控制系统包括标准成本的制定、成本差异的计算和分析以及成本差异的处理。

所谓标准成本实际上就是按成本项目反映的单位产品的目标成本。因为通过成本预测确定的目标总成本，不便于日常的控制和考核，必须分别按成本项目逐一制定出各自的标准成本才能落实。关于标准成本概念存在有两种涵义：

一是指单位产品的标准成本，它是根据单位产品的标准消耗量和标准单价计算出来的，也称“成本标准”，其计算公式为：

成本标准＝单位产品成本标准＝单位产品标准消耗量×标准单价

二是指实际产量的标准成本，是根据实际产品产量和单位产品成本标准计算出来的。其计算公式为：

标准成本＝实际产量×单位产品标准成本

标准成本有多种多样的形式：

（一）按其制定所根据的生产技术和经营管理水平，分为理想标准成本和正常标准成本

理想标准成本是指在最优的生产条件下，利用现有的规模和设备能够达到的最低成本。制定理想标准成本的依据，是理论上的业绩标准、生产要素的理想价格和可能实现的最高生产经营能力利用水平。因此，这种标准是完美的成本标准，很难成为现实，即使暂时出现也不可能持久。理想标准成本不能作为考核的依据。而正常标准成本是指在效率良好的条件下，根据下期应该发生的生产要素消耗量、预计价格和预计生产能力利用程度制定出来的标准成本。要达到这种标准不是没有困难，但却可能达到。它的数量大于理想标准成本，小于历史平均水平，实施以后实际成本更大的可能是逆差而不是顺差，是要经过努力才能达到的一种标准。实践中，广泛使用正常标准成本，其特点为：它是用科学方法根据客观实践经充分研究后制定出来的，具有客观性和科学性；它排除了各种偶然性和意外情况，又保留了目前条件下难以避免的损失，代表正常情况下的消耗水平，具有现实性；它是应该发生的成本，可以作为评价业绩的尺度，是广大职工努力的目标，具有激励性；它可以在工艺技术水平和管理水平变化不大时使用，不需要经常修订，具有稳定性。

（二）按其适用期不同，分为现行标准成本和基本标准成本

现行标准成本是指根据其适用期间应该发生的价格、效率和生产经营能力利用程度等预计的标准成本，它是评价实际成本的依据。而基本标准成本是指一经制定，只要生产的基本条件无重大变化，就不予变动的一种标准成本。由于基本标准成本不按各期实际进行修订，不宜用来直接评价工作效率和成本控制的有效性。

二、标准成本的制定

标准成本应该分成本项目制定，一般制定的顺序是先确定直接材料和直接人工的标准成本，再确定制造费用的标准成本，最后确定单位产品的标准成本。在制定时，无论哪一个成本项目，都需要分别确定其用量标准和价格标准，两者相乘后得出成本标准。其中用量标准包括单位产品材料消耗量、单位产品直接人工工时等，主要由生产技术部门主持制定；价格标准包括原材料单价、小时工资率、小时制造费用分配率等，由会计部门和其他有关部门共同研究确定。无论用量标准还是价格标准，都可以是理想状态或正常状态的，下面主要讨论正常状态下的正常标准成本的制定。

（一）直接材料标准成本的制定

直接材料标准成本的制定需要确定直接材料的用量标准和价格标准。其中，用量标准即

标准消耗量,是用统计方法、工业工程法和其他技术方法确定的,包括理想消耗和正常损失两部分;价格标准是预计下一年度实际需要支付的进料单位成本,包括发票价格、运费、检验费和正常损耗等成本。直接材料标准成本举例如表 8 - 1 所示。

表 8 - 1 直接材料标准成本 产品:甲

标 准	材料 A	材料 B
价格标准		
发票单价	1.10 元	5.20 元
运费	0.08 元	0.50 元
每公斤标准价格	1.18 元	5.70 元
用量标准		
图纸用量	4.0 公斤	2.0 公斤
正常损耗量	0.2 公斤	
单位产品标准用量	4.2 公斤	2.0 公斤
成本标准		
材料 A(1.18 元 ×4.2 公斤)	4.96 元	
材料 B(5.70 元 ×2.00 公斤)		11.40 元
单位产品标准成本	16.36 元	

(二)直接人工标准成本的制定

直接人工标准成本的制定需要确定直接人工的用量标准和价格标准。其中用量标准是单位产品的标准工时,它是按产品的加工工序所需直接人工工时汇总而得的,其涵义是指在现有生产技术条件下,生产单位产品所需要的时间,包括直接加工操作必不可少的时间和必要的间歇和停工两部分。而价格标准是指标准工资率。它可以是预定的工资率,也可以是正常的工资率。在计件工资制下,标准工资率是预定的每件产品支付的工资除以标准工时;在月工资制下,标准工资率则是按月工资总额和可用工时总量来计算的。直接人工标准成本举例如表 8 - 2 所示。

表 8 - 2 直接人工标准成本 产品:甲

项 目	第一工序	第二工序
小时工资率		
基本生产工人人数	30	20
每人每月工时(8 天 ×20.92 天)	167	167
出勤率	95%	95%
每人平均可用工时	159	159
每月总工时	4770	3180
每月工资总额	5247	3816
每小时工资	1.1	1.2

续表

单位产品工时 理想作业时间 设备调整时间 其他 单位产品工时合计	 1.5 0.4 0.1 2.0	 1.2 — 0.1 1.3
直接人工标准成本	2.2	1.56
合　计	3.76	

(三)制造费用标准成本的制定

各部门的制造费用标准成本分为变动制造费用标准成本和固定制造费用标准成本两部分。它们都是按部门分别编制,然后将同一产品涉及的各部门单位制造费用标准加以汇总,得出整个产品制造费用标准成本。

1. 变动制造费用的标准成本

变动制造费用的数量标准通常采用单位产品直接人工工时标准(在直接人工标准成本制定时已经确定)、机器工时或其他用量标准。不管选择何种用量标准,应尽可能使该标准与变动制造费用保持较好的线性关系。

变动制造费用的价格标准是每一工时变动制造费用的标准分配率,它是根据变动制造费用预算和直接人工总工时计算求得的。其计算如表 8－3 所示。

表 8－3　　变动制造费用标准成本　　产品:甲

项　目	第一车间	第二车间
变动制造费用预算 运输 消耗材料 间接人工 动力 合　计	 1 000 4 000 2 000 500 7 500	 2 100 1 900 3 800 2 500 10 300
生产量标准(人工工时) 变动制造费用标准分配率 直接人工用量标准(人工工时) 变动制造费用标准成本	5 000 1.5 2 3	5 150 2 1 2
单位产品标准变动制造费用	5	

各车间变动制造费用标准成本确定之后,可汇总出单位产品的变动制造费用标准成本。

2. 固定制造费用的标准成本

采用完全成本法计算产品成本的企业,固定制造费用要计入产品成本,应确定其标准成本。固定制造费用的标准成本也包括用量标准和价格标准。其中用量标准与变动制造费用的标准相同,包括直接人工工时、机器工时、其他用量标准等,并且两者要保持一致,以便进行差异分析(此标准的数量已在制定直接人工用量标准时确定);而其价格标准是其每小时的标准分配率,它是根据固定制造费用预算和直接人工标准总工时来计算的。其计算见表 8－4 所示。

表 8-4　　固定制造费用标准成本　　产品:甲

项　目	第一车间	第二车间
固定制造费用预算		
折旧费	300	1 500
管理人员工资	600	1 200
间接人工	500	1 100
其他	300	250
合　计	1 700	4 050
生产量标准(人工工时)	3 400	2 025
固定制造费用标准分配率	0.5	2
直接人工用量标准(人工工时)	2	1
部门固定制造费用标准成本	1	2
单位产品固定制造费用标准成本	3	

各单位的固定制造费用标准成本确定后,可汇总出单位产品的固定制造费用标准成本。

将以上确定的直接材料、直接人工和制造费用的标准成本按产品加以汇总,就可确定有关产品全部的标准成本。

三、成本差异的计算和分析

成本差异主要是指实际成本与标准成本之间的差额,又称标准成本差异,它反映实际成本脱离预定目标程度的信息。为消除此偏差要进行成本差异分析,找出原因和对策,以便加以纠正。

(一)变动成本差异的分析

变动成本包括直接材料、直接人工和变动制造费用,它们的实际成本高低取决于实际用量和实际价格,标准成本的高低取决于标准用量和标准价格,因此其成本差异可以归结为价格脱离标准造成的"价格差异"和用量脱离标准造成的"数量差异"两类。

成本差异 = 实际成本 - 标准成本

= 实际数量 × 实际价格 - 标准数量 × 标准价格

= 实际数量 × 实际价格 - 实际数量 × 标准价格 + 实际数量 × 标准价格 - 标准数量 × 标准价格

= 实际数量 × (实际价格 - 标准价格) + (实际数量 - 标准数量) × 标准价格

= 价格差异 + 数量差异

1. 直接材料成本差异的计算和分析

直接材料成本差异是直接材料实际成本与标准成本之间的差额,其形成原因为:一是价格脱离标准;二是用量脱离标准。前者按实际用量计算,称为价格差异;后者按标准价格计算,称为数量差异。

材料价格差异 = 实际数量 × (实际价格 - 标准价格)

材料数量差异 = (实际数量 - 标准数量) × 标准价格

[例 8-1] 某企业本月生产甲产品 1 000 件,耗用 A 材料 2 000 公斤,材料单价为 1.2 元/公斤;直接材料的单位产品标准成本为 3.8 元,即每件产品耗用 1.9 公斤的直接材料,每公斤

材料的标准价格为 2 元。则：

直接材料价格差异 = 2 000 × (1.2 − 2) = −1 600(元)

直接材料数量差异 = (2 000 − 1 000 × 1.9) × 2 = 200(元)

由上可得，直接材料成本差异等于价格差异与数量差异之和，即：−1 600 + 200 = −1 400 元。而直接材料成本差异又等于实际成本减标准成本，即：2 000 × 1.2 − 1 000 × 1.9 × 2 = −1 400 元。因此，直接材料价格差异与数量差异之和，应当等于直接材料成本的总差异。

计算出价格差异和数量差异后，应对此进行分析。一般地，材料价格差异是在采购过程中形成的，不应由耗用材料的生产部门负责，而应由采购部门作出解释。采购部门未能按标准价格进货的原因很多，如物价上涨、违反合同被罚款、采用了不必要的快速运输方式等。企业应针对各种原因确定合理的责任归属；而材料数量差异是在材料耗用过程中形成，反映生产部门的成本控制业绩。材料数量差异形成的具体原因有许多，如操作事失误造成废品和废料增加、机器不适用造成用料增加等。有时多用料也不一定是生产部门的责任，如购入的材料质量低劣、规格不符等，故应具体问题具体分析，合理确定责任归属。

2. 直接人工成本差异的计算和分析

直接人工成本差异是指直接人工实际成本与标准成本之间的差额，它也可分为"价差"和"量差"两部分。价差是指实际工资率脱离标准工资率的差额，按实际工时计算确定，又称工资率差异；量差是指实际工时脱离标准工时的差额，按标准工资率计算确定，又称人工效率差异。

工资率差异 = 实际工时 × (实际工资率 − 标准工资率)

人工效率差异 = (实际工时 − 标准工时) × 标准工资率

[例 8−2] 某企业本月生产甲产品 500 件，实际使用工时 1 000 小时，支付工资 2 000 元；直接人工的标准成本是 5 元/件，即每件产品标准工时为 2.5 小时，标准工资率为 2 元/小时。则：

工资率差异 = 1 000 × (2 000/1 000 − 2) = 0(元)

人工效率差异 = (1 000 − 500 × 2.5) × 2 = −500(元)

由上可得，直接人工成本差异等于工资率差异与人工效率差异之和，即：0 + −500 = −500 元。而直接人工成本差异又等于实际成本减标准成本，即：2 000 − 500 × 5 = −500 元。因此，直接人工的工资率差异与人工效率差异之和，应当等于直接人工成本的总差异。

计算出工资率差异和人工效率差异之后，应对此进行分析。一般地，工资率差异形成的原因包括直接生产工人升级或降级使用、奖励制度未产生实效、工资率调整、出勤率变化等因素，应归属于人事劳动部门管理，其差异的具体原因会涉及生产部门或其他部门；而直接人工效率差异形成的原因则包括工作环境不良、劳动情绪不佳、作业计划安排不当、产量太少无法发挥批量优势等因素，应主要由生产部门负责，但在实践中还需具体问题具体分析。

3. 变动制造费用差异的计算和分析

变动制造费用差异是指实际变动制造费用与标准变动制造费用之间的差额，它也可分解为"价差"和"量差"两部分。价差是指变动制造费用的实际小时分配率脱离标准，按实际计算的差额，它反映耗费水平的高低，故称为变动制造费用耗费差异；量差是指实际工时脱离标准工时，按标准小时费用率计算确定的差额，它反映工作效率变化引起的费用节约或超支，故称为变动制造费用效率差异。

变动制造费用耗费差异 = 实际工时 ×（变动制造费用实际分配率 - 变动制造费用标准分配率）

变动制造费用效率差异 =（实际工时 - 标准工时）× 变动制造费用标准分配率

[例 8-3] 某企业本月生产甲产品的实际产量为 500 件，使用工时 1 000 小时，实际发生变动制造费用 600 元；变动制造费用标准成本为 1 元/件，即每件产品标准工时为 2.5 小时，标准的变动制造费用分配率为 0.4 元/小时。则：

变动制造费用耗费差异 = 1 000 ×（600/1 000 - 0.4）= 200（元）

变动制造费用效率差异 =（1 000 - 500 × 2.5）× 0.4 = -100（元）

由上可得，变动制造费用成本差异等于耗费差异加上效率差异，即：200 +（-100）= 100 元，而变动制造费用成本差异又等于实际成本与标准成本的差额，即：600 - 500 × 1 = 100 元。因此，变动制造费用的耗费差异与效率差异之和，应当等于变动制造费用的总差异。

计算出变动制造费用耗费差异和效率差异之后，应对此差异进行分析。一般地，变动制造费用的耗费是部门经理的责任，因为它是实际支出与按实际工时和标准费用率计算的预算数之间的差额，它反映耗费水平即每小时的业务量支出的变动制造费用脱离了标准，而变动制造费用效率差异是由于实际工时脱离了标准，多用工时导致的费用增加，因此其形成原因与人工效率差异相同。

（二）固定制造费用差异的计算和分析

固定制造费用差异的计算和分析与各项变动制造费用差异分析不同，其方法有"二因素分析法"和"三因素分析法"两种。

1. 二因素分析法

二因素分析法是指将固定制造费用差异分为耗费差异和能量差异。耗费差异是指固定制造费用的实际金额与固定制造费用预算金额之间的差额。由于固定制造费用不随业务量的变动而变动，因而在考核时不考虑业务量的变动，而以原来的预算数作为标准，实际数超过预算数即视为耗费过多。其计算公式为：

固定制造费用耗费差异 = 固定制造费用实际数 - 固定制造费用预算数

能量差异是指固定制造费用预算与固定制造费用标准成本的差额，即实际业务量的标准工时与生产能量的差额用标准分配率计算的金额。其计算公式如下：

固定制造费用能量差异 = 固定制造费用预算数 - 固定制造费用标准成本

= 固定制造费用标准分配率 × 生产能量 - 固定制造费用标准分配率 × 实际产量标准工时

=（生产能量 - 实际产量标准工时）× 固定制造费用标准分配率

[例 8-4] 某企业本月生产甲产品，实际产量 400 件，发生固定制造费用 1 424 元，实际工时为 890 小时；企业生产能量为 500 件即 1 000 小时；每件产品固定制造费用标准成本为 3 元/件，即每件产品标准工时为 2 小时，标准分配率为 1.50 元/小时。则：

固定制造费用耗费差异 = 1 424 - 1 000 × 1.5 = -76（元）

固定制造费用能量差异 = 1 000 × 1.5 - 400 × 2 × 1.5 = 300（元）

验算：

固定制造费用成本差异 = 实际固定制造费用 - 标准固定制造费用

= 1 424 - 400 × 3 = 224（元）

固定制造费用成本差异 = 耗费差异 + 能量差异

= (−76) + 300 = 224(元)

通过以上计算可以看出,该企业甲产品固定制造费用超支 224 元主要是由于生产能力利用不足,实际产量小于计划产量所致。固定制造费用超支,不论是耗费差异,还是能量差异,一般都应由有关的管理部门负责。

二因素分析法比较简单,但从上述计算公式可见:二因素分析法没有反映和分析生产效率对固定制造费用成本差异的影响。计算能量差异时,使用的都是标准工时,它说明的是按标准工时反映的生产能力利用情况。如果实际产量标准工时和计划产量标准工时一致,则能量差异为零。但是,实际产量的实际工时可能与其标准工时存在差异,而生产能力的实际利用情况更取决于实际工时而非标准工时。实际工时与标准工时之间的差异,属于效率高低问题。因此,固定制造费用成本差异分析更多地采用将能量差异划分为闲置能量差异和效率差异的三因素分析法。

2. 三因素分析法

三因素分析法是将固定制造费用成本差异分为耗费差异、效率差异和闲置能量差异三部分。耗费差异的计算与二因素分析法相同。不同的是将二因素分析法中的"能量差异"进一步分为两部分:一部分是实际工时未达到标准能量而形成的闲置能量差异;另一部分是实际工时脱离标准工时而形成的效率差异。其计算公式如下:

固定制造费用闲置能量差异 = 固定制造费用预算 − 实际工时 × 固定制造费用标准分配率

= (生产能量 − 实际工时) × 固定制造费用标准分配率

固定制造费用效率差异 = 实际工时 × 固定制造费用标准分配率 − 实际产量标准工时 × 固定制造费用标准分配率

= (实际工时 − 实际产量标准工时) × 固定制造费用标准分配率

仍依例 8 −4 资料计算:

固定制造费用闲置能量差异 = (1 000 − 890) × 1.5 = 165(元)

固定制造费用效率差异 = (890 − 400 × 2) × 1.5 = 135(元)

三因素分析法的闲置能量差异(165 元)与效率差异(135 元)之和为 300 元,与二因素分析法中的"能量差异"数额相同。采用三因素分析法,能够更好地说明生产能力利用程度和生产效率高低所导致的成本差异情况,并且便于分清责任:闲置能量差异的责任一般在于管理部门,而效率差异的责任则往往在于生产部门。

四、成本差异的处理

在标准成本系统下,成本差异能够从成本上及时反映生产经营管理方面的有利和不利因素,有利于管理部门了解各项生产经营活动的效益,提高成本控制效果。因此,成本差异如何处理,不仅是一个关系到会计原则贯彻、成本计算、存货估计、利润计量等的理论问题,而且是标准成本系统应用中亟待探讨的实践问题。

从西方国家的理论与实践的角度来看,标准成本差异的处理方式主要有三种:

一是累计结转法。即各种成本差异在每月月末不进行账务处理,而是在成本差异账户累计下来,直到年底才将累计下来的成本差异在销售成本、产成品和在产品之间按标准成本比例进行分配或直接转入销售成本中。这种方式主要是考虑成本效益原则。因为企业实行标准成本系统的前提之一是正确确定产品的标准成本,企业经过深入研究,制定的标准成本应该十分接近实际成本,否则就失去了标准成本控制、考核的作用,因此每月月末的各种成本差异数额不会很大。根据成本效益原则,可以不必每月月末处理,而是累计到年末一次处理,以简化核算和账务处理工作。但是成本差异当期不处理,就不能从当期经营成果中反映出来,从而减弱了成本和利润指标的灵敏性。

二是逐月结转法。即每月月末将各种成本差异在销售成本、产成品和在产品之间按标准成本比例进行分配,计算产品的实际成本和损益。

三是即期处理法。即每月月末将各种成本差异全部直接转入销售成本或损益中。

第二和第三种方式都涉及标准成本差异性质问题。学术界有人认为:成本差异具有资产性质,根据公认的会计原则和税法的有关规定,企业应当以实际成本法反映产品销售成本和存货水平。因此,成本差异的流动必须与实物保持一致,只有销售的产品才应该将其应分摊的成本差异在利润中确认。第二种方式就是这种观点的产物,它既能以实际成本法反映销售成本和存货水平,又能满足企业纳税需要。但是这种做法,将使成本核算的工作量大大增加;并且它没有把当期成本控制的成果在当期损益中体现出来,从而给成本和利润的分析造成了困难。

第三种方式则认为成本差异是当期已经发生的损失或收益,是损益而不是资产。人为地把超支作为资产价值追加势必会虚增资产、少计利润;把成本节约作为资产价值的抵减,也必将需减资产、需增盈利。另外,从控制角度看,成本差异恰好反映了本期供应部门、生产部门进行成本管理的结果,如果把成本差异直接计入销售成本或损益账户,将有利于分别计算标准成本和实际成本法下的营业利润,从而能够将利润同企业当期生产经营、成本控制的效益直接挂钩,正确反映当期各级管理部门、人员的工作业绩。同时,按照权责发生制的要求,把当期成本计入当期销售成本或损益也更有利于收入和费用的配比。

在我国,处理成本差异的方法一般有以下两种:

一是直接处理法。直接处理法是将本期发生的各种成本差异全部转入“主营业务成本”账户,或者转入“本年利润”账户。也就是说,本期发生的成本差异由本期销售的成本负担,并全部从本期主营业务收入中扣减,不再分配给期末在产品和期末库存商品。这种方法的依据是承认标准成本是一种正常成本,产品差异是由不正常的低效率和浪费造成的,应当通过利润表中的利润来体现本期的经营业绩。而且这种处理方法的账务处理过程相对比较简便。但是,如果成本差异的数额较大或制定的标准成本不符合实际的正常水平,则不仅使存货成本严重脱离实际成本,而且还会歪曲本期的实际经营成果,不利于业绩的衡量和评价。因此,这种方法比较适用于成本计算业务量较多、成本差异数额不大、有比较准确的标准成本资料的企业。

二是递延法。递延法是指在会计期末将本期的各种成本差异,按标准成本比例分配给期末在产品、期末库存商品和本期已经销售的商品。分配后,期末的在产品和库存商品反映的都是实际成本,主营业务成本反映的也是本期已销商品的实际成本。本期发生的成本差异应由存货或销售成本共同负担。但是采用这种方法期末成本差异分配非常复杂,不便于产品成本计算的简化;而且由于在这种方法下各种存货的计价都是实际成本,这就不便于本期成本差异的分析和控制。此外,有些费用计入存货成本不一定合理,例如闲置能力是一种损失,但并不能换取收益,将其作为资产计入存货成本明显不合理,不如将其作为期间费用在当期参加损益汇总。

需要强调的是,虽然成本差异的处理方法可以针对企业的具体情况自行选择,但要保持一贯性,以便使成本的数据具有可比性,有利于进行成本分析和预测,并能防止信息使用者的误解。

第三节 目标成本控制

一、目标成本控制的原理

目标成本是一种预计成本,是在生产经营活动开始以前依据一定的科学分析或方法制定出来的成本目标。这种预计成本与目标管理方法结合起来用于控制成本的发生和规模,就称为目标成本控制。目标成本控制是一种适用范围很广的成本控制的有效方法,它既可以用于对新产品开发与生产的成本控制,也可以用于标准产品的成本控制;既可以对企业成本的总体进行控制,也可以对某一部分的成本开支实施控制。对于已经投产的标准产品的目标成本控制,标准成本法是一种广泛应用的、比较成熟的方法,在上一节中已作专门论述。本节中,我们主要讨论新产品开发与生产过程中的目标成本控制,也就是指企业以市场为导向,在产品投产之前运用价值工程、市场研究等手段达成由产品的可能售价和目标利润决定的最优目标成本,并以目标成本作为主要依据实施成本控制。

目标成本控制体现了20世纪50年代目标管理的思想。目标管理方法强调管理以目标为开始,组织应有明确的总体目标,制定和设置目标由下到上逐级汇总,以确保分目标构成对总目标的支持和保证,而在制定汇总目标的过程中,注重上下级之间就目标设定的充分沟通,上级对下属给以建设性的指导;而目标管理的实施则以自我控制为基础。此外,目标管理要求一定程度的由上而下和由下而上的反复循环,由上而下分派给下属人员的目标,在循环过程中能够积极吸收下级人员的意见,并由下而上汇总,实现对目标的进一步完善和修订。目标管理的最大优点是明确的目标能够起到激励作用,激发广大员工参与目标制定与实施的积极性和自觉性。

目标成本控制是目标管理的一项重要内容,它要求必须以目标成本为依据,对企业的各项成本开支进行严格的限制、监督和指导,力求做到以最小的成本开支,获取最大的经济效益。作为成本开支依据的目标成本,是进行成本比较分析的有效尺度,使用目标成本可以查明生产经营过程中实际成本脱离目标成本的差异与原因,明确有关部门和人员的责任;推行目标成本管理首先应将企业总的目标成本由上而下层层分解,建立起分部门、分层次的目标成本管理体系,纵的方面可以由上而下按总厂、分厂、车间进行分解;横的方面按管理职能进行分解,可以按供销、设计、辅助生产部门、生产部门、行政管理部门进行分解。当然,企业可以根据自身生产工艺及其组织管理的特点选择其他目标分解方式,如按产品结构分解为总装成本和零部件成本,按产品形成过程分解为产品设计、材料采购、生产制造、产品销售成本。不论怎样,目标成本实施的关键是立足于企业上下各级、横向各职能部门和环节之间的协调配合,使它们围绕一个目标积极努力做好成本控制工作。

二、目标成本的制定程序

在市场经济的条件下，目标成本的确定与传统的定价过程相反。传统的产品定价是先收集市场需求信息，确定产品的具体要求，并据此进行设计、制定制造工艺、确定所耗用原材料和零件的价格，从而估计出产品的成本，然后再加上一定的利润以确定产品的价格。而目标成本的确定则是要在产品设计阶段先根据市场调查制定出目标售价，再根据企业的中长期计划制定目标利润，最后以目标售价减去目标利润即为目标成本。有了目标成本，就可以开始进行设计、筹划和组织生产，并运用价值工程手段，通过产品整体及其零部件的设计和原材料的选择确保目标成本的达成。

目标成本的制定程序因企业的不同而有所不同，但大体上可以分为四个阶段，即目标成本的初步确定、目标成本的可行性分析、实现目标成本、目标成本的追踪考核与修订目标成本。

第一阶段是初步确定目标成本。在这一过程中首先根据企业经营目标确定目标销售收入，其次是根据企业的经营决策确定目标利润，目标成本可以根据目标售价减去目标利润后的差额来确定。一种产品的总目标成本确定以后，可按成本项目或产品功能细分，以制定每一个成本要素和产品功能的目标成本。

第二阶段是进行目标成本的可行性分析，包括分析目标售价、目标利润和目标成本三个步骤。企业分析目标售价可以有三种方法，它可以进行市场调查，调查消费者需要的产品功能和特色及产品的售价，也可以对竞争者进行分析，掌握竞争者产品的功能、价格、产品品质及服务水平等有关资料，并与本公司的产品资料进行对比，公司甚至可以对竞争者的产品进行拆装和重置，了解竞争者产品中各种零件的功能和特性，估计其生产流程和成本构成。公司在消费者需求研究、竞争者分析以及分析竞争者产品之后，可以通过比较确定自己的目标售价可行性。企业分析产品目标利润应与企业的中长期目标及利润计划相配合，同时考虑销售、利润、投资回报、现金流量、产品的品质、成本结构、市场需求、销售政策等因素的影响。最后是公司根据本企业实际成本的变化趋势、同类企业的成本水平，充分考虑本企业成本节约的能力，分析目标成本的可行性。

第三阶段是实现目标成本。首先要通过公司目前的产品成本与目标成本相比较，计算出成本差距。然后通过运用价值工程、成本分析等方法寻求最佳的产品设计，用最低的成本达成顾客需求的功能、安全性、品质等。如果此时计算出的最佳产品设计下的成本仍高于目标成本，则重复运用上述手段寻求最佳成本。

第四阶段是目标成本的追踪考核与目标成本的修订，包括对产品的财务目标和非财务目标完成状况的追踪考核、调查消费者的需求是否得到满足、市价的变化对目标成本有何影响等事项，并根据上述各阶段目标成本的实现情况对其进行修订。

三、目标成本控制：价值工程

当确定了一项新产品的目标成本后，企业需要组成由工程、技术、采购、生产、销售和会计等各方面人员的设计小组，承担产品的设计任务。目标成本控制给设计小组以巨大的压力，迫使他们必须实现目标成本的要求。其中，价值工程是评价设计方案的一种系统性、基础性的方法。

（一）价值工程的涵义

由于构成产品成本的各项费用，虽然大多数是在产品生产过程中实际发生的，但生产一件产品应该发生哪些费用,数量是多少,在很大程度上是由产品投产前的产品设计所决定的。因此产品生产成本的控制,可以在产品的设计阶段,通过对产品的价值工程分析,选择最佳方案并确定相应的最低目标成本。

价值工程是以功能分析为中心,使产品和作业能达到适当的价值,即用最低的成本来实现和创造产品应具备的必要功能的一项有组织的活动。它有以下三个方面的涵义:

首先,价值工程是以最低的成本去实现某产品或作业应具备的必要功能,以使产品和作业达到最佳价值。其中,功能是某项产品所负担的职能或所起的作用。功能首先以满足消费者的需求为前提条件,功能的提高是无限的,但它同时受客户需求和生产成本的制约。价值工程就是要确定产品的必要功能,避免功能过剩(产品功能多于或高于客户所必需的)和功能不足(功能达不到客户的要求)现象的发生。成本则是指产品的寿命周期成本,即为实现产品的必要功能在整个产品生产和使用过程中发生的成本。价值工程就是在保证产品必要功能的前提下,使其寿命成本最低。这里的价值要从功能和成本的关系上来理解,即产品的功能和成本的比值,它反映了产品物美价廉的程度。产品功能与成本之间的关系如下:

$$价值 = 功能/成本,即\ V = F/C$$

$$或:V = (F1 + F2 + F3 + \cdots\cdots)/C$$

其中:V 代表价值;C 代表成本;F 代表产品各组件的功能

价值工程是根据产品成本和功能的内在联系通过科学的比较分析,从中找出最佳价值。由于产品的功能受客户需求的限制,而客户的需求又受产品寿命周期成本的制约。因此,开展价值工程既不能脱离客户成本的约束,片面追求高功能,也不能脱离客户的需求,片面追求低成本,造成产品的必要功能不足。价值工程的真正目的在于既实现产品的必要功能,又要降低产品的寿命周期成本,追求产品的最佳价值。要实现这个目的,只能从提高功能和降低成本两个方面入手。

其次,价值工程的核心问题是对产品或作业进行功能分析。在产品设计和研制时,着重对产品功能的分析研究,确定实现必要功能最优方案的有效方法。通过功能分析可以发现哪些功能是客户需要的,哪些功能是不必要的,哪些功能是过剩的,哪些功能是不足的,并在改进方案中提出新的解决方法,去掉不必要的功能,削减过剩的功能,补足不足的功能,从而使产品的功能更加合理,以达到既能满足客户需求,保证必要的功能,又能降低产品的寿命周期成本。

第三,价值工程作为一整套的科学方法,是运用集体智慧的一项有组织的活动。由于价值工程既要降低成本,又要提高功能,设计到企业经营活动的方方面面,因此,要有效开展价值工程活动就需要将各部门的专业人员组织起来,紧密配合,运用各方面的知识,充分发挥集体的力量。

(二)价值工程的程序

价值工程活动就是一个发现和解决问题的过程,它所研究的问题包括:价值工程的对象是什么?它的用途是什么?其成本是什么?其价值是多少?有无实现同样功能的其他方法?新方案的成本是什么?新方案能满足要求吗?价值工程的具体开展包括如下几个阶段:

第一,正确选择对象。企业没有必要对所有的产品或作业都进行价值分析,也没有必要对一个产品的所有零件都进行价值分析,而应该有所选择。一般而言,在设计方面要选择那些结构复杂、体积庞大、材料昂贵的、性能差的产品;在生产方面选择那些批量大、工艺复杂、原材料消耗高、能源消耗大、成品率低、废品率高的产品;在销售方面要选择客户意见多、竞争力差的老产品;在成本方面要选择成本高于同类或功能相近的产品以及成本结构中过高的构成部分。

第二,根据对象的性质、范围和要求,收集可靠的信息。包括企业的基本情况,如经营方针、产品品种、产量、质量等;有关的技术和经济资料,如本企业或同类产品结构、性能、加工工艺、材料成本、加工费;客户的有关意见,如客户对产品的要求、使用目的、使用条件以及在使用中的问题等。

第三,进行功能、成本和价值分析。首先要把价值工程的对象所具有的功能细致地加以研究,了解它们的作用。即分析对象在生产过程中所采取的每一流程、每道工序、每种材料和零件对构成产品的最终价值起了什么作用,承担了什么职能,没有它们是否影响产品的使用价值,有无便宜的东西可以代替等。所有这些工作就是给每个分析对象的功能下定义的过程,实际上也是发现问题的过程。其次,就是对已下定义的功能进行分类和整理,即搞清哪些是基本功能,哪些是辅助功能,哪些功能是客户需要的,哪些功能是客户不需要的,哪些是功能过剩,哪些是功能不足,以及各功能之间的关系。通过功能整理可以具体把握需要改进的功能范围,为进一步提出功能改进方案提供依据。最后,要进行功能评价。首先是针对不同的分析对象进行评价,然后与现实成本相互比较,求出各分析对象的价值系数。功能评价有许多方法,比较常用的方法有评分法和 FD 法。

1. 评分法。即采用 5 分制、10 分制和 100 分制按各零部件的重要性打分,例如,改进某部件的三种备选方案,从可靠性、生产复杂性、操作方便、保养难易、重量和安全等方面按 10 分制评分,如表 8-5 所示。

表 8-5 功能评分表

方案	可靠性	生产复杂性	操作方便	保养难易	重量	安全	总分
1	5	10	10	7	4	9	45
2	9	5	8	5	6	4	37
3	9	8	10	8	7	9	51

方案 2 总分最低,初选淘汰。然后根据估计成本再作比较,见表 8-6 所示。

表 8-6 估计成本比较表

方案	一次摊销费用	直接材料人工费用	总成本
1	30	150	180
2	20	164	184

最后进行价值分析。设方案 1 的成本系数为 100,则方案 3 的成本系数为:

$$(184/180)\times 100 = 102.22$$

所以,方案 1 和方案 3 的价值系数分别为:

$$V1 = 45/100 = 0.45$$

$$V3 = 51/102.22 = 0.4989$$

对比后选择方案 3。

2. FD 法,即一对一比较法。这种方法是将产品生产的各项作业活动排成起来,一对一地对比,凡功能相对重要的作业得 1 分,次要的得零分。然后,将各项生产作业得分的总计数被全部作业得分总数项除,即可求得各项作业的功能评价系数。假设某产品由 A、B、C、D、E、F

六种零部件组成，按 FD 法计算功能评价系数如表 8－7 所示。

表 8－7　　功能比较表

产品部件	一对一比较结果						得分合计	功能评价系数
	A	B	C	D	E	F		
A	×	1	1	0	1	0	3	3/15＝0.2
B	0	×	1	0	1	1	3	3/15＝0.2
C	0	0	×	0	1	1	2	2/15＝0.13
D	1	1	1	×	1	1	5	5/15＝0.33
E	0	0	0	0	×	1	1	1/15＝0.07
F	1	0	0	0	0	×	1	1/15＝0.07
合计							15	1.00

由上述计算结果可得：D、A、B 三种零部件的功能评价系数较大，说明其功能较为重要，而 E、F 零部件的功能评价系数最小，说明其功能较不重要。

在功能评价系数确定后，应计算各种零部件的成本系数和价值系数。其中：

某种零部件成本系数＝该种零部件的现实成本/各种零部件现实成本合计

某种零部件价值系数＝该种零部件的功能评价系数/该种零部件的成本系数

上例中的价值系数和成本降低幅度的计算结果见表 8－8 所示。

表 8－8

产品部件	现实成本	成本系数	价值系数	按功能评价系数分配目标成本	成本降低幅度
A	237	0.237	0.844	180	57
B	168	0.168	1.191	180	－12
C	105	0.105	1.238	117	－12
D	281	0.281	1.174	297	－16
E	76	0.076	0.921	63	13
F	133	0.133	0.526	63	70
合计	1000	1.000	1.000	900	100

第四，确定最优方案。即根据上面计算和分析的结果，按客户的需求，提出若干改进价值的新方案，再把各种方案进行分析和评价后，选择功能不变使成本更低或功能更高的最优方案。原则上应选择价值系数大于 1 或小于 1 的零部件作为改善对象，因为价值系数为 1，说明该零部件的功能与成本平衡，不必作为改善对象；价值系数大于 1 说明功能重要性大的零部件实际分配到的成本较少；价值系数小于 1 说明功能重要性较小的零部件占用了过多的实际成本。因此可将后两种情况列为提高或降低成本分配的对象。如上例中零部件 A、E、F 的价值系数都小于 1，尤其是 F 偏低，有降低成本的潜力。

寻求最优的改善方案是价值工程分析的关键，这需要组织各部门集思广益，集中物流、生产、财务、采购部门的人员，一起讨论、评价各方案的可行性，如果测算出的最佳产品成本仍高于目标成本，则要继续重复上述活动。

第五，求出目标成本。即根据筛选出的最优方案进行目标成本的计算，也就是将产品的目标成本按功能评价系数分配给各有关的零部件，算出各作业环节的目标成本，作为对产品成本水平实行有效事前控制的依据。

第四节　成本控制的其他方法

一、作业成本控制

作业成本控制,也称作业成本法,是以作业为基础计算和控制成本的方法。其基本原理和内容在第十三章中有详细介绍。

从费用分配的准确性来讲,由于作业成本法采用多样化的分配标准,使成本的归属性得以提高,因此成本信息相对更为客观、真实和准确。从成本控制的角度讲,由于作业成本法的实质是以作业作为确定分配间接费用的基础,引导管理人员将注意力集中在成本发生的动因上,而不仅仅是关注成本计算结果本身,通过对作业成本的计算和有效控制,就可以较好地克服传统成本法中间接费用责任不清的缺点,并且使以往一些不可控的间接费用在作业成本法系统中变为可控,同时通过对作业活动的动态跟踪,可以更好地发挥决策、计划和控制的作用,以促进作业管理的成本控制的不断提高。因此,作业成本法不仅仅是一种成本计算方法,更是一种成本控制和企业管理的手段。

二、质量成本控制

所谓质量成本是指企业为保持或提高产品质量所支出的一切费用,以及因产品质量未达到规定水平所产生的一切损失。

(一)质量成本的构成

质量成本通常包括两方面的内容:一是预防和检验成本;二是损失成本。

预防和检验成本也是由两部分构成的:预防成本和检验成本。所谓预防成本是指为保证产品质量达到一定水平而发生的各种费用。如:质量计划工作费用、新产品评审费用、工序能力研究费用、质量审核费用、质量情报费用、人员培训费用和质量奖励费用等。所谓检验成本是指为评估和检查产品制造质量而发生的费用。如:进货检验费、工序检验费、产品检验费、破坏性试验的产品试验费用和检验设备的维护、保养费用。

损失成本包括内部质量损失和外部质量损失两部分。所谓内部质量损失是指生产过程中因质量问题而发生的损失成本,包括产品在生产过程中出现的各类缺陷所造成的损失,以及为弥补这些缺陷而发生的各类费用支出,如:报废损失、返修损失、复检费用、停工损失、事故分析处理费用和产品降级损失等。所谓外部质量损失是指产品销售后,因产品质量缺陷而引起的一切费用支出,如:支付用户的索赔费用、退货损失、保修费用和折价损失等。

与质量有关的预防和检验成本以及损失成本是两类具有不同性质的成本。预防和检验成本属于不可避免成本,随着产品质量的不断提高,这部分成本将会不断增大;损失成本则属于可避免成本,随着产品质量的不断提高,这部分成本将逐渐降低,产品质量的高低通常以产品的合格率来表示。

(二)质量成本控制程序

1. 确定最优质量成本,并以此作为质量成本控制的总目标。最优质量既不在质量最高时,也不在质量最低时,而是在使质量成本所有四项内容之和最低时的质量水平上。

2. 建立健全质量成本管理的组织体系。有了质量成本的控制标准,还应建立健全质量成本管理的组织体系,以确保目标的实现。由于质量成本涉及到企业的诸多部门,如供应、生产、销售、质检、财会等部门,因此必须划分责任,归口管理。

3. 应坚持预防为主的方针。在质量成本控制中为保证一定的质量水平,应适当地增大预防检验成本占质量成本的比重,这样可减少事故成本的发生。

4. 计算和分析质量成本差异。企业应及时计算实际质量成本脱离预算的差异,并对此分项逐一进行分析,寻找原因,以采取相应措施加以控制。

(三)最佳质量成本模型

尽管现实中,在两类不同性质的质量成本(预防检验成本和损失成本)之间找到最优的平衡点是相当困难的工作,但在理论上,最优质量成本水平确实是存在的。确定最优质量成本的方法可参考合理比例法进行。

合理比例法是根据质量成本各项目之间的比例关系,确定一个合理的比例,从而找出质量水平的适宜区域,而不是确定最优质量成本点。因为达到某一点的合格品率不易保持,而使合格品率在某一范围内还是容易做到的。

此法将质量总成本曲线分为三个区域:改善区、适宜区和至善区。如图 8 - 1 所示。

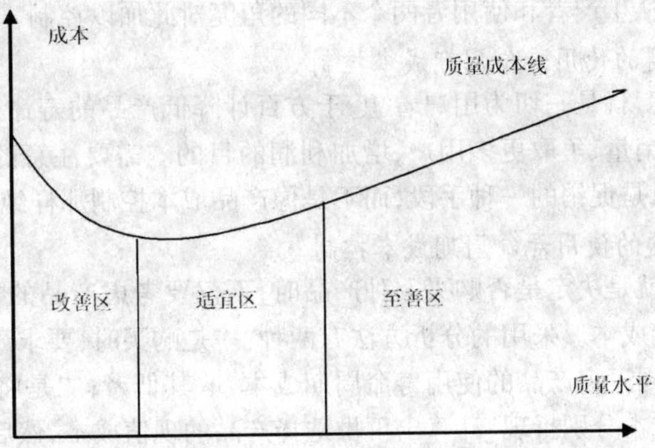

图 8 - 1　质量总成本曲线

如果产品质量处于改善区,说明产品质量水平较低,损失成本高,这为企业敲响警钟,企业应尽快采取措施,追加预防和检验费用的支出,尽可能地提高产品质量;如果产品质量处于至善区,说明产品质量水平很高,甚至超过用户的需要,出现了不必要的质量成本损失,此时也是不可取的。理想的质量水平区域是适宜区,在这一区域内,质量适当,成本低,效益高。

成本质量诸项目间,客观地存在着一个合理的比例,当达到这一合理比例时,质量水平处于适宜区。有关研究者对制造企业平均水平的研究发现:就一般而言,在质量成本中,预防成本占 10% 左右;检验成本占 30% 左右;损失成本占 60% 左右。我国一些企业的实践证明这个比例基本上具有代表性。当然,我们不能对此作绝对化理解,还应根据企业自身的具体情况来确定。

三、使用寿命周期成本控制

(一)使用寿命周期成本的涵义

在当今社会,企业只关心产品成本的控制是不够的,还必须从用户的角度来研究和分析使用成本的影响,也就是要研究使用寿命周期成本的控制。所谓使用寿命周期成本也称使用成本,是用户为取得并实现所需产品或劳务的功能所付出的代价。

目前西方许多国家比较重视寿命周期成本的研究,因为客户要求生产厂商报价时,不仅要报原价,还要报使用寿命周期成本,提供产品的能源消耗、排污标准,保修期以及大修理周期等参数。另外,购买单位处理报价投标时,往往以寿命周期成本为准,而不是以售价为准。因此,企业要想在竞争日趋激烈中站稳脚跟,求得发展,必须重视产品寿命周期成本的研究与控制。

(二)使用寿命周期成本的内容

使用寿命周期成本包括原始成本和运行维护成本两部分。原始长是指设计成本、开发成本和生产成本;运行维护成本是指售后的与使用该产品有关的消耗成本及维修成本、保养成本等。可见,运行维护成本是生产成本的补充。一般来说,运行维护成本的高低,常常反映出产品的功能或质量的好坏。凡质量高、功能好的产品,其运行维护成本就低,而其寿命周期就长;反之,质量低、功能差的产品,其运行维护成本必然高,其寿命周期相对也短。因此企业要在激烈的竞争中立于不败之地,不仅要考虑产品的物美价廉,而且还要研究运行维护成本的降低问题。运行维护成本的降低是一个综合性问题,它牵涉到产品的许多方面,如产品的功能、产品的质量等,企业可以从生产者和使用者两个不同的角度对此加以控制。

(三)生产者角度的使用寿命周期成本控制

从生产者的角度,就是一切为用户着想,千方百计降低产品的寿命周期成本,减少用户的支出,从而达到扩大销量、争取更多用户,增加利润的目的。需要注意的是:对于生产者来讲,控制寿命周期成本只是促销的一种手段,而不是像产品成本控制那样纯粹为了控制成本。

(四)使用者角度的使用寿命周期成本控制

从使用者角度,就是决定是否购买一种产品时,不仅要考虑产品的售价,而且还要考虑该商品的使用寿命周期成本。采用的分析方法有两种:一是购买时,要求厂家提供使用寿命周期成本的资料,比较不同厂家产品的使用寿命周期成本,取其低者;二是将发生在使用期内不同时点上的运行维护成本分别折现,计算出可供选择产品的现值成本,然后进行比较,择其低者。

四、利用 ERP 进行成本控制

ERP 又称企业资源计划系统(Enterprise Resource Planning),是指建立在信息技术基础上,结合系统化的管理思想,为企业决策层及员工提供决策手段的管理平台。

ERP 系统集中信息技术与先进的管理思想于一身,反映时代对企业合理调配资源,最大化地创造社会财富的要求,成为企业在信息时代生存、发展的基石。ERP 是整合了企业管理理念、业务流程、基础数据、人力物力资源、计算机硬件、软件和网络资源于一体的企业资源管理系统。

ERP 将企业内部所有资源整合在一起,对采购、生产、成本、库存、分销、运输、财务、人力资源等进行规划,以达到最佳资源组合,取得最佳效益。因此,利用 ERP 这个工具,可以帮助企业在生产运营的各个环节:采购、生产、库存、销售和资金运作等方面控制成本。

(一)采购成本

利用 ERP 控制采购成本,就是要把整个采购过程公开化、透明化、制度化。利用计算机网络,把不同供应商的报价收集在一起,企业的领导者很容易地调出同一产品不同的供应商的报价。同时,建立起对不同供应商的同一产品的质量统计分析,由企业的检验部门、技术部门、供应部门做质量检验。

(二)生产成本

利用 ERP 控制生产过程的成本,目前大多数 ERP 提供商所提供的软件主要是控制次品率和物料的消耗。首先对于控制次品率,先要设定一个废品率,要有一个计划指标,如果实际废品率是计划成本控制之下的,就没有问题。而控制次品率的方式就是利用 ERP 明确哪一个人在哪段时间生产了哪批产品,以明确该生产者的责任,加强责任心。其次是利用 ERP 控制物料耗用。有了物料需求计划,各个环节都有详细的物料清单,对于将要生产多少产品,需要多少原料很清楚,可以有效地避免生产环节的物料浪费。

(三)库存成本

利用 ERP 可以解决从原材料库存、半成品库存到产成品库存整个库存环节的成本控制问题。有了 ERP 使得及时系统在生产环节和库存管理的应用成为可能。及时系统的核心思想就是企业所需物料或产品在恰恰需要的时间、地点和正好需要的数量及时到位,这里面需要考虑安全库存和提前期这两个因素,如果可以忽略这两个因素的话,就能够达到理想的零库存境界。ERP 可以按照生产的节拍和节奏计算出来加工批量,并计算出前一个工序在什么时候该把一个批量给下一个工序。这样一来,整个库存结构都是非常合理的。

国外有一些大型的龙头企业把它的物料需求计划公布给他的主要合作伙伴,让供应商按照它的物料需求计划安排生产计划。在忽略安全库存的前提下,大买家的原材料库里是零库存,供应商的产成品库里也是零库存,这样大家的库存与资金占用都下降了。在整个供应链上,如果库存与资金占用都下降,终端产品的价格就可以下降,大型生产厂的竞争力就会增强,这样企业与企业之间的竞争,就会演变成供应链与供应链之间的竞争。供应链所得到的好处,是一个企业得不到的,几个企业形成供应链,才做到将成本压到极限。

(四)销售成本

利用 ERP 进行销售成本控制也是遵循了计划和控制的思想。利用 ERP 不仅可以更有效地控制和管理应收账款,还可以对销售网络中各网点的库存结构进行动态管理。对于不能按照计划收回的应收账款 ERP 系统马上产生一个信息,来控制管理过程,促使应收账款的收回。另外,很多行业都存在分销问题,也就是产品放在分销网点销售。如何把分销网点的库存结构控制好,是企业控制销售成本的关键。当网点多,产品系列、品种和规格很多时,仅仅依靠人工很难把握销售网点的库存结构,况且网点的销售和库存是动态的,必须有 ERP 系统帮助控制。

(五)生产环节的资金运作

生产环节的资金运作也可利用 ERP 进行管理。利用 ERP 可以计划出在什么时间,将要购进什么原材料或产品,使得提前的时间正好够用,并且所支付利息的时间尽量地短。有些 ERP 软件供应商提供的软件能够做到工序级的管理,使企业通过 ERP 很清楚地知道企业计划要支出的费用,可以使企业对资金的需求计算得更精确,减少企业在资金上不合理地占用,降低财务成本。

总之,企业根据自身的情况,分阶段、分级别地使用 ERP 这个工具,即使不能达到那种供应链、零库存的境界,至少也能在不同程度上控制成本。

☆★本章关键概念

标准成本 理想标准成本 现实标准成本 正常标准成本 成本差异 目标成本 价值工程

☆★复习思考题

1. 标准成本控制的内容和程序是什么?

2. 如何进行标准成本的差异计算与分析?

3. 如何理解标准成本法既是一种成本计算方法,又是加强成本控制、评价企业经营业绩的一种成本控制制度?

4. 目标成本控制的内容和程序是什么?

5. 价值工程基本公式中的"成本"、"价值"、"功能"都有什么特定的涵义?

第九章　存货控制

【引言】

存货管理对于工业企业,尤其是制造企业来说意义重大,它是对存货流转相关成本的规划和控制。本章主要介绍如何确定存货的最优订货数量和最优订货时间,如何应用相关成本进行分析和计算,如何保证存货成本在适当规划后达到最小化目标等等,这对于存货的日常管理而言,有重大的实践指导意义。

本章还介绍了关于存货管理的实际应用方法,ABC 分类法是西方企业所采用的较为有效的一种存货控制方法。

第一节　存货控制概述

一、存货的功能

存货是企业在日常经营过程中持有的,以备销售或者正常生产或提供劳务中耗用的各种物资,包括各类原材料、商品、燃料、在产品、半成品和产成品等。

存货在很多企业的流动资产中都占有较大比重,存货的管理和控制是企业管理控制的重要组成部分,能否对存货实施有效的控制直接关系到企业经营目标的顺利实现,对企业经济效益的提高也有重要意义。

具体来说,存货在企业生产经营过程所体现出的功能包括以下几个方面。

1. 可以保证生产或销售经营的正常需要

从供应角度来看,由于市场价格、地域差异等原因,即使在市场供应很充足的情况下,企业也很少能够随时随地购入生产或销售所需的各种物资,为了避免物资短缺给企业带来的停产、停业损失,企业需要保持一定数量的耗用存货。从生产角度来看,由于生产过程中存在技术改进、设备维修等不确定性,企业也需储存部分在产品存货。从销售角度来看,企业对外销售的产品难免有不合格的废品或次品,为满足顾客退换需要或客户的订单需要,企业还需储存一定数量的产成品存货。所以,正产的存货储备可以防止生产或销售等环节意外中断,可以降低各种相关损失发生的可能性。

2. 可以适应市场变化

存货储备可以增强企业在生产和销售方面的机动性，以适应市场的波动和变化。企业适当地储存原材料，可以从预期的物价上涨中获得持有优势；企业库存的产成品可使产品的生产和销售具有灵活性，亦可捕获推销良机。

3. 可以均衡地安排企业生产

企业通常希望生产具有一定的均衡性，即对生产能力的利用不会忽高忽低、忽上忽下，为此，企业需要安排一定数量的产成品存货，以保证生产组织的稳定。例如，一些季节性生产的产品，往往在销售淡季需要形成数量较多的存货，以保证生产能力的有效使用，以避免此时闲置而销售旺季超负荷运转情况的出现，当销售旺季来临时，再将这些存货销售出去。

4. 可以获得商业折扣

供货企业为扩大销售规模，往往采用商业折扣的方式刺激销货，即购货达到一定数量时，便给予一定的价格优惠；于是，对于购买方而言，零购物资的价格往往较高，整批集中购买则可以获得商业折扣。此外，通过增加每次购货数量，减少购货次数，也可以降低采购费用的支出。在这种情况下，企业出于成本方面的考虑，会偏向于整批购进、分批使用各种物资，这样也会产生一定数量的存货。

二、存货的成本

企业持有存货过程中所付出的代价，就是存货成本。存货成本包括进货成本、储存成本和缺货成本。

（一）进货成本

进货成本是指存货的取得成本，主要由存货进价和进货费用两个方面构成。其中存货进价又称购置成本，是指存货本身的价值，等于采购单价与采购数量的乘积。在一定时期进货总量既定的条件，无论企业采购次数如何变动，存货的进价成本通常是保持相对稳定的（假设物价不变且无采购数量折扣），因而属于决策无关成本。进货费用又称订货成本，是指企业为组织进货而开支的费用，如与材料采购有关的办公费、差旅费、邮资、电话电报费、运输费、检验费、入库搬运费等支出。进货费用有一部分与订货次数有关，如差旅费、邮资、电话电报费等费用与进货次数成正比例变动，这类变动性进货费用属于决策的相关成本；另一部分与订货次数无关，如专设采购机构的基本开支等，这类固定性进货费用则属于决策无关成本。

（二）储存成本

企业为持有存货而发生的费用即为存货的储存成本，主要包括：存货资金占用费（以贷款购买存货的利息成本）或机会成本（以现金购买存货而同时损失的证券投资收益等）、仓储费用、保险费用、存货残损霉变损失等。与进货费用一样，储存成本可以按照与储存数额的关系分为变动性储存成本和固定性储存成本两类。其中，固定性储存成本与存货储存数额的多少没有直接的联系，如仓库折旧费、仓库职工的固定月工资等，这类成本属于决策的无关成本；而变动性储存成本则随着存货储存数额的增减成正比例变动关系，如存货资金的应计利息、存货残损霉变损失、存货的保险费用等，这类成本属于决策的相关成本。

（三）缺货成本

缺货成本是因存货不足而给企业造成的损失，包括由于材料用应中断造成的停工损失、成品供应中断导致延误发货的信誉损失及丧失销售机会的损失等。如果生产企业能够以替代材料解决库存材料中断之急的话，缺货成本便表现为替代材料紧急采购的额外开支。缺货成本能否作为决策的相关成本，应视企业是否允许出现存货短缺的不同情形而定。若允许缺货，则缺货成本便与存货数量反向相关，即属于决策相关成本；反之，若企业不允许发生缺货情形，此时缺货成本为零，也就无需考虑。

三、存货控制的目标

显而易见，适量的存货可以为企业日常经营提供很多便利。但是，存货过多或存货不足对企业又会产生不利影响，存货过多必然增加企业的资金占用，不仅会增加资金成本，还会增加储存费用；存货不足则会影响企业正常生产、销售的运行，造成停工待料、停售待货或违约赔偿等损失。所以，合理地进行存货控制，进行最佳存货数量的决策等在企业的日常经营管理活动有着重大的意义。

存货控制的目标就是在存货收益和存货成本之间进行利弊权衡，在充分发挥存货功能的同时力求降低成本，找到存货成本、收益及数量、批次等因素的最佳组合。

第二节　存货经济批量模型

存货经济批量是指能够使一定时期存货的相关总成本达到最低的进货数量，也称经济订货量。如前所述，存货成本包括进货成本、储存成本和缺货成本等，不同的成本项目与进货批量都曾现出不同的变动关系。减少进货批量、增加订货次数，可以降低储存成本，但会导致订货成本和缺货成本的升高；相反，增大进货批量、减少订货次数，可以降低订货成本和缺货成本，但又会使储存成本增加。此外，进货数量的多少也会影响购置成本的高低。所以，权衡存货相关成本、寻求最佳订货批量，进而制定最优订货时间和再订货点，是企业存货管理必须解决的核心问题。

一、存货经济批量基本模式

建立存货经济批量模型，需要将复杂的问题简单化，这就需要有一些假设条件简化相关变量对成本的制约，以帮助我们进行基本模型的分析。经济订货批量基本模型需要设立的假设条件是：(1)存货的全年需求量稳定，且可以合理预测，即 D 为已知常量；(2)存货单价稳定不变，不存在数量折扣；(3)企业可以及时补充存货，即需要订货时可以立即取得存货(交货期为0)；(4)企业需要存货时，均能集中一次到货，而不是陆续到货；(5)不允许缺货，即没有缺货成本；(6)企业现金充足，不会因现金短缺而影响进货；存货市场供应充足，不会买不到所需存货；(7)存货消耗是连续的、均匀的。

由于企业不允许缺货，即每当存货数量降至零时，下一批订货便会随即全部购入，故不存在缺货成本。此时与存货订购批量、批次直接相关的就只有进货费用和储存成本两项。则有：

存货相关总成本 = 相关进货费用 + 相关储存成本

$$= \frac{\text{存货全年计划进货总量}}{\text{每次进货批量}} \times \text{每次进货费用} + \frac{\text{每次进货批量}}{2} \times \text{单位存货年储存成本}$$

假设：Q 为经济进货批量；A 为某种存货年度计划进货总量；B 为平均每次进货费用；C 为单位存货年度储存成本；P 为进货单价。则得存货相关总成本函数公式：

$$TC = \frac{A}{Q} \times B + \frac{Q}{2} \times C$$

存货相关总成本与相关进货费用、相关储存成本的关系如图 9－1 所示。

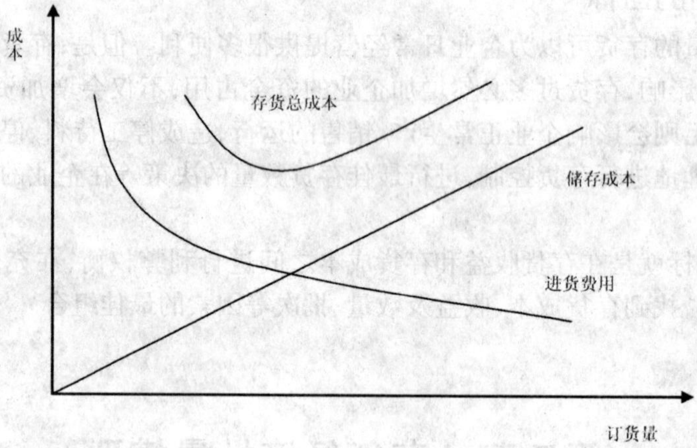

图 9－1

从图 9－1 中可以看出，当相关进货费用与相关储存成本相等时，存货相关总成本最低，即当存货相关总成本的函数的一阶导数为零时，其值最低。此时的进货批量就是经济进货批量。

以 Q 为自变量，求函数 TC 的一阶导数并令其为零，可得：

经济进货批量（Q）＝ $\sqrt{2AB/C}$

经济进货批量的存货相关总成本（TC）＝ $\sqrt{2ABC}$

经济进货批量平均占用资金（W）＝PQ/2＝ $P\sqrt{AB/2C}$

年度最佳进货批次（N）＝A/Q＝ $\sqrt{AC/2B}$

［例 9－1］某公司每年使用 A 材料 6 000 单位，A 材料购买与储存中有关会计资料如表 9－1 所示：

表 9－1

购买价格	每单位	8 元
运入运费	每单位	0.6 元
电话订货费		20 元
装卸费	每单位	30＋0.25 元
存货税	每单位存货每年	0.4 元
材料运到公司的成本		240 元
接货人员的月工资		800 元
库存保险费	每单位每年	0.1 元
仓库租金	每月	1 200 元
平均损失	每单位每年	1.2 元
资金成本	每年	18%
每月处理的订单数		500 份

上述数据中，有的与决策相关，有的则与决策无关，首先应加以区分：

接货人员的工资及仓库租金不随进货量、储存量或订单数的变动而变动，属于固定订货成本或固定储存成本，与决策无关，可不予考虑。

随存货数量变动的成本项目有：存货税、库存保险费、平均损失；随进货量变动的成本项目有：购买价格、运入运费、装卸费；发出一次订单而发生的成本有：电话订货费、装卸费、材料运到公司的成本。

上述三类成本，按每次订货成本、每单位材料年储存成本计算如下：

每次订货成本 $=20+30+240=290$（元）

单位材料年储存成本 $=0.4+0.1+1.2+(8.85\times18\%)=3.293$（元）

由此可计算该材料的经济进货批量指标：

经济进货批量（Q）$=\sqrt{2\times6\ 000\times290/3.293}=1\ 028$（单位）

经济进货批量的存货相关总成本（TC）$=\sqrt{2\times6\ 000\times290/3.293}=1\ 028$（单位）

经济进货批量的存货相关总成本（TC）$=\sqrt{2\times6\ 000\times290\times3.293}=3\ 385.21$（元）

经济进货批量平均占用资金（W）$=8.85\times\sqrt{6\ 000\times290/2\times3.293}=2\ 338\ 141.51$（元）

年度最佳进货批次（N）$=6\ 000/1\ 028=5.8$（次）

二、实行数量折扣的经济进货批量模式

在经济进货批量基本模式中，我们假设不存在数量折扣，即无论进货量是多是少，货物的单位进价成本是一个不变的常数。在实际工作中，为了鼓励客户购买更多的商品，销售企业通常都会给予不同程度的价格优惠，即实行商业折扣；购买数量越多，所获得的价格优惠越大。

当存在商业折扣时，进货企业进行经济进货批量的决策时，除了要考虑订货成本和储存成本外，还需考虑存货的进价成本。此时，进价成本会随着进货数量的变化而发生变动，成为了决策相关成本。即，决策相关总成本演变为：

存货相关总成本 = 存货进价成本 + 相关进货费用 + 相关储存成本

实行数量折扣的经济进货批量具体确定步骤为：

第一步，按照无数量折扣情况下的基本模式，确定经济进货批量及其相关总成本。

第二步，计算不同折扣条件下的经济进货批量和相关总成本。

第三步，比较各相关总成本，选出相关总成本最低的进货量，即最佳经济进货批量。

[例 9－2]某企业甲材料年需求量为 4 000 千克，标准价格为 20 元/件，销售企业规定：客户每批购买量不足 1 000 千克时按标准价计算采购成本；每批购买量在 1 000 千克到 2 000 千克之间的，价格优惠 2%；每批购买量在 2 000 千克以上的价格优惠 3%。已知每批订货成本为 60 元，单位材料储存成本为 3 元。

（1）计算没有数量折扣时的经济进货批量及存货相关总成本：

$$Q=\sqrt{\frac{2\times4\ 000\times60}{3}}=400\text{（千克）}$$

$$TC=4\ 000\times20+\frac{4\ 000}{400}\times60+\frac{400}{2}\times3=81\ 200\text{（元）}$$

（2）计算当 1 000 每次进货量 ＜ 2 000 千克，享受 2% 折扣时存货相关总成本：

TC = 4 000 × 20 × (1 - 2%) + × 60 + × 3 = 80 140(元)

(3)计算当每次进货量 2 000 千克,享受 3% 的折扣时存货相关总成本:

TC = 4 000 × 20 × (1 - 3%) + × 60 + × 3 = 80 720(元)

通过比较可以发现,在各种价格条件下的批量范围内,每批进货批量为 1 000 千克时,存货总成本最低,所以此时的经济进货批量为 1 000 千克。

在实际工作中,由于需要考虑的因素较多,这时可采用的方法也较多,应灵活加以运用。

[例 9 - 3]某公司全年需用 B 零件 12 500 件,该零件进价成本为 70 元,每次订货成本 1 296 元,每件 B 零件全年储存成本为 5 元,资金成本率为 25%。供应商为扩大销售,现规定如表 9 - 2 所示。

表 9 - 2

订货单位数(件)	折扣(元/件)
0—999	无折扣
1 000— 1 999	1.00
2 000—4 999	1.50
5 000—9 999	1.80
10 000 以上	2.00

在考虑资金成本率的情况下,如果把数量折扣看做机会成本(放弃可获得的最大订货量折扣而形成的机会成本,等于该最大订货量与该公司拟选订货政策的折扣之间的差额),则应采用以下方法:

(1)计算没有数量折扣时的经济进货批量:

$$Q = \sqrt{\frac{2 \times 12\ 500 \times 1\ 296}{5 + 70 \times 25\%}} = 1\ 200(件)$$

由此可得,该零件最佳进货批量的选择应是 1 200 件、2 000 件、5 000 件和 10 000 件。

(2)计算进货批量为 1 200 件时的相关总成本:

$$储存成本 = \frac{1\ 200}{2} \times (5 + 69 \times 25\%) = 13\ 350(元)$$

$$订货成本 = \frac{12\ 500}{1\ 200} \times 1\ 296 = 13\ 500(元)$$

放弃折扣 = 12 500 × (2 - 1) = 12 500(元)

存货相关总成本 = 13 350 + 13 500 + 12 500 = 39 350(元)

(3)计算进货批量为 2 000 件时的相关总成本:

$$储存成本 = \frac{2\ 000}{2} \times (5 + 68.5 \times 25\%) = 22\ 125(元)$$

$$订货成本 = \frac{12\ 500}{2\ 000} \times 1\ 296 = 8\ 100(元)$$

放弃折扣 = 12 500 × (2 - 1.5) = 6 250(元)

存货相关总成本 = 22 125 + 8 100 + 6 250 = 36 476(元)

(4)计算进货批量为 5 000 件时的相关总成本:

$$储存成本 = \frac{5\ 000}{2} \times (5 + 68.5 \times 25\%) = 55\ 125(元)$$

订货成本 $=\frac{12\ 500}{5\ 000}\times 1\ 296=3\ 240$(元)

放弃折扣 $=12\ 500\times(2-1.8)=2\ 500$(元)

存货相关总成本 $=55\ 125+3\ 240+2\ 500=60\ 865$(元)

(5)计算进货批量为10 000件时的相关总成本:

储存成本 $=\frac{10\ 000}{2}\times(5+68\times 25\%)=110\ 000$(元)

订货成本 $=\frac{12\ 500}{10\ 000}\times 1\ 296=1\ 620$(元)

放弃折扣 $=0$(元)

存货相关总成本 $=110\ 000+1\ 620+0=111\ 620$(元)

从上述计算可知,最佳进货批量就是存货相关总成本最低的进货批量,即2000件。当然,本例也可以以年成本合计最低的原理进行确定,其选择结果是一样的。

三、允许缺货的经济进货批量模式

在基本模型中,我们假设不存在缺货成本,这是因为良好的存货管理不应该出现缺货现象。但在实际工作中,由于供应与耗用的不确定性,难免会出现缺货现象。在允许缺货的情况下,企业对经济进货批量的确定,除了要考虑订货成本和储存成本,还应该考虑缺货成本,即能够使相关总成本达到最小的进货批量便是经济进货批量。

在允许缺货的情况下,原基本模型中的平均库存量和平均缺货量都会发生变化,存货水平见图9-2。

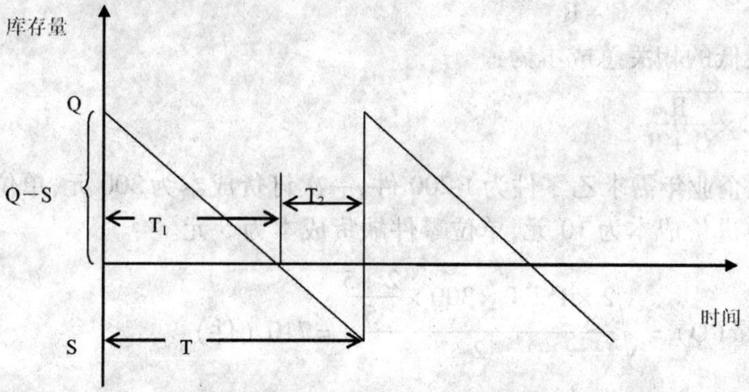

图9-2 缺货情况下的存货水平

图9-2中,缺货量为S;单位缺货成本为R;Q表示最高库存数量;T_1表示库存量为正值的时期;T_2表示库存量为负值的时期;T表示两次订货的间隔时间;d表示存货的日耗用量。

经济订货批量模型的确定步骤为:

(一)确定平均库存量

T_1时段内的平均库存量 $=\frac{Q-S}{2}$

T_2时段内的平均库存量 $=0$

$T_1=\frac{Q-S}{d}$

$$T_2 = \frac{S}{d}$$

$$T = T_1 + T_2 = \frac{Q-S}{d} + \frac{S}{d} = \frac{Q}{d}$$

$$T\text{时段内的平均库存量} = \frac{\frac{Q-S}{2} \times T_1 + 0 \times T_2}{T} = \frac{(Q-S)^2}{2Q}$$

（二）确定平均缺货量

T_1 时期的平均缺货量 = 0

$$T_2\text{时期的平均缺货量} = \frac{S}{2}$$

$$T\text{时期的平均缺货量} = \frac{0 \times T_1 + \frac{S}{2} \times T_2}{T} = \frac{S^2}{2Q}$$

（三）确定缺货情况下的相关总成本

TC = 订货成本 + 储存成本 + 缺货成本

$$= \frac{A}{Q}B + \frac{(Q-S)^2}{2Q}C + \frac{S^2}{2Q}R$$

以 Q 和 S 为自变量，求函数 TC 的偏导数并令其为零，可得：

$$\text{经济进货批量}(Q) = \sqrt{\frac{2AB}{C} \times \frac{C+R}{R}}$$

$$\text{经济缺货量}(S) = Q \times \frac{C}{C+R}$$

由此可得，最低的相关总成本为：

$$TC = \sqrt{2ABC \times \frac{R}{C+R}}$$

[例9－4]某企业年需求乙零件为 1 200 件，一次订货成本为 300 元，单位零件年变动储存成本为 2 元，单位进价成本为 10 元，单位零件缺货成本为 5 元。

$$\text{经济进货批量}(Q) = \sqrt{\frac{2 \times 1\,200 \times 300 \times \frac{2+5}{5}}{2}} = 710\ (\text{件})$$

$$\text{经济缺货量}(S) = 710 \times \frac{2}{2+5} = 203(\text{件})$$

$$\text{最低相关总成本}(TC) = \sqrt{2 \times 1\,200 \times 300 \times 2 \times \frac{5}{5+2}} = 1\,014(\text{元})$$

所以，在缺货情况下，该企业经济进货批量为 710 件，允许的缺货量为 203 件，对应的最低相关总成本为 1 014 元。

四、存货陆续供应和使用时的经济批量模型

在基本模型中，我们假设存货集中到货，即一次全部到货，存货的增加使库存量的变化呈一条垂直直线。事实上，各批存货可能是陆续入库，并使库存量陆续增加；尤其是产成品入库和在产品的转移，几乎总是陆续供应和陆续使用的。

存货陆续供应意味着边供应、边生产、边耗用，这对最高库存量会产生直接影响，进而影响到相关储存成本和总成本模型，但是对存货采购成本和订货成本没有影响。所以，在进行经济进货批量的决策时，变化后的储存成本和订货成本构成了相关总成本，没有缺货成本，对相关总成本进行分析，可以得到最佳进货批量，即能够使相关总成本达到最小的订货量便是经济进货批量。

在存货陆续供应和使用的情况下，存货水平见图 9－3。

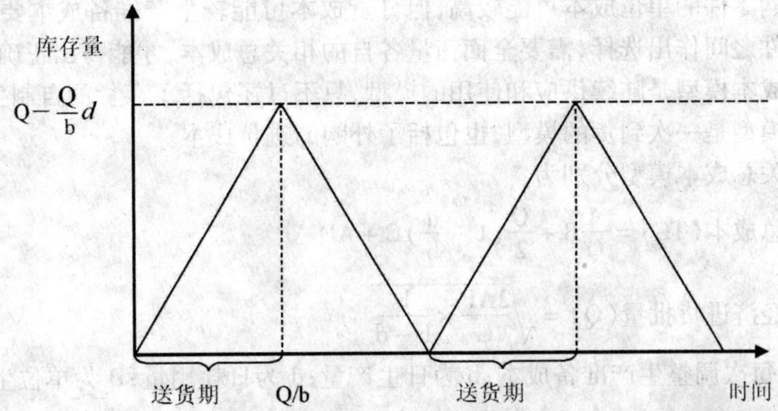

图 9－3　陆续供应陆续使用的存货水平

图 9－3 中 b 为日送货量；d 为日耗用量；$\frac{Q}{b}$为送货期；$d\times\frac{Q}{b}$为送货期内的全部耗用量。

经济进货批量模型的确定步骤为：

（一）确定平均库存量

最高库存量为 $Q-(\frac{Q}{b})\ d=Q(1-\frac{d}{b})$

平均库存量为$\frac{Q}{2}(1-\frac{d}{b})$

（二）确定陆续供应情况下的相关总成本

TC ＝订货成本＋储存成本

$=\frac{A}{Q}B+\frac{Q}{2}(1-\frac{d}{b})C$

为求总成本的最小值，对函数 TC 求导并令其为零，则有：

经济进货批量（Q）＝$\sqrt{\frac{2AB}{C}\times\frac{b}{b-d}}$

由此可得，最低的相关总成本为：

$TC=\sqrt{2ABC(1-\frac{d}{b})}$

［例 9－5］某零件年需用量为 3 600 件，每日送货量为 30 件，每日耗用量为 10 件，单位进价为 10 元，一次订货成本为 25 元，单位储存成本为 2 元。

$Q=\sqrt{\frac{2\times25\times3\ 600}{2}\times\frac{30}{30-10}}=367$（件）

$$TC=\sqrt{2\times 25\times 3\ 600\times 2\times(1-\frac{10}{30})}=490(\text{元})$$

所以,在存货陆续供应的情况下,该企业最佳订货批量为 367 件,对应的最低相关总成本为 490 元。

陆续供应和使用的经济订货模型,也可用于零件自制或外购的选择决策。自制零件属于边送边用的情况,单位成本较低,但每批零件投产的生产准备成本比一次外购的订货成本可能高出许多。外购零件的单位成本可能较高,但订货成本可能较生产准备成本要低。要在自制零件和外购零件之间作出选择,需要全面衡量各自的相关总成本,才能得出正确的结论。这时自制的相关总成本模型是陆续供应和使用的模型,只不过还包括了存货的自制生产成本;外购的相关总成本模型是一次到货的模型,也包括了外购的进价成本。

各自的相关总成本模型分别为:

$$\text{自制相关总成本}(TC)=\frac{A}{Q}B+\frac{Q}{2}(1-\frac{d}{b})C+AD$$

$$\text{自制时的经济进货批量}(Q)=\sqrt{\frac{2AB}{C}\times\frac{b}{b-d}}$$

其中:B 为每次调整生产准备成本;b 为日生产量;d 为日耗用量;D 为单位生产成本。

$$\text{外够相关总成本}(TC)=\frac{A}{Q}B+\frac{Q}{2}C+AD$$

$$\text{外购时的经济进货批量}(Q)=\sqrt{\frac{2AB}{C}}$$

[例 9 -6]某生产企业使用的 A 零件,可以外购也可以自制。如果外购,单价为 4 元,每次订货成本 10 元;如果自制,单位生产成本 3 元,每次调整生产准备成本为 600 元,每日产量为 50 件,零件的全年需要量为 3 600 件,储存变动成本为零件价值的 20%,每日平均需求量为 10 件。

(1)外购零件

$$Q=\sqrt{\frac{2\times 10\times 3\ 600}{4\times 0.2}}=300(\text{件})$$

$$TC=\sqrt{2\times 10\times 3\ 600\times 4\times 0.2}(\text{元})=240(\text{元})$$

$$TC=3\ 600\times 4+240=14\ 640(\text{元})$$

(2)自制零件

$$Q=\sqrt{\frac{2\times 600\times 3\ 600}{3\times 0.2}\times\frac{50}{50-10}}=3\ 000(\text{件})$$

$$TC(Q^*)=\sqrt{2\times 600\times 3\ 600\times 3\times 0.2\times(1-\frac{10}{50})}=1\ 440(\text{元})$$

$$TC=3\ 600\times 3+1\ 440=12\ 240(\text{元})$$

由于自制的总成本 12 240 元低于外购的总成本 14 640 元,所以,选择自制 A 零件。

五、再订货点和保险储备的确定

(一)再订货点

当存货的经济订货批量确定以后,按经济订货批量进货时,企业还需考虑当库存达到怎样的水平时,应发出第二次订货的订单,这一库存水平对应的存货数量就是再订货点。

影响再订货点的因素有两个：

(1)订货提前期。订货提前期也称为交货周期，是指企业从办理订货手续到实际收到货物所需要的天数。日常经济生活中，为了避免停工待料等缺货成本的发生，企业必须提前订货，而不能等到存货为零时才开始再次订货，企业所计算的应该提前订货的天数也就是正常情况下从订货到收货所需的时间，此天数就是订货提前期。一般情况下，将订货提前期假定为固定数。

(2)存货的正常耗用量。存货的正常耗用量是指存货在单位时间的耗用水平，一般情况下，假定存货平均耗用，即正常耗用量也为固定数。

设订货提前期为L，每日存货平均耗用量为d，再订货点为RP，则：

$RP = L \cdot d$

与再订货点有关的各个因素的对应关系，可见图9－4。

[例9－7]假定某种原材料每天的平均需要量为20千克，订货日到到货日的时间为10天。

$RP = 10 \times 20 = 200$（千克）

说明，当库存存货达到200千克时，企业就应该组织再次订货，以保证最后一单位存货用完时，马上收到新订的货物。

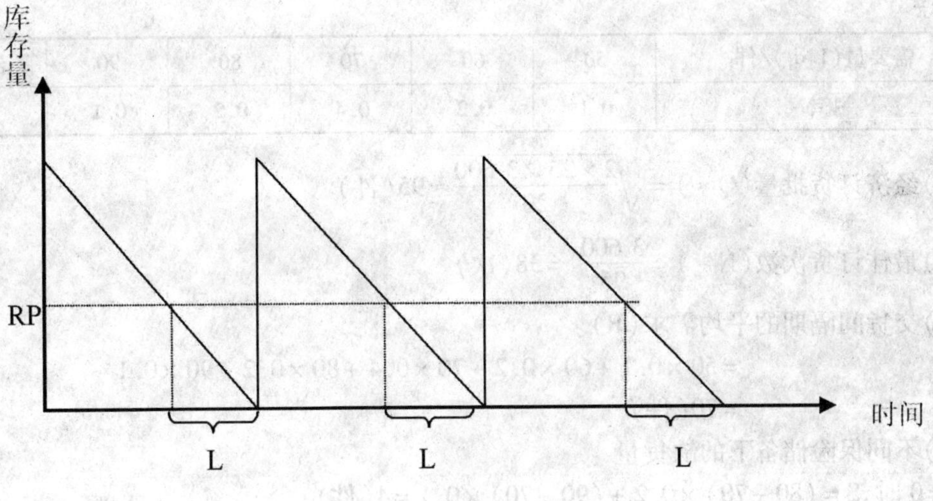

图9－4　订货提前期

计算的再订货点满足上述条件时，有关存货的经济订货批量、最佳订货次数、最佳订货周期等并无变化，与基本模型相同。

(二)保险储备

上面对再订货点的确定，假设了订货提前期与存货供需固定不变，且每日的耗用量稳定。但实际上，情况并非如此，企业对存货的需求量经常会发生变化，交货时间由于种种原因也可能延误或缩短，这些不确定性的存在，要求企业企业持有一定的保险储备，即持有一定的额外库存数量，以防止供应延误、存货短缺等造成损失。

设保险储备以SS表示，则

$RP = L \cdot d + SS$

同时，建立保险储备后，存货的储存成本相应增加。所以，最佳保险储备的确定就是在存货短缺造成的缺货成本和保险储备带来的储存成本之间进行权衡，使二者之和达到最小。

设 TCs 为缺货成本，TC_B 为保险储存成本，R 为单位缺货成本，S 为缺货数量，N 为年订货次数，SS 为保险储备量，C 为单位储存成本，则相关总成本为：

$$TC(S、B) = TCs + TC_B$$
$$= R \cdot S \cdot N + SS \cdot C$$

式中缺货量 S 具有一定的不确定性，我们只能根据经验估计出 S 发生的概率分布情况，若要确定 S 的值，需采用概率分析法分析。

$$S_1 = L_1 d_1 - R$$

其中，S_1 表示不同概率分布下的缺货量；$L_1 d_1$ 表示不同概率分布下交货时间内的存货需求量；RP 表示再订货点。

根据上式，可以计算出不同保险储备下缺货量 S 的期望值，进而通过比较不同安全储备量下的 TC(S、B)，找到相关成本最小时的最佳保险储备量。

[例9－8]某公司每年需要外购丁零件 3 600 件，该零件单位储存成本为 20 元/件，一次订货成本为 25 元，单位缺货成本为 100 元/件。在交货间隔期内的需要量及其概率见表 9－3。

可供选择的保险储备方案为 0 件、10 件和 20 件。

表 9－3

需要量($L_1 d_1$)/件	50	60	70	80	90	合计
概率	0.1	0.2	0.4	0.2	0.1	1

(1)经济订货批量(Q＊)＝$\sqrt{\frac{2 \times 25 \times 3\ 600}{20}} \approx 95$(件)

(2)最佳订货次数(N＊)＝$\frac{3\ 600}{95}$＝38(次)

(3)交货间隔期的平均需求(R)

$$= 50 \times 0.1 + 60 \times 0.2 + 70 \times 0.4 + 80 \times 0.2 + 90 \times 0.1$$
$$= 70(件)$$

(4)不同保险储备下的缺货量

B＝0 时，S＝(80－70)×0.2＋(90－70)×0.1＝4(件)

B＝10 时，S＝(90－80)×0.1＝1(件)

B＝20 时，S＝0

(5)确定不同保险储备下的相关总成本

SS＝0 时，TC＝100×4×38＝15 200(元)

SS＝10 时，TC＝100×1×38＋10×20＝4 000(元)

SS＝20 时，TC＝20×20＝400(元)

当保险储备为 20 件时，相关成本最低，所以此时为最佳安全储备量，且对应的再订货点为 RP＝70＋20＝90 件。

第三节　日常存货控制

在存货的管理中，确定了再订货点和经济进货量，仅仅是回答了何时订货和订货多少的问题，如何使存货经常保持在最佳的水平上，还有待于日常对存货的有效控制。

一、定量订货控制

定量订货控制是指，以相对固定的再订货点和经济进货批量为基础，组织订货和控制存货的一种存货管理方法。这种存货控制方法的特点是：订货量固定，订货日期不固定。

其基本做法是：在仓库保管的各种存货上，挂上带有编号的标签，当仓库付出时，将标签取下，并登记“永续盘存卡”，通过永续盘存卡掌握每种存货的实际数量。为了正确地把握订货时间和每次进货量，在每种存货的永续盘存卡上，必须注明该种存货的“再订货点”和“经济进货批量”，以便在实际存货降低到再订货点时，立即按照经济进货批量组织下次订货。

在定量订货控制法下，经济进货批量一般按照前述有关模型予以确定，再订货点也由前述模型计算得出。

定量订货控制法对存货的控制简便易行，但在此法下，必须注意留由适当的保险储备量，以免影响企业的正常经营。

二、定期订货控制

定期订货控制是指，按照固定的订货周期，按时盘点存货，以存货的每次盘存数量与预定最高库存量之间的差额，作为每次订货数量的一种存货控制方法。这种存货控制方法的特点是：订货周期固定，订货数量不固定。

在定期订货控制法下，每次订货数量的计算公式为：

$$\text{每次订货量}=\left(\text{供应间隔期}+\text{交货时间}\right)\times\text{平均每日需要量}+\text{保险储备}-\left(\text{实际存货量}+\text{订货余数}\right)$$

其中，订货余数是指每次订货时尚未到达的以往订货。

三、ABC 分类控制

企业的存货品种数量繁多，特别是企业生产中需要的原材料有成千上万种。所以，在实际经济生活中，对于这些存货要实行全面管理与控制有一定的困难，西方国家的企业，多采用 ABC 分类法进行存货的分类管理，这样既能保证重点、又能照顾一般，对不同的物资采取不同的对策，以实现最经济、最合理的管理。

（一）ABC 分类管理的基本原理

ABC 分类管理是意大利经济学家巴雷托于 1979 年分析本国人口和收入规律时的发现，巴雷托总发现占人口百分比不大的少数人占有着社会总收入的绝大部分，而大多数人的收入却只占社会总收入的很小部分，根据统计的数字可以用 ABC 曲线表示，也称为巴雷托曲线。

这种情况在生产实践中也存在，尤其企业管理中，ABC 曲线关系反映在方方面面。例如，在一个企业里，库存价值和品种数量的分配关系大约为，20% 的库存物资占整个库存价值的 80%；而另外的 80% 品种数量多的小项目，却只占整个库存价值的 20%。于是，ABC 分类法的原理开始被普遍应用于企业管理中。

所谓 ABC 分类法，又称重点管理法，它是以某种物资的存量百分比和价值百分比为分类标准，将企业所有库存物资划分为 ABC 三类，进行分类管理的一种方法。具体方法是：

1. 分类。将品种及数量少但价值很大的项目划分为 A 类；将品种数量较多且价值较大的项目划分为 B 类；将种类很多但价值很小的项目划分为 C 类。

2. 管理。对金额高的 A 类物资进行重点管理和控制；对 B 类物资，可以采用通常的方法进行管理和控制；对 C 类物资，以简便的方法加以管理和控制。

（二）ABC 库存分类管理的程序

存货 ABC 分类控制法的主要步骤如下：

1. 将各种库存物资全年平均耗用量分别乘以各自的单价，计算出各种物资的耗用总量及耗用总额。

2. 按品种物资占用金额的大小顺序进行排序，并计算出各种物资所占用总数量和总金额的比重。

3. 将占用额适当分段，计算各段中各项物资领用数额的百分比，分段累计占用金额的百分比，并根据一定的标准把它们分为 ABC 类。分类标准见表 9－4。

表 9－4

物资类别	占物资品种数的百分比	占物资金额的百分比
A	5%—10%	70%—80%
B	20%—30%	15%—20%
C	50%—70%	5%—10%

［例 9－9］某厂生产一种乙产品，共使用 8 种零件存货项目，如果所有零件均是外购，其单价及全年平均领用量等有关资料见表 9－5。

表 9－5

存货编号	单　价	年平均领用量	总成本
1	2.00	5 500	11 000
2	40.00	1 500	60 000
3	0.05	15 000	750
4	160.00	500	80 000
5	8.00	2 000	16 000
6	2.50	3 000	7 500
7	2.50	4 000	10 000
8	0.25	18 000	4 500
合　计		49 500	189 750

将表 9－5 中各项物资按照年平均总成本的大小依次排序，并分别计算各项物资所占领用数量和总资金额的百分比，具体见表 9－6。

表 9－6

存货编号	总成本	占总领用成本的百分比(%)	领用总量	占领用总量的百分比(%)
4	80 000	42%	500	1%
2	60 000	32%	1 500	3%
5	16 000	8%	2 000	4%
1	11 000	6%	5 500	11%
7	10 000	5%	4 000	8%
6	7 500	4%	3 000	6%
8	4 500	3%	18 000	37%
3	750	0	15 000	30%
合 计	189 750	100%	49 500	100%

根据分类的一般标准和有关资料，可以编制 ABC 分类表，具体见表 9－7。

表 9－7　ABC 分类表

类 别	领用数量(件)		总成本(元)	
	领用总量	百分比(%)	领用总成本	百分比(%)
A	2 000	4%	140 000	74%
B	11 500	23%	37 000	19%
C	12 750	73%	36 000	8%

根据上述资料，可以看出 A 类存货虽占领用总量的 4%，但其金额占总成本的 74%，属于量少而价高的最重要物资；C 类存货领用量占总领用量的 73%，但其金额只占总成本的 7%，属于量多而低价的物资；B 类物资则介于 A 类和 C 类之间。

(三)ABC 分类控制法

上述 ABC 三类存货中，由于各类物资的重要程度不同，一般可采用下列控制方法：

1. 对于 A 类物资要进行重点控制，要计算各个项目的经济订货量和再订货点，尽可能适当增加订货次数，减少库存量。同时，还可对 A 类存货分别设置永续盘存卡片，以加强日常的控制。

2. 对于 B 类存货的控制，也要事先为每个项目计算经济订货批量和再订货点，同时也要分项目设置永续盘存卡片来反映库存状态，但不如 A 类物资要求严格，只要定期进行概括性的检查就可以了。

3. 对于 C 类存货的控制，由于它们为数众多，而且单价又低，存货成本也很低，因此，可适当增加每次订货数量，减少全年的订货次数。对于这类物资的日常控制方法，一般可采用一些较为简单化的方法进行管理，常用的有“双箱法”，即将某项库存物资分装两个货箱，第一箱的库存量是达到再订货点的耗用量，当第一箱用完时，就意味着必须马上发出订货单，以便补充生产中领用和即将领用的物资。

四、适时制生产的存货系统

适时制生产系统(Just－in－time System，简称 JIT)，是指通过合理规划企业的产供销过程，使从原材料采购到产成品销售每个环节都能紧密衔接，减少制造过程中不增加价值的作业，减少库存，消除浪费，从而降低成本，提高产品质量，最终实现企业效益最大化。

（一）适时制生产的存货系统的基本原理

适时制生产的存货系统的基本原理是：只有在使用之前才从供应商处进货，从而将原材料或配件的库存数量减少到最小；只有在出现需求或接到订单时才开始生产，从而避免产成品积压。及时生产的存货系统要求企业在生产经营的需要与材料物资的供应之间实现同步，使物资传送与作业加工速度处于同一节拍，最终将存货降低到最小限度，甚至零库存。

由适时制生产系统的原理可知，适时制存货管理与传统的的存货管理方法是相冲突的。传统存货管理方法提倡持有一定水平的存货，达到成本最低；而适时制存货管理法的最终目的是消灭存货，以达成本最低。在适时制下，存货被认为对企业的经营存在负面影响：

第一，企业持有存货要占压流动资金。当企业持有大量存货时，相应数额的资金就暂时沉淀下来，直到产成品销售出去才能重新参加周转。如果企业存货严重积压，为了获得流动资金支付工资等必要的开支，企业可能被迫增加举债，支付额外的利息；反之，如果企业能够大量减少存货，甚至是零存货，将这部分资金运用到其他方面，如投资于证券等，则可以取得投资收益。可见，企业持有存货是存在机会成本的。

第二，企业持有存货会发生仓储成本。大量存货必然要占用仓储空间，要耗费企业人工进行管理，存货本身在仓储过程中也可能发生损耗。这种仓储成本和管理成本都将提高企业的成本水平。

第三，企业持有存货可能掩盖生产质量问题，掩盖生产的低效率，增加企业信息系统的复杂性。例如，当企业后一道工序进行加工过程中，如果发现从在产品库中取出的在产品有次品，则可以再去在产品库中取用合格品，这时次品的出现不会导致严重的后果，不会立即引起管理人员的重视，不利于企业寻找次品出现原因以不断提高产品质量。再如，假设企业生产效率低，当市场需要大量成品时，有库存成品起缓冲作用，不利于督促企业提高生产效率。

持适时制观点的人还认为，适时制同样使生产准备成本和储存成本最小化，但看问题的角度完全不同：传统方法是在接受了生产准备成本或订货成本的存在合理性的前提下，发现了企业成本最低的条件，即变动订货成本与变动储存成本、生产准备成本与变动储存成本相等；而适时制是在不接受生产准备成本或订货成本的前提下，试图使这些成本趋于零。其措施是缩减生产准备的时间和签订与供应商的长期合同。通过和少数的指定的供应商签订外供材料的长期合同，随时在需要时向指定供应商要求将生产材料直接运至生产现场，定期结算，减少生产准备时间等，显然可以减少订货的数量及相应的订货成本。缩减生产准备时间，要求公司为生产准备寻找更新、更有效率的方法。经验已经证明生产准备时间是可以被大幅度缩减的。生产准备时间的下降必然导致生产准备成本大大降低。如果生产准备成本和订货成本能够降至一个不重要的水平，那么唯一需要最小化的成本就是储存成本。而该成本随着存货的下降也会下降到不重要的水平。显然，适时制生产系统下的企业成本会大大低于传统生产系统下的企业成本。

（二）适时制生产的存货系统的优缺点

适时制生产的存货系统的优点是降低库存成本，减少从订货到交货的加工等待时间，提高生产效率；降低废品率、再加工和担保成本。但及时生产的存货系统要求企业内外部全面协调与配合，一旦供应链破坏，或企业不能在很短时间内根据客户需求调整生产，企业生产经营的稳定性将会受到影响，经营风险加大。此外，为了保证能够按合同的约定频繁小量配送，供应商可能要求额外加价，企业因此丧失了从其他供应商那里获得更低价格的机会收益。

☆★本章关键概念

存货相关成本 经济订货批量 采购成本 订货成本 储存成本 缺货成本 再订货点 保险储备 ABC 分类控制法 适时制系统

☆★复习思考题

1. 经济订货批量基本模型的假设条件有哪些？
2. 确定经济订货批量应考虑的相关成本有哪些？
3. 什么是缺货成本，考虑缺货成本情况下的经济订货批量如何确定？
4. 什么是订货成本，订货成本模型如何确定？
5. 什么是再订货点，如何计算？
6. 什么是保险储备，企业留有保险储备的原因是什么？
7. 说明 ABC 分类管理的主要观点。

第十章　责任会计

【引言】

国际经济的迅速发展和商业竞争的日益激烈，使得传统的集权管理模式无法满足迅速变化的市场需求，分权管理成为组织管理的发展趋势。然而分权管理模式中也存在着目标分化等缺陷，这就需要企业内部建立一套有效的控制制度来配合分权管理模式的实施，这就是责任会计制度。

责任会计制度是按授权范围的大小将企业内部划分为不同的责任单位，明确其权、责、利，以责任预算、责任控制和责任考核为内容的一整套内部控制系统。责任会计制度的实施有利于贯彻经济责任制，并对各责任单位进行有效的激励。

责任中心可以划分为成本中心、利润中心和投资中心等形式，不同的责任中心都具有自身的考核和评价方法。为了公正合理地对各责任中心进行业绩评价和考核，企业需制定合理的内部转移价格。

第一节　分权管理与责任会计

一、责任会计产生的背景

二战以来，世界经济迅速发展，商业竞争日益激烈，企业规模也越来越大，一大批集团型企业在世界各地相继出现。企业规模的扩大，一方面由于资源的整合与管理协同效应的发挥，提高了企业的核心竞争能力；但另一方面也使企业内部经营管理复杂化。在这种形势下，传统的集权管理模式由于其决策集中、应变能力差、无法满足迅速变化的市场需求，分权管理模式的出现一定程度上修正了集权管理的缺陷。

所谓集权管理是指企业将决策制定权高度集中，决策问题自下而上地传递给企业最高管理者，由其作出最优决策，并布置下级单位负责执行的一种企业组织管理模式。集权管理可以保证企业总体发展目标的顺利实施，可以防止资源的浪费；但其对市场变化的敏感性很差，权力过度集中致使无法调动各级单位的工作积极性。

所谓分权管理，是指企业将决策制定权在不同层次的管理人员之间进行适当划分，并将决策权随同相应的经济责任下放给不同层次的基层管理人员，使其对日常的生产经营活动进行及时决策，以适应市场变化需求的一种企业组织管理模式。

分权管理的主要优点是：

1. 有利于提高企业的市场竞争能力

分权管理，就是将企业整体划分为不同层次的管理部门，确定各部门的负责人，并明确其拥有的决策权，鼓励其进行决策的一种管理方法。这种做法将各个部门推向了竞争激烈的市场环境，使其可以直接对市场波动作出迅速有效的反应，及时制定应对措施、作出正确决策，其后果就是使企业发展与市场发展保持了一致，提高了企业市场竞争能力，加强了各个部门日常经营活动的控制力度。

2. 有利于高层管理者提高工作效率、从事战略决策

高层管理者是企业最有价值的人力资源，如果将他们的精力放在为下级部门进行日常经营管理决策的话，是对资源的最大浪费，也会对企业的战略发展造成不利影响。在分权管理模式下，高层管理者将日常管理工作下放给各级部门分别处理，可以将其从日常经营决策中解脱出来，把有限精力集中在企业政策性和战略性的决策上来，为企业未来的发展作出长远规划。

3. 有利于发挥企业的激励机制

在分权管理模式下，通过赋予基层管理者一定的决策权，使他们在工作中充分发挥自已的才华、实现个人的价值，有利于激发这些人的工作积极性，创造出有效的激励机制。

4. 有利于人才培养

分权管理能为企业基层管理者提供大量的决策和管理机会，有利于基层管理人员提高管理能力和管理技能，积累管理经验；也有利于企业高层管理者有效考核基层管理者的管理水平，发现和培养人才，为企业创造良好的管理梯队。

分权管理一般被大型的企业所采纳，它有一定的优越性，却也存在缺陷，包括以下方面：一是分权管理缺乏目标一致性。各个分权单位由于注重自身局部利益和短期利益，就会牺牲企业的整体利益或长期利益，从而削弱了各分权单位之间的整体协作观念，产生了目标不一致的问题。二是分权管理增加了信息成本和代理成本。分权管理过程中，信息的反复传递会增加信息不对称所产生的信息成本，也会增加因为委托代理关系而存在的代理成本，这些因素会对干扰企业高层管理者作出正确的战略决策。

为了防止分权管理的缺陷，必须严格推行“经济责任制”，在责、权、利相结合的基础上，协调各方面的关系，以保证经营目标的一致性。于是在20世纪60年代以后的西方企业中，为顺应这种管理要求，一种有效的控制制度不断发展和完善起来，即责任会计。具体措施是：根据企业赋予各级单位的权力、责任以及对其业绩的范围和评价方式的不同，将企业划分为各种不同形式的责任中心；建立以各种责任中心为主体，以权、责、利相统一为特征，以责任预算、责任控制、责任考核为内容的系列结构，并通过信息的积累、加工和反馈形成一整套的企业内部控制系统，即为责任会计制度。

二、责任会计制度的作用和原则

(一)责任会计制度的作用

企业建立责任会计制度，实施责任会计，其重要作用体现在以下方面：

1. 有利于贯彻企业经济责任制

企业的经济责任制是在国家政策的指导下，以提高企业经济效益为目的，责、权、利相结合的，国家、企业、个人利益相统一的，职工劳动所得与劳动成果相联系的生产经营管理制度。责任会计要求把经济责任落实到各基层单位，划清各单位的责任，并通过会计资料的计量考核各单位的经营成果。无论责任会计的原则还是其内容，都体现了经济责任制的要求。同时，企业责任会计制度的建立，使各级经营机构不仅在业务上承担了一定的经济责任，而且使它们有了各自的预算或标准成本。这样就便于分析各级人员的实际工作成绩，把他们的工作成绩与预算的差异进行分析比较，分清经济责任的归属。这为进一步改变企业长期缺乏主动性和活力，职工缺乏积极性和责任感的被动局面创造了极为有利的条件。

2. 有利于实现企业总体目标

按责任会计制度要求，企业必须定期编制责任报告，而责任报告内容采用链条形式，即以企业最低管理层次为起点，逐级向上汇编，直至最高管理层次。这样各种数据环环相扣，逐级汇总，形成一条“责任链条”，为企业完成总体目标创造了有利条件。

3. 有利于加强成本控制

责任会计制度的一项重要内容就是建立一套完整的记录、计算、积累有关责任成本的核算方法，加强对可控成本的控制。

4. 便于及时反馈经济信息

实行责任会计，可以使业务部门及有关责任者及时了解其责任履行情况，检查是否达到目标，及时进行信息反馈，总结经验，及时发现和解决生产经营过程中的问题，以达到或超过预期目的。

5. 有利于按例外管理原则进行管理

责任会计制度的实行，使各级管理人员都明确了自己的责任区域。高层管理人员不必把精力分散在各个细小的部门和单位中的具体事项上，而是集中精力处理更重要的问题，特别是研究企业的未来发展，以保证企业在激励的竞争中能生存并发展下去。

6. 有利于充分发挥激励职能

责任会计的理论基础中包括了组织行为学，按照行为科学理论，责任会计制度的建立可以明确各责任单位和责任人员的经济责任及其享有的权力，从而激发员工内在的积极性和创造性，对企业目标的实现有着不可忽视的作用。

(二)责任会计的原则

责任会计是一种管理活动，它以企业内部各责任单位为基础，以保证企业计划的顺利执行和不断提高经济效益为目的，主要利用价值形式对企业内部生产经营活动过程中的耗费、占用和成果进行核算和控制。尽管各企业实施责任会计制度的具体做法可能不尽相同，但都应符合以下几项基本原则：

1. 目标一致性原则。责任者权责范围的确定，责任预算的编制和责任者成绩的评价、考核,可以促使责任者为企业总目标的实现而努力工作,保持各责任中心的目标同企业总目标一致,以及责任者的利益同企业整体利益一致,防止各责任者偏离企业总目标而各行其事,以致损害企业的整体利益。

企业在实行分权管理的情况下,往往会出现各职能部门、各车间的局部目标同整个企业总目标的差异性,这时就需要各个职能部门以各车间以及企业的总体目标为主,协调完成企业的总体目标,否则企业总目标将难以实现。要制定合适的考核标准。标准的高低直接影响到总体目标的完成,为此,要选择具有综合性的考核标准,以避免由于实行单一标准而造成企业内部各责任实体只重视某一方面的情形。责任指标的综合性可以避免责任实体只顾眼前利益的做法,能够比较全面地反映责任实体所承担的经济责任。

2. 可控性原则。可控性原则指上级对下级的考核应只限于下级所能控制的活动或因素。例如,在一个成本中心中,能为这个责任中心所控制,对其工作好坏产生影响的成本,属于可控成本,否则就是不可控成本。对于这个责任中心来说,其成绩的好坏应由其可控成本作为考核和评价的主要依据,不可控成本仅有参考意义。可控成本原则意味着,只要下级努力工作,他就能达到控制目标的要求,因为这些目标的完成情况完全受其行为的影响或控制。反之,如果在责任会计中心引入不可控指标时,被控对象完成指标的积极性就会受到影响。从这一意义上来看,可控性原则实际上隶属于下面提到的激励原则,但由于这一原则在责任会计中运用广泛,因而值得专门提出。

3. 激励原则。为责任中心确定了符合企业整体利益的目标以后,还要促使各责任中心以最大的努力来完成目标,也就是说对被控对象进行有效的激励。激励过程是一个非常复杂的行为过程,激励的大小取决于多种因素的综合作用,所以责任会计也就是通过对人的行为的激励来发挥作用的。

在责任会计中,控制目标的难度和达到目的后的奖励是影响激励的两个重要因素。一般来说,这两个因素对激励的影响是反方向的。随着目标难度的增加,被控对象的积极性可能会下降,当目标的难度超过一定限度时,被控对象也就没有积极性去完成目标;反之,随着完成目标后奖励的增加,被控对象的积极性就会提高。所以,在设计责任会计制度时,我们可以通过这两个因素的选择和组合来改善对各责任中心的激励。

4. 灵活性原则。责任会计制度要在瞬息万变的经营环境中保持其控制效能,必须具有灵活性。首先,责任范围要按经济业务内在联系划分,把责任细分为几层具体的工作,而不能搞行政分割。否则一旦环境变化,职责划分又不能及时调整,就会出现新工作或新问题无人负责的现象;其次,责任的考核应采用价值指标与非价值指标、长期效益指标与短期效益指标、定性指标与定量指标等多种类型指标相结合,并把会计核算、统计核算和业务核算紧密结合进行责任核算,这样才能适应企业内部管理的需要。

5. 及时反馈原则。贯彻责任会计制度还需要有反馈执行情况的信息传递系统,应该有一个良好的记录和报告制度,使生产业务部门及责任者能及时了解各自的预算情况。和“责任预算”进行对比分析。这样,一是可以使责任者正确了解经过自己努力所取得的成绩,以及存在的问题,使领导者不失时机得到这类信息,恰当地使用权力,调整责任中心的经济活动;二是通过信息反馈可以使责任者及时了解到信息范围内到底出现了什么难题,依靠自身的变化,对环境变化所产生的影响及时地化解;三是通过准确、可靠、及时地反馈经济信息,使企业领导者能作出恰当的决策。信息反馈原则要求经济活动的报告要及时,间隔期尽量短一些,数据要可靠,但不要求过分精确,以减少工作量。

6. 例外管理原则。例外管理也是一项重要的管理原则。企业生产经营活动的多样性和复杂性,以及外部环境的经常变化、管理基础的强弱不同、管理人员的素质高低不一,都不可避免地使责任单位的执行结果与企业的责任预算发生差异。作为企业最高层次的领导者就要根据差异的不同情况区别对待。如果产生的差异对企业的目标有很大影响,这就要求高层领导者进行仔细的分析和评价,找出问题的症结所在,以保证企业在竞争的条件下生存和发展下去。因此,实行例外管理是必要的。这是因为,首先,作为一个规模日益扩大、管理日益复杂的企业,其最高层管理者没有必要也不可能对一些日常的事务性工作样样都抓,都放在重要的位置上;其次,现行的会计制度还不能明显地指出和控制某种例外差异的产生,会计资料只是反映执行结果与预算目标相比的差异,这种情况就需要企业实行例外管理,并能为之建立与其相适应的会计制度。

实行例外管理,要避免混淆计划制定差异和计划执行差异,因为造成这两种差异的原因不同,即前者由计划部门造成,后者由执行单位造成。企业高层管理者要根据不同差异采取不同的方法来处理。

三、实施责任会计制度的基本程序

(一)划分责任中心,确定责权范围

企业实行分权管理,逐级下放权责,所属各部门就成为许多责任中心。所谓责任中心,是指由一个主管人员承担责任并具有相当权力的内部单位。这里所说的"责任",是指责任中心的管理人员对其职务范围内所发生的管理费用和工作成果应负的经济责任。实行责任会计,要合理划分责任中心。要按照管理可以明确分工,责任可以辨认,成果可以单独考核的原则,把整个企业划分为若干责任中心。虽然企业的生产经营活动是一个有机整体,一个管理人员的成绩往往受到其他人员工作状况的影响,不易完全划分清楚,但为了贯彻责任制度,对每个人的权责应尽可能地明确规定。

(二)编制责任预算,确定各责任中心的业绩考核标准

企业通常都编有预算,以财务形式来表示一定时间的计划和目标。一般预 算是分别销售、生产、采购、人工、财务等职能以及资本支出等来编制的。通过上述各种预算来确定预期的本期经营成果(利润)和期末财务状况。实行责任会计时,要求按照各责任中心编制预算,将企业的全面预算所确定的目标和任务进行层层分解,为每一责任中心确定相应的责任预算,其目的是使各责任中心的管理人员明确应负的任务和应控制的事项,这种预算称为责任预算。责任预算和一般预算可以并行实施,因为它们只是从不同的角度来计划企业的经济活动,最后达到同样的目标,即预期的经营成果和财务状况。事实上,并不要求编制两套预算,而是在同一套预算中既按产品和生产经营过程规定目标,也同时按责任中心来规定目标,各自发挥不同的作用。

责任预算规定各责任中心目标后,应在经营活动开始前将目标下达给各责任中心的负责人,使他们按预算来控制本部门的经营活动。在责任中心体制下,对实际发生业务的记录,要按责任中心来汇集和分类,即对收益和成本费用按责任中心设置明细账。此外,为了明确责任起见,应尽量避免收益和费用的分配计算。在必须分配共同费用时,要根据责任归属采用合理的分配方法,拟定适当的结算价格,以防转嫁责任。

（三）编制责任报告，反映各责任中心预算的完成和执行情况

一个良好的报告制度，应具有相关性、适时性和准确性。

相关性，是指报告的内容要适合各级主管人员的不同需要，只列示他本人控制范围内的有关数据，即使要照顾资料的完整性，也要明显区分可控部分和不可控部分。

适时性，是指报告的时间要适合报告使用人的需要。一般说来，下级管理人员要求的报告要及时，并且有较高的报告频率，高级管理人员则与此相反。总之，既要满足控制的要求，又要保持合理的成本。

准确性，是指报告的发挥要有足够的准确性，保证评价和考核的正确性，而不是要求绝对精确。影响报告准确性的主要因素，不是计算的精度，而是原始资料的真实可靠性以及计算方法的科学性。

责任中心及其责任预算一经确定，就要按照责任中心建立相应的、完整的日记录和计算相关责任执行情况的信息系统，并定期编制业绩报告。各责任中心所编制的责任报告要完整、客观、及时地反应本中心责任的完成情况和执行情况。

（四）进行业绩评价与考核

通过对各责任中心责任报告中的实际数与预算数进行对比和差异分析，可以对各责任单位的工作业绩和经营效果进行客观的评价和考核。再根据实现制定的奖惩制度对各责任单位进行有效的优奖劣罚，以保证经济责任制的贯彻执行。这套奖惩制度要客观、公正，最大限度地调动每个责任人的积极性，充分发挥责任会计制度的激励职能。

第二节 责任会计

一、责任中心的涵义和特征

责任中心就是承担一定经济责任，并享有一定权利和利益的企业内部（责任）单位。

企业为了实行有效的内部协调与控制，通常都按照统一领导、分级管理的原则，在其内部合理划分责任单位，明确各责任单位应承担的经济责任、应有的权利和利益，促使各责任单位尽其责任协同配合。同时，为了保证预算的贯彻落实和最终实现，必须把总预算中确定的目标和任务，按照责任中心逐层进行指标分解，形成责任预算，使各个责任中心据以明确目标和任务。

责任预算执行情况的揭示和考评可以通过责任会计来进行。责任会计围绕各个责任中心，把衡量工作成果的会计同企业生产经营责任制紧密结合起来，成为企业内部控制体系的重要组成部分。由此可见，建立责任中心是实行责任预算和责任会计的基础。

责任中心通常具有以下特征：

1. 责任中心是一个责权利结合的实体。它意味着每个责任中心都要对一定的财务指标承担完成的责任；同时，赋予责任中心与其所承担责任的范围和大小相适应的权力，并规定出相应的业绩考核标准和利益分配标准。

2. 责任中心具有承担经济责任的条件。它有两方面涵义：一是责任中游履行经济责任中

各条款的行为能力，二是责任中心一旦不能履行经济责任，能对其后果承担责任。

3. 责任中心所承担的责任和行使的权力都应是可控的。每个责任中心只能对其责权范围内可控的成本、收入、利润和投资负责，在责任预算和业绩考核中也只应包括它们能控制的项目。可控是相对于不可控而言的，不同的责任层次，其可控范围并不一样。一般而言，责任层次越高，其可控范围越大。

4. 责任中心具有相对独立的经营活动和财务收支活动。它是确定经济责任的客观对象，是责任中心得以存在的前提条件。

5. 责任中心便于进行责任会计核算或单独核算。责任中心不仅要划清责任而且要单独核算，划清责任是前提，单独核算是保证。只要既划清责任又能单独进行核算的企业内部单位，才能作为一个责任中心。

根据企业内部责任中心的权责范围及业务活动的特点不同，它可以分为成本中心、利润中心、投资中心三大类。

二、成本中心

(一) 成本中心的涵义

成本中心是指那些只发生成本而无收入来源的责任中心。这类责任中心不对外销售产品、无销售收入产生；只有成本和费用发生，只能对成本和费用实施控制；只需对成本负责，不需对收入、收益或投资负责。

成本中心的目标也就是在保质保量、完成生产任务或搞好管理工作的前提下控制和降低成本。

成本中心是责任中心中层次划分最具体的一种责任中心，成本中心应用范围最广，是实行责任会计应设置的最基层的责任单位。任何对成本负有责任的部门都是成本中心，一个企业的车间、工段、班组、个人等都可以成为一个成本中心。

按照投入产出关系，成本中心可以划分为标准成本中心和费用中心。

标准成本中心，又称技术性成本中心，是指生产产品或提供劳务的责任中心。标准成本是指成本发生的数额可以通过技术分析相对可靠地估计、测算出来的成本，如直接材料、直接人工等成本。其特点是这种成本的发生可以为企业提供一定的物质成果，在技术上投入量与产出量之间存在密切联系。这种成本可以通过弹性预算予以控制。标准成本中心的主要形式是企业的生产车间或部门。

费用中心，又称酌量性成本中心，是指投入产出关系不密切的责任中心。这种成本中心所发生的费用主要是为企业提供一定的专业服务，一般不能产生可以用货币计量的成果。如企业的行政管理部门和研究开发部门，在这些部门的费用如广告费、管理费、咨询费等一般通过预算的编制加以确定。

(二) 成本中心的特点

责任会计是围绕责任中心来组织、以各个责任中心为对象进行有关资料的收集、整理和分析对比的会计制度，所以，成本中心的成本具有自己的特点，与一般所说的完全成本计算法下的产品成本有所不同。具体体现为三个方面：

1. 成本中心只考核成本费用而不考核收益

成本中心一般不具备经营权个销售权，其经营活动的结果不会形成可以用货币计量的收入;有的成本中心可能有少量的收入,但整体上讲,其产出与投入之间不存在密切的对应关系,因而,这些收入不作为主要的考核内容,也不必计算这些货币收入。概括地说,成本中心只以货币形式计量收入,不以货币形式计量收入。

2. 成本中心所计算考核的是可控成本

成本费用依其责任主体是否能控制分为可控成本与不可控成本。凡是责任中心能控制其发生及其数量的成本称为可控成本;凡是责任中心不能控制其发生及其数量的成本称为不可控成本。具体来讲,可控成本必须同时具备以下四个条件:

(1)可以预计。即成本中心能够事先知道将发生哪些成本以及在何时发生。

(2)可以计量。即成本中心能够对发生的成本进行计量。

(3)可以施加影响。即成本中心能够通过自身的行为来调节成本。

(4)可以落实责任。即成本中心能够将有关成本的控制责任分解落实,并进行考核评价。

凡不符合上述四个条件的,即为不可控成本,其一般不在成本中心的责任范围之内。属于某成本中心的各项可控成本之和即构成该成本中心的责任成本。从考评的角度看,成本中心工作成绩的好坏,应以可控成本作为主要依据,不可控成本只有参考意义。在确定责任中心成本责任时,应尽可能使责任中心发生的成本成为可控成本。

实践表明,区分成本是否可控并不容易。成本的可控性是相对的,它与责任中心所处管理层次的高低和控制范围的大小是直接相关的。成本划分为可控成本与不可控成本必须以特定的责任中心、特定的期间和特定的权限为前提。具体表现在:

(1)某项成本从某一个责任中心看是不可控的,而对于另一个责任中心则是可控的。例如,材料单位变动成本而形成的成本差异,对于负责材料采购的责任中心来说,是可控成本;而对于耗用材料的责任中心而言则是不可控成本。又如,新产品的试制费用,对于生产部门来说往往是不可控成本;而对于开发设计部门来说则是可控成本。

(2)某些费用从较短期间看属于不可控成本,从较长的期间看,又成为可控成本。如现有生产设备的折旧费,在设备原价和折旧方法既定的条件下,该设备继续使用时,就具体使用它的部门来说是不可控的;但当现有设备不能继续使用,要用新的设备来代替它时,新设备的折旧则取决于设备更新所选用设备的价格及正常使用寿命,从这时看新设备的折旧费又成为可控成本。

(3)成本的可控性也因不同级别决定问题的权力大小而不同。例如,生产车间发生的折旧费用对于生产车间这个成本中心而言属于可控成本,但对于其下属的班组这一层次的成本中心来说则属于不可控成本。又如,广告费、研究试验费是由最高层决策的,对于有关高层管理部门来说,属于可控成本,而各基层单位只能在规定的限额内具体掌握使用,这些费用不能由具体使用单位自行增减,所以对基层单位来说属于不可控成本。

3. 成本中心所计算考核的成本是责任成本

责任成本是以某一特定的责任中心为对象,所归集的属于该责任中心的所有可控成本。对一个成本中心进行业绩考核时,其内容并非是所有成本,而是以可控成本为依据的责任成本。

责任成本和产品成本的区别主要表现在:(1)核算的目的不同。责任成本的核算目的是对责任中心实行管理控制,产品成本的核算目的是按照会计准则确定期间损益和存货成本。(2)成本核算对象不同。责任成本以特定的责任单位为成本核算对象,而产品成本以特定的产品为核算对象。(3)核算的范围不同。责任成本核算的范围是各责任中心的可控成本,而完全成本计算法下,产品成本的核算范围是生产产品所发生的全部费用。(4)成本归集的原则不同。责任成本法是按可控性原则将成本归集于不同的责任中心,是“谁负责,谁承担”,而产品成本是按收益原则归集和分摊费用,是“谁受益,谁承担”。

(三)成本中心的业绩考核

由成本中心的特点可见,成本中心控制考核的内容是责任成本。对成本中心进行业绩评价时,应以其可控成本作为评价和考核的主要依据,不可控成本仅作参考。

成本中心的业绩报告通常是按成本中心中可控成本的各明细项目列示其预算数、实际数和二者的成本差异数。成本中心中发生的不可控成本有时也可列示作为参考资料,让成本中心负责人全面了解与其有关的成本。

根据成本中心的业绩报告,可以进一步对成本形成的原因和责任进行剖析,充分发挥信息的反馈作用,有助于各成本中心积极有效地采取措施、巩固成绩、消除缺点,促使其可控成本不断降低。至于各成本中心发生的不可控成本,一般有两种处理方式:第一,全部省略,不予列示,以便突出重点;第二,作为业绩报告的参考资料,以便管理当局了解各成本中心在一定期间消耗的全貌。

成本中心进行业绩评价时,也可以使用专门的评价考核指标。成本中心的主要考核指标包括成本(费用)变动额和成本(费用)变动率。

$$成本(费用)变动额=\begin{matrix}实际责任\\成本(费用)\end{matrix}-\begin{matrix}预算责任\\成本(费用)\end{matrix}$$

$$成本(费用)变动率=\frac{成本(费用)变动额}{预算责任成本(费用)}\times 100\%$$

在进行成本中心考核时,如果预算产量与实际产量不一致,应注意按弹性预算方法先行调整预算指标,然后再按上述公式计算。

成本中心业绩报告的基本形式见表 10-1。

表 10-1　成本中心业绩报告　单位:元

项目	预算数	实际数	成本差异
成本中心可控成本:			
直接材料	30 000	30 900	900(不利)
直接人工	14 000	14 300	300(不利)
管理人员工资	12 000	12 500	500(不利)
设备维修费	8 600	8 000	600(有利)
其他	1 000	500	500(有利)
小计	65 600	66 200	600(不利)
本中心不可控成本:			
设备租金	—	51 700	
厂房折旧	—	88 000	
其他	—	2 000	
小计	—	141 700	
合计	65 600	207 900	—

通过观察成本业绩报告,也可对成本中心业绩评价的相关指标计算。

三、利润中心

(一)利润中心的涵义

利润中心是指对利润负责的责任中心,由于利润是收入扣除成本以后的差额,所以利润中心既对利润负责,也对收入和成本负责。利润中心是比成本中心和收入中心更高一级的责任中心。这类责任中心一般是指拥有产品或劳务生产经营决策权的企业内部部门,如分公司、分厂等。这些部门的管理人员对于生产和销售负责,有权进行各种短期经营决策,例如,如何利用现有生产能力选择产品品种、如何进行生产组织、如何定价等等。与成本中心相比,利润中心的权力更大,同时责任也更重大。

利润中心按其产品或劳务是否直接对外销售分为自然利润中心和人为利润中心两种。

自然利润中心是指该中心的产品和劳务可以直接在外界市场上进行销售,取得实际收入、形成实际利润。自然利润中心的生产经营活动具有较大的独立自主性,这类利润中心本身直接面向市场,具有产品销售权、价格制定权、材料采购权和生产决策权。它虽然是企业内部的一个部门,但其功能同独立企业相近。例如公司内部的事业部,每个事业部均有销售、生产、采购的功能,有很大的独立性,能独立控制成本、取得收入。

人为利润中心是指该中心的产品或劳务不能直接对外销售,只能对企业内部各责任中心销售,取得的收入为"内部销售收入"的利润中心。人为利润中心的设立应具备两个条件:

1. 该中心可以向企业内部的其他责任中心提供产品和劳务;

2. 能合理制定产品转移时的内部转移价格,以公平交易、等价交换的原则进行内部结算,进而确定其内部利润,评价经营业绩。

人为利润中心一般应具备独立的经营权,即能自主决定本利润中心的产品品种(含劳务)、产品质量、作业方法、人员调配、资金使用等。实际上,工业企业许多成本中心,如果它们的半成品(如零部件)能制定出合适的内部转移价格,都可以转变成人为利润中心。

(二)利润中心的成本计算

利润中心对利润负责,必然要考核和计算成本,以便正确计算利润,作为对利润中心业绩评价与考核的可靠依据。对利润中心的成本计算,通常有两种方式可供选择:

1. 利润中心只计算可控成本,不分担不可控成本,亦即不分摊共同成本。

这种方式主要适用于共同成本难以合理分摊或无须进行共同成本分摊的场合,按这种方式计算出的盈利不是通常意义上的利润,而是相当于"边际贡献总额"。企业各利润中心的"边际贡献总额"之和,减去未分配的共同成本,经过调整后才是企业利润总额。采用这种成本计算方式的"利润中心",实质上已不是完整和原来意义上的利润中心,而是边际贡献中心。人为利润中心适合采取这种计算方式。

2. 利润中心不仅计算可控成本,也计算不可控成本。

这种方式适合于共同交易成本易于合理分摊或不存在共同成本分摊的场合。这种利润中心在计算时,如果采用变动成本法,应先计算出边际贡献,再减去固定成本,才是税前利润;如果采用完全成本法,利润中心可以直接计算出税前利润。各利润中心的税前利润之和,就是全企业的利润总额。自然利润中心适合采用这种计算方式。

(三)利润中心的业绩考核

利润中心的业绩考核主要是将其实际的利润与该中心的预算利润相比较,衡量利润的完成情况,并对形成的差异进行分析,对差异形成的原因和责任进行剖析,进而对经营管理中的经营效果和有关责任人的业绩作出客观、公正的评价。

利用利润指标对利润中心的业绩进行考核时,成本和收入也成为考核和计算的内容。由于成本有可控成本和不可控成本之分,利润中心的成本,尤其是固定成本也须按照可控性原则进行严格的区分。

利润中心固定成本的分类见图 10－1。

利润中心固定成本
- 专属固定成本
  - 部门经理可控专属固定成本
  - 部门经理不可控专属固定成本
- 上级分配的共同成本

图 10－1　利润中心的固定成本分类

因此,利润中心的业绩评价指标主要有:

1. 边际贡献

边际贡献＝销售收入－变动成本

一般来说,变动成本是利润中心的负责人可以控制的成本,属于可控成本。

2. 可控边际贡献

可控边际贡献＝销售收入－变动成本－可控专属固定成本

＝边际贡献－可控专属固定成本

可控边际贡献,也称部门经理边际贡献或经理人员业绩毛益。该指标反映了利润中心负责人在其权限范围内有效使用资源的能力,可以合理地评价利润中心负责人的经营业绩。

正确使用该指标的关键是合理识别可控专属固定成本和不可控专属固定成本,若责任中心的负责人对该项固定成本有控制权和处理权,则该固定成本为可控专属固定成本;反之,为不可控专属成本。专属固定成本的之一划分,目的主要是对经理人员的可控成本进行考核,以评价部门经理对可控资源的利用程度。所以,这样计算出的可控边际贡献不等同于利润指标,需要经过调整,才是企业的利润。它一般使用于人为的利润中心。

3. 部门边际贡献

部门边际贡献＝可控边际贡献－不可控专属固定成本

部门边际贡献,又称部门毛益或分部毛益。其中的不可控专属固定成本,是指责任中心负责人不能控制的专属固定成本。这一指标主要用作对利润中心所属部门的业绩进行评价。该指标中包括了部门经理不可控制的固定成本,不适于作为部门负责人的考评依据进行使用,否则,会挫伤他们的工作积极性、影响责任会计制度激励职能的发挥。

4. 部门营业利润

部门营业利润＝部门边际贡献－上级分配的共同固定成本

部门营业利润从总体角度对本利润中心的利润实现程度进行了反映,体现了该利润中心对企业利润所作的贡献,所以,该指标使用于对利润中心的业绩进行评价和考核。各利润中心的部门营业利润之和就是企业的总利润。它一般使用于自然的利润中心。

利润中心的业绩报告应自下而上编制,业绩报告中的主要内容包括销售收入、变动成本、边际贡献、可控边际贡献、部门边际贡献、部门营业利润等;并将各个项目的预算数、实际数及两者之间的差异分栏列示。上级分配的共同成本可以列入其中，作为参考。

[例 10－1]某公司甲利润中心的有关数据如下：部门销售收入 40 000 元，已销产品变动成本 25 000 元，部门可控专属固定成本 5 000 元，部门不可控专属固定成本 2 000 元，上级分配来的共同成本（公司管理费用）1 000 元。

甲利润中心业绩考核的相关指标计算如下：

（1）边际贡献＝40 000－25 000＝15 000 元

（2）可控边际贡献＝15 000－5 000＝10 000 元

（3）部门边际贡献＝10 000－2 000＝8 000 元

（4）部门营业利润＝8 000－1 000＝7 000 元

依据上述资料，编制的业绩报告见表 10－2。

表 10－2　　甲利润中心业绩报告　　单位：元

项目	预算数	实际数	差异
销售收入	38 000	40 000	2 000（有利）
减：变动成本			
变动生产成本	19 000	20 000	1 000（不利）
变动销售及管理费用	5 500	5 000	500（有利）
边际贡献	13 500	15 000	1 500（有利）
减：部门经理可控专属成本	4 500	5 000	500（不利）
可控边际贡献	9 000	10 000	1000（有利）
减：部门经理不可控专属成本	2 000	2 000	0
部门边际贡献	7 000	8 000	1000（有利）
减：上级分配的共同成本	1 000	1 000	0
部门营业利润	6 000	7 000	1000（有利）

四、投资中心

（一）投资中心的涵义

投资中心是既对收入、成本、利润负责，又对企业资金运用及其效果负责的责任中心。投资中心是最高层次的责任中心，既能控制成本和收益，又能对投入资金进行控制。

投资中心是对投资负责的责任中心，由于投资的目的是为获得利润，所以投资中心同时也是利润中心。它与利润中心的主要区别是投资中心具有投资决策权，在组织形式上，利润中心可以是也可以不是独立的法人，而投资中心一般都是具有经营权与投资决策权的独立经营的法人。

投资中心是分权管理模式的最突出表现，在当今世界各国，大型集团公司下面的分公司、子公司往往都是投资中心，在跨国集团公司中尤其如此。投资中心的适用范围限于规模和经营管理权力较大的部门，一般是企业的最高层次，如各事业部、分公司、分厂等。

为了对投资中心的资产运用效果进行评价、准确地计算出各投资中心的经济效益，就必须对各投资中心共同使用的资产进行划分，对共同发生的成本应按适当的标准进行分配，各投资中心之间相互调剂使用的现金、存货、固定资产等，均应计息清偿，实行“有偿使用”。只有这样，才符合责任会计的要求，才能正确计算评价与考核各投资中心的经济效益和工作实绩。

(二)投资中心的业绩考核

对投资中心的考核包括对投资项目本身效果的评价和投资中心的经营业绩评价两方面。对于一些新投资项目或新投资中心,常常需要首先对投资项目本身的投资效果进行评价分析,以反映投资决策的正确程度。对投资效果的评价指标一般有投资回收期、投资报酬率、内含报酬率和净现值率等指标。这些评价方法前面各章已作介绍,这里不再重复。

投资中心业绩评价的指标,主要是投资利润率和剩余受益。

1. 投资利润率

投资利润率也称投资报酬率,是投资中心所获得的利润与投资额之间的比率,计算公式为:

$$投资利润率=\frac{利润}{投资额}\times100\%$$

由于不同的企业对"利润"和"投资额"的理解不同,投资利润率可以表现为不同的形式,主要有:

(1)资产利润率。资产利润率是指投资中心所获得的息税前利润与资产总额的比率。资产利润率能反映投资中心全部资产的利用效率,计算公式是:

$$资产利润率=\frac{息税前利润}{资产总额}\times100\%$$

这一指标以资产总额作为投资额来计算投资利润率,目的是评价和考核由投资中心掌握和使用的全部资产整体的盈利能力,所以在确定利润时不能扣除利息和所得税,应以息税前利润为标准。公式中的资产总额,可以为本期的平均资产总额。

(2)所有者权益利润率。所有者权益利润率是指投资中心所获得的净利润与所有者权益的比率,计算公式是:

$$所有者权益利润率=\frac{净利润}{所有者权益}\times100\%$$

这一指标以所有者权益作为投资额来计算投资利润率,目的是评价和考核投资中心运用"公司产权"中的每一元资金对企业整体利润作出的贡献水平,所以在确定利润时需扣除利息和所得税,以税后净利润为标准。

所有者权益利润率可以反映投资中心的实际投资受益情况以及投资者的投资报酬率。

(3)投资利润率指标的分解

投资利润率反映了投资中心的综合盈利能力,该指标在所有者权益稳定的情况下,可以分解为资产周转率和销售利润率的乘积,公式如下:

$$投资利润率=\frac{销售收入}{投资额}\times\frac{成本费用}{销售收入}\times\frac{利润}{成本费用}$$

$$=资产周转率\times销售成本率\times成本费用利润率$$

由上式可见,企业只有增加销售、降低成本,同时有效地利用现有资产,努力提高资产的利用效率,才能提高投资利润率。对投资利润率的分解分析,有助于了解投资利润率形成及其高低程度不同的原因,寻找提高投资报酬率的正确途径。

投资利润率综合反映了投资中心的经营业绩,是目前许多公司十分偏爱的评价投资中心业绩的指标。其优点是:

(1)投资利润率能反映投资中心的综合盈利能力。从投资利润率的分解公式可以看出,投资利润率的高低与收入、成本、投资额和周转能力有关，提高投资利润率应通过增收节支、加速资金周转，减少投入来实现。

(2)投资利润率具有横向可比性。投资利润率属于相对数指标，它剔除了因投资额不同而导致的利润差异的不可比因素，充分体现了资本的获利能力，有利于各投资中心的横向可比。

(3)投资利润率可以作为选择投资机会的依据，有利于调整资本流量和存量，优化资源配置。

(4)以投资利润率作为评价投资中心经营业绩的尺度，可以正确引导投资中心的经营管理行为，使其行为长期化。由于该指标反映了投资中心运用资产并使资产增值的能力，如果投资中心资产运用不当，会增加资产或投资占用规模，也会降低利润。因此，以投资利润率作为评价与考核的尺度，将促使各投资中心盘活闲置资产，减少不合理资产占用，及时处理过时、变质、毁损资产等。

总的来说，投资利润率的主要优点是能促使管理者像控制费用一样地控制资产或投资额的多少，综合反映一个投资中心全部经营成果。但该指标也有其局限性：

(1)分子与分母的计量方法难以统一。由于通货膨胀等因素的影响，使资产账面价值、负债、所有者权益等指标失实，计算结果不具有代表性。例如每年少计折旧，虚增利润，使投资利润率升高。

(2)注重短期、局部的利益而轻视产期、整体的利益。投资利润率重视对短期业绩的评价，而忽视对企业的长期盈利能力的评价，为保护当期的投资利润率水平，会使一些投资中心不愿意从事投资利润率较低、但对整体企业有利的投资项目，从而导致决策失误。

(3)不利于对部门责任人业绩作出评价。由于约束性固定成本这一不可控因素的存在，使投资利润率难于为分部经理所控制，从而为区分经理人员业绩与分部本身的业绩带来困难。例如，某公司平均投资利润率为12%，其所属的A投资公司实际利润率为18%，现A投资中心有一投资机会，投资利润率为15%，若以投资利润率来衡量，投资中心显然不会选择这一投资机会，导致投资中心目标与总公司目标不一致。

而克服这一系列不利因素的方法是采用剩余收益作为评价指标。

2. 剩余收益

剩余收益是一个绝对额指标，它是指投资中心实现的利润减去其经营资产，按预期投资报酬率计算的投资报酬后的余额，计算公式是：

剩余收益 = 利润 − 投资额 × 预期最低投资报酬率

= 利润 − 资产总额 × 预期最低投资报酬率

其中的预期投资报酬率一般按整个企业各投资中心的加权平均的投资报酬率计算，也可以以资金成本作为最低报酬率进行计算。

以剩余收益作为投资中心经营业绩评价指标的基本要求是，只要投资报酬率大于预期的最低收益率，该项投资便是可行的。它可以克服片面采用投资报酬率来考核、评价投资中心的工作绩效可能出现的本位主义，使之乐意接受比较有利的投资，从而使各个投资中心的局部目标同企业整体目标保持一致。

剩余收益作为评价投资中心业绩的指标相对投资利润率而言，主要的优点是：

(1)体现投入与产出关系。由于减少投资(或降低资产占用)同样可以达到增加剩余收益的目的，因而与投资利润率一样，该指标也可以用于全面评价与考核投资中心的业绩。

(2)避免本位主义。剩余收益质变避免了投资中心的狭隘本位倾向，即单纯追求投资利润率而放弃一些有利可图的投资项目。这是因为以剩余收益作为衡量投资中心工作成果的尺度，投资中心将尽量提高剩余收益，也即只要有利于增加剩余收益绝对额，投资行为就是可取的，而不是尽量提高投资利润率。

[例10－2]某公司下设投资中心A和投资中心B，该公司加权平均最低投资利润率为10%，现准备追加投资。有关资料如表10－3所示。

表10－3　投资中心指标计算表　单位：万元

项目		投资额	利润	投资利润率	剩余收益
追加投资前	A	20	1	5%	1－20×10%＝－1
	B	30	4.5	15%	4.5－30×10%＝+1.5
	Σ	50	5.5	11%	5.5－50×10%＝+0.5
A中心追加投资10万元	A	30	1.8	6%	1.8－30×10%＝－1.2
	B	30	4.5	15%	4.5－30×10%＝+1.5
	Σ	60	6.3	10.5%	6.3－60×10%＝+0.3
B中心追加投资20万元	A	20	1	5%	1－20×10%＝－1
	B	50	7.4	14.8%	7.4－50×10%＝+2.4
	Σ	70	8.4	12%	8.4－70×10%＝+1.4

根据表10－3中资料评价A、B两个投资中心的经营业绩，可知：如以投资利润率作为考核指标，追加投资后A中心的利润率由5%提高到6%，B中心的利润率由15%下降到了14.8%，按此指标向A中心投资比向B中心投资好。但如果以剩余收益作为考核指标，A中心的剩余收益由原来的－1万元变成了－1.2万元，B中心的剩余收益由原来的1.5万元增加到2.4万元，由此应当向B中心投资。

如果从整个公司进行评价，就会发现向A中心追加投资时，全公司总体投资利润率由11%下降到10.5%，剩余收益由0.5万元下降到0.3万元；而向B中心追加投资时，全公司总体投资利润率由11%上升到12%，剩余收益由0.5万元上升到1.4万元，这和以剩余收益指标评价各投资中心的业绩的结果一致。所以，以剩余收益作为评价指标可以保持各投资中心获利目标与公司的获利目标达成一致。

目前，大多数的投资中心业绩考核是以投资利润率为评价指标的。但是，投资利润率和剩余收益都属于财务性指标，仅仅以此衡量责任中心的业绩，似乎不够全面。因此，除财务指标外，可以用非财务指标来评价利润中心业绩，例如盈利指标、顾客满意程度指标、市场占有率指标、效率指标等等。只有综合考虑各方面的相关因素之后，才能客观地对投资中心的业绩作出全面的评价。

还需说明的是，随着市场竞争日趋激烈，市场销售工作也日趋重要。为了强化销售功能，加强收入管理，及时收回账款、控制坏账，不少企业还设置以营销产品为主要职能的责任中心——收入中心。这种责任中心只对产品或劳务的销售收入负责，如公司所属的销售分公司或销售部。尽管这些从事销售的机构也发生销售费用，但由于其主要职能是进行销售，因此，以收入来确定其经济责任更为恰当。对销售费用,可以采用简化的核算,只需根据弹性预算方法确定即可。

综上所述,责任中心根据其控制区域和权责范围的大小,分为成本中心、利润中心和投资中心三种类型。它们各自不是孤立存在的,每个责任中心承担各自的经营管理责任。最基层的成本中心应就其经营的可控成本向其上层成本中心负责;上层的成本中心应就其自身的可控成本和下层转来的责任成本一并向利润中心负责;利润中心应就其本身的收入、成本(含下层转来的成本)和利润(或边际贡献)向投资中心负责;投资中心最终就其经营管理的投资利润率和剩余收益向总经理和董事会负责。所以,企业各种类型和层次的责任中心形成一个"连锁责任"网络,这就促使每个责任中心为保证企业总体的经营目标一致而协调运转。

第三节 内部转移价格

一、内部转移价格的涵义

内部转移价格,又称内部结算价格,是指企业各责任中心相互提供产品或劳务,或相互结转责任成本时,所使用的一种内部结算价格。合理制定内部转移价格是实行责任会计的重要前提。

合理的内部转移价格,必须满足三个条件:

1. 合理的内部转移价格能明确划分各责任中心的经济责任。内部转移价格可以为经营业绩的评价提供合理的基准,使责任中心的业绩考核建立在客观、可比的基础上。

2. 合理的内部转移价格能最大限度地起到激励作用。合理的内部转移价格可以为各责任单位的利益提供保障,调动企业内部各部门的积极性。

3. 合理的内部转移价格能有利于企业总体目标的实现,促进各分权单位与企业整体目标保持一致性。

现实的经济生活中,内部转移价格的制定涉及到相关主体之间的利益分配问题,往往会存在这样或那样的矛盾。例如一组适合于评价某责任单位业绩的转移价格可能会使其违反企业整体利益,也可能一组使某责任单位长期对整个企业有重大贡献的正确激励转移价格,却令该责任单位的业绩报告出现赤字。所以,应该特别注意,不同的价格制定方法适用于不同的情况和条件,没有一种适合各种使用目的的、最佳的内部转移价格。即使在同一企业内,对不同的责任单位之间也可能要用不同的内部转移价格。

二、内部转移价格的制定

(一)内部转移价格制定的原则

内部转移价格的制定是一项较为复杂的工作。不同企业,其做法差异各有不同。各责任中心可以根据各自不同的特点分别采用不同的计价标准,但应共同遵守以下原则。

1. 目标一致性原则

制定内部转移价格应强调企业的整体利益高于责任中心局部利益。各责任中心在分权经营的条件实行单独核算后,不可避免地会追求自身局部利益的最大化,因此也会选择和制定对自己有利的内部转移价格。该原则要求企业在制定内部转移价格时，要从全局出发，力争使转让双方获得最大收益，也使企业整体获得最大收益。当分部利益和整体利益产生矛盾时，应该从整体利益出发制定出内部转移价格，保证企业整体受益水平达到最优。

2. 激励原则

内部转移价格的制定应有利于调动各责任中心的积极性，要对各个责任中心都起到激励作用，且对应的激励程度也公平合理、大致相同。例如，内部转让价格能激励转入部门的责任人降低成本，同时也可激励转出部门的责任人增加收入，从而实现企业整体利益的最大化。

3. 公平性原则

内部转移价格的制定应建立在"等价交换"的前提之上，公平合理的内部转移价格有利于企业客观地对各责任单位进行业绩评价，也有利于责任会计制度的真正实施。

(二) 内部转移价格的类型

经常使用的内部转移价格有以下几种：

1 以市场价格作为内部转移价格

以市场价格作为内部转移价格是指，假定中间产品有完全竞争的市场，转让双方可以自主决定向外部市场销售或购买中间产品。

以市场价格作为内部转移价格的责任中心，应该是独立经营核算的利润中心，它们有权决定生产产品的数量、出售或购买的产品对象及其相应的价格。同时其产品有市场竞争，这些产品之间的差别极小且有一个客观的市场价格可供利用。它基于对独立的单位进行评价，看它们在市场上买卖的获利能力。

以正常市价作内部转移价格的显著优点：一是供需双方部门都能按市价买卖它们的供需产品，内部转移交易时跟外部交易相同。二是一个企业的两个责任单位相互交易，不管市场上是否存在同样货物，内部交易都能控制交易的货物质量、数量、交货时间等，也可以节省谈判成本，提高资金的使用效率。因此，企业管理当局为了公司的整体利益，都会鼓励进行内部交易，除非责任单位有充分理由说明外部交易更为有利，否则各责任单位之间都应进行内部交易。

以市场价格作为内部转移价格，能正确评价各个责任单位的经营成果，并能更好地发挥生产经营活动的主动性和积极性。但以市场价格作为内部转移价格时，应注意以下两个问题：第一，在中间产品有外部市场，可向外部单位销售，或从外部单位购买时，以市场价格作为内部转移价格，并不等于直接将市场价格用作结算，而应在此基础上，对外部销售价格作一些必要的调整。外部销售价格一般包括销售费、广告费以及运输费等，这些费用在产品内部转移时，一般可避免发生。若企业各责任中心不是独立核算的分厂，而是车间或部门时，产品的内部转移还不必支付销售税金，这些税金一般也是外部销售价格的组成部分。直接用外部销售价格作为内部转移价格时，这两方面的好处都将为制造方所得，使用者一无所获。为使利益分配更公平，这些可避免的费用应从市场价格中扣除。即市场价格减去对外的销售费、广告费等才是目前尚未销售的中间产品价格。第二，以市场价格作为内部转移价格时，通常假设：中间产品处于完全竞争市场；中间产品提供部门无闲置的生产能力。

尽管以市价为内部转移价格还有这样或那样的缺点，但它有利于利润中心和 投资中心组织自己的利润核算，且较有利于每个责任单位的业绩评价，所以当产品有外界市场，购、销双方可自由对内外购销的情况下，以市场价格作内部转移价格仍不失为一种有效的方法。

2. 以协商价格作为内部转移价格

为解决直接以市场价格作为内部转移价格所存在的缺点，一些企业提出了协商价格。协商价格即协议价格，是企业内部各责任中心以正常的市场价格为基础，通过定期共同协商所确定的为双方所接受的价格。

采用协商价格的前提是，责任中心的转移产品存在在非竞争性市场买卖的可能性，在这种市场内买卖双方有权自行决定是否购买这种产品。如果买卖双方不能自行决定，或当价格协商的双方发生矛盾而不能自行解决，或协商定价不能导致企业最优决策时，企业高一级的管理层要进行必要的干预，这种干预应以有限、得体为原则，不能使整个谈判变成上级领导完全决定一切。

协商价格的上限是市价，下限是单位变动成本，具体价格应由各相关责任中心在这一范围内协商决定。当产品或劳务没有适当的市价时，也只能采用议价方式来确定。通过各相关责任中心讨价还价，形成企业内部的模拟“公允市价”作为计价基础。

协商价格存在一定的缺陷：一是协商定价过程要花费人力、物力和时间；二是协商定价各方往往会相持不下，需企业高层领导裁定，这样弱化了分权管理的作用。

3. 双重的内部转移价格

以双重价格作为内部转移价格是指，转让中间产品时，不同责任中心分别依据不同的内部转移价格作为计价基础进行结算。例如产品的供应方，可按协商的市场价格计价；产品的使用方则按供应方的产品的单位变动成本来计价，其差额由会计部门最终调整。采用双重价格是因为内部转移价格主要是用于对企业内部各责任中心业绩进行评价、考核，故各相关责任中心采用的价格不需要完全一致，可分别选用对责任中心最有利的价格为计价依据。双重价格有两种形式：

(1) 双重市场价格，就是当某种产品或劳务在市场上出现不同的价格时，供应方采用最高市价、使用方采用最低市价。

(2) 双重转移价格，就是供应方按市场价格或议价作为订价的基础，而使用方按供应方的单位变动成本作为计价的基础。

双重价格的优点是既可以较好地满足供应方和使用方的不同需要，又能激励双方在经营上充分发挥其主动性和积极性。

采用双重内部转移价格的条件是：内部转移的产品或劳务有外部市场，供应方有剩余生产能力，而且其单位变动成本要低于市价。特别是仅在任何单一的内部转移价格均无法达到“目标一致性”及“激励”目的时，采用双重价格是一种行之有效的方法。

4. 以成本作为内部转移价格

以成本作为内部转移价格是指，以产品或劳务的成本为基础而制定的内部转移价格。由于成本的概念不同，成本转移价格也有多种不同形式：

(1) 标准成本法

以劳务或中间产品的标准成本作为其内部转移价格，即为标准成本法。这种方法适用于成本中心的产品（半成品）转移。标准成本法的最大优点是将管理和核算工作结合起来，可以避免功过转嫁之患而收到责任分明之效，能提高双方降低成本的积极性。

(2) 标准成本加成法

如果产品（半成品）的转移涉及利润中心或投资中心时，可将标准成本加利润作为转移价格，以分清双方责任。但是，确定利润的高低，仍需管理当局慎重斟酌。

(3)变动成本法

变动成本法是指,以单位变动成本作为内部转移价格的方法。它适用于采用变动成本法计算产品成本的成本中心之间的往来结算。这种方法的优点是符合成本习性,能够明确揭示成本与产量的关系,便于考核各责任中心的工作业绩,有利于企业和各责任中心进行生产经营决策。但是这种方法也存在一定的不足,由于产品成本中不包含固定成本,不能反映劳动生产率的变化对单位固定成本的影响,从而割裂了固定成本与产量之间的关系,也不利于调动各责任中心增加产量的积极性。

☆★本章关键概念

分权管理 经济责任制 成本中心 利润中心 投资中心 内部转移价格 激励机制 业绩考核

☆★复习思考题

1. 分权管理模式有哪些优缺点。
2. 什么是责任会计制度?
3. 建立责任会计制度的原则有哪些?
4. 企业内部的责任重心有哪些,各有什么特点?
5. 如何对利润中心进行业绩评价?
6. 什么是内部转移价格?
7. 内部转移价格制定的原则是什么?
8. 什么是双重价格,其优缺点是什么?

第十一章　作业成本法

【引言】

如前所述，现代管理会计在20世纪后期出现了许多重大变革，并取得引人注目的新进展。这些新进展都是围绕着管理会计如何为企业塑造核心能力而展开的。以“作业”为核心的作业成本法就是其中之一。本章以社会经济环境的变化为依托，从传统成本计算的不适应性入手，讨论作业成本法产生的时代背景、作业成本法的基本原理及其应用前景。

第一节　作业成本法产生的时代背景

任何理论和方法的产生都不是偶然的，而是众多因素综合作用的结果。作业成本法的产生也不例外。20世纪70年代以来，世界科学技术和社会经济环境发生了重大变化。这些变化对企业成本计算方法产生了一定的影响。

一、技术背景

20世纪70年代以来，世界科学技术发生了日新月异的发展。在高新技术蓬勃发展的新形势下，以美国和日本等为代表的发达国家的企业纷纷将高新技术应用于生产领域。建立在高新技术基础上的生产，其基本特征是在电子技术革命的基础上形成的生产高度电脑化、自动化，包括电脑数控机床、机器人、电脑辅助设计、电脑辅助制造的广泛应用，以至电脑一体化制造系统的形成。它从产品订货开始，直到设计、制造、销售等所有阶段，所使用的各种自动化系统综合成一个整体，由计算机统一进行调控。上述高新技术在生产领域的广泛应用改变了企业产品成本结构，使得直接材料成本和直接人工成本比重下降，而制造费用比重却大幅度上升。如何科学合理地分配制造费用成为一个重要问题。

二、社会背景

高新技术在生产领域的广泛应用极大地提高了社会生产力，促进了社会经济的发展。随着可支配收入的增加，人们对消费提出越来越高的要求，并且其行为变得更具有选择性。这种社会需求的变化，必然对企业提出新的、更高的要求，要求企业具有较高的灵活反应能力，及时向消费者提供多样化和富有个性、日新月异的产品，以适应消费者多样化和快速多变的需求。与此相适应，对消费者多样化、日新月异的需求迅速作出反应的顾客化生产——柔性制造系统取代传统的、以追求“规模经济”为目标的大批量生产就成为历史的必然。客观地说，传统成本计算法适应于产品品种单一化、常规化和数量批量化的企业。然而，经济的发展，富裕社会的形成，破坏了传统成本计算法赖以存在的社会环境。

三、传统成本计算方法的不适应性

传统的成本计算方法是建立在“业务量是影响成本的唯一因素”这一假定基础之上，从而将成本的产生过程过分简单化。在过去高度人工密集型的企业里，对成本动因所做的这种简单假定通常不会严重扭曲产品成本。因为生产中涉及的主要成本是直接材料和直接人工，二者均可直接追溯到有关产品上，而制造费用所归集的间接费用，往往在总成本中所占比重较低，而且这些费用的发生通常又与直接人工成本高低具有显著的相关性。所以制造费用以直接人工成本为分配标准的做法能够适应传统的经营环境。

然而随着高新技术在生产领域中的广泛应用，在新的制造环境下，生产成本中的直接人工成本部分大大减少，而制造费用部分却大大增加，其重要性也日益提高。更为重要的是，制造费用的发生与直接人工成本的相关性逐渐下降。这时，不论从提高产品成本计算的正确性，还是从提高成本控制的方法则产生以下不合理的现象：(1)用在产品成本中占越来越小比重的直接人工分配占越来越大比重的制造费用；(2)分配越来越多的与工时不相关的间接费用（如质量检验、试验、物料搬运和机器调整准备费用等）；(3)忽略批量不同产品实际耗费的差异。因此传统成本计算方法的应用必然导致产品成本信息的严重扭曲，主要表现为产量大、技术含量低的产品成本偏高，而产量小、技术含量高的产品成本偏低，从而造成企业生产经营决策的失误。

第二节　作业成本法的基本原理

一、作业成本法的基本思想

作业成本法是建立在“作业消耗资源，产品消耗作业”这两个前提之上。根据这样的前提，作业成本法的基本思想可以概括为：依据不同成本动因分别设置成本库，再分别以各种产品所耗费的作业量分摊其在该成本库中的作业成本，然后，分别汇总各种产品的作业总成本，计算各种产品的总成本和单位成本。由此可见，作业成本计算首先将企业所消耗的资源通过资源动因分配到作业，形成作业的成本，然后再将作业的成本通过作业成本动因分配到成本对象，形成成本对象的成本。通过这一过程，作业成本计算改进了传统的成本分配方法采用单一成本分配基础（例如：直接人工小时、机器小时等等）的弱点，力图找到资源消耗与成本对象之间的因果关系，从而得到更加精确的产品成本。

二、作业成本法的基本程序

在作业成本法下，产品成本计算的步骤包括：

（一）分析和确定资源

资源是指支持作业的成本、费用来源。它是一定期间内为了生产产品或提供服务而发生的各类成本、费用项目,或者是作业执行过程中所需要花费的代价。通常,在企业财务部门编制的预算中可以比较清楚地得到各种资源项目。例如发出定货单是采购部门的一项作业,那么相应办公场地的折旧、采购人员的工资和附加费、电话费、办公费等都是定货作业的资源费用,但一般说来,资源可以分为货币资源、材料资源、人力资源、动力资源以及厂房设备资源等等。

企业各项资源被确认后,要为每类资源设立资源库,并将一定会计期间的资源耗费归集到各相应的资源库中。

(二)分析确定作业

作业是企业为了某一特定的目的而进行的资源耗费活动,是企业划分控制和管理的单元,是连接资源和成本对象的桥梁。企业经营过程中的每个环节或每道工序都可以视为一项作业,企业的经营过程就是由若干项作业构成的。

作业的划分不一定与企业的传统职能部门相一致。有时,作业是跨部门的,而有时一个部门则能完成好几项不同作业。作业的划分应当粗细得当,划分过细,就会使作业总数过多,由此必然导致成本计算工作量太大,同时企业为此所付出的代价势必过高;反之,如果作业划分过粗,一个作业中含有多种不相关业务,必然会使产品成本计算结果的准确性大大降低。因此,作业的确定应遵循成本效益原则。

与传统的成本系统采用简单的数量成本动因不同,由于作业成本系统采用多个成本动因来分析企业的成本,而且它们可能与产量没有直接关系,因此作业成本系统需要对作业进行层次的划分。一般来讲,可以把作业分为以下三个层次:

1. 不增值作业。不增值作业是指那些不直接对企业创造价值行为作出贡献的作业,属于企业希望消除而且能够消除的作业。

2. 专属作业。专属作业是指为某种特定产品或劳务提供专门服务的作业。专属作业资源耗费价值应直接由该特定的产品或劳务负担。

3. 共同消耗作业。共同消耗作业是指同时为多种产品或劳务提供服务的作业。共同消耗作业按其为产品或劳务服务的方式不同又可分为:

(1)数量动因作业。即使每种产品或劳务的每个单位都均衡受益的作业。如包装作业,产品完工后,每件产品都需要包装,且耗费的资源相同,使每件产品都得到了均衡的受益。

(2)批别动因作业。即服务于每批产品或劳务并使每一批产品或劳务都均衡受益的作业。如分批获取定单的定单作业,分批运送原材料或产品的搬运作业等。

(3)工时动因作业。即资源耗费与工时成比例变动的作业,每种产品按其所耗工时吸纳作业成本。如机加工作业等。

(4)价值管理作业。即指那些负责综合管理工作的部门作业。如作业中心总部作为一项作业就是价值管理作业。

通过对作业层次的揭示,作业成本系统能够指出不同层次作业的动因(不同层次的作业的成本习性不同),因而它较准确地描述了成本发生的因果关系。区分不同层次的作业可以帮助管理人员确定各个作业的成本动因以衡量各种产品或劳务所消耗的作业,它还可以帮助管理人员了解作业产生的根本原因,从而改善作业绩效。

(三)确定资源动因,分配资源耗费至作业成本库

作业确认后,要为每一项作业设立一个作业成本库,然后以资源动因为标准将各项资源耗费分配至各作业成本库。所谓资源动因是指资源被各项作业消耗的方式和原因,它反映了作

业对资源的消耗情况因而是把资源库价值分解到各作业成本库的依据。

这一步骤的分配工作,反映了作业成本法的基本前提:作业量的多少决定着资源的耗用量,资源耗用量的高低与最终的产出量没有直接的关系。这种资源消耗量与作业量之间的关系就是"资源动因"。"资源动因"是本步骤分配的基础。例如,当"检验部门"被定义为一个作业中心时,那么,"检验小时"就成为一个资源动因。这时,许多与检验有关的成本将会归集到消耗该项资源的作业中心。

(四)确定成本动因,分配作业成本至成本对象

成本动因是指作业被各种产品或劳务消耗的方式和原因,它是作业成本库成本分配到成本对象中去的标准,也是将作业耗费与最终产出相沟通的中介。

作业成本计算的核心思想是根据每种产品消耗的作业成本动因量来将作业成本分配给产品,这实际上是以产品消耗成本动因的数量作为产品消耗的作业的计量标准。因此,成本分配的准确性依赖于作业的消耗与成本动因的消耗之间的关联关系,由此成本动因可分为三种类型:交易性成本动因、延续性成本动因和精确性成本动因。

交易性成本动因计量作业发生的频率,例如设备调整次数、定单数目等。当所有的产出物对作业的要求基本一致时,可以选择交易性成本动因。例如,处理一次定货,所需要的时间和精力与定货的数量无关,即可以定货次数作为成本动因。如果不同数量的产品或劳务要求的作业消耗的资源显著不同时,则应采用更为准确的计量标准,即延续性成本动因,它反映完成一次作业所需的时间。例如加工工艺流程简单的产品每次所进行的设备调整时间较短,而加工工艺流程复杂的产品所需的设备调整时间较长,如果都以设备调整次数为成本动因的话,则可能导致作业成本计算的不实,此时以设备调整所需的时间为成本动因更为合适。但是,如果每单位时间里进行设备调整耗费的人力、技术、资源等存在显著差异时,则需要采用精确性成本动因,即直接计算每次执行每项作业所耗费的资源的成本。例如新产品刚开始生产时所进行的设备调整,可能要求单位时间里投入特殊的人力和质量测定工具,而成熟产品单位时间所需要的资源消耗量可能较少,此时,以每次调整的资源成本为成本动因则是适当的。

(五)计算作业成本

作业成本动因选定后,就可以按照同质的成本动因将相关的成本归集起来,有几个成本动因,就建立几个成本库,建立不同的成本库按多个分配标准(成本动因)分配间接费用是作业成本计算优于传统成本计算之处。

作业成本计算是将成本库归集的作业成本按成本动因分配到各成本计算对象上。作业成本的计算分配有两种方法:两阶段法和多阶段法。两阶段法较为简单,首先将明细账中的资源成本按资源动因分配到不同的作业上,而后将这些作业上归集的成本按成本动因分配到产品上。如图 11-1 所示:

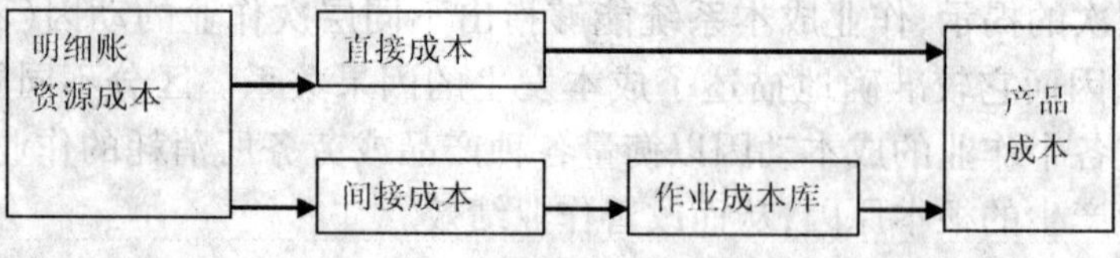

图 11-1

多阶段法则认识到有些作业并不直接为最终产品或劳务所消耗,而是为其他或多个产品

或劳务消耗，它试图更准确地反映成本在组织里流动的实际情况，强调作业和作业，以及产品和作业之间的关系。例如搬运装卸，可能为产品的加工服务，也可能为其他作业服务，而其他作业又是为产品生产服务的。通过多阶段分配，可以归集其他作业对搬运装卸作业的消耗，再计算产品消耗的搬运装卸作业和其他作业。多阶段法如图 11－2 所示：

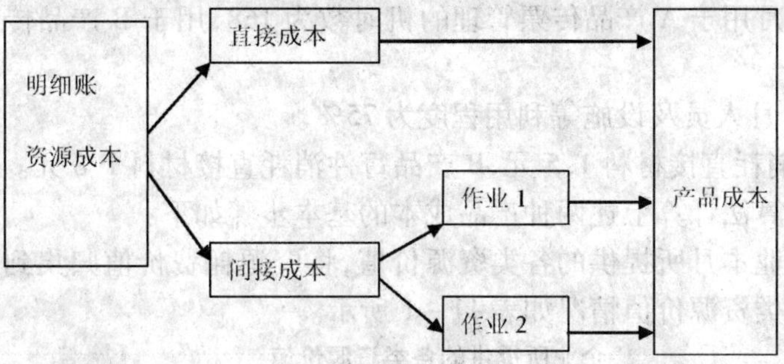

图 11－2

无论采用何种分配计算方法，各作业成本库的作业成本在成本计算对象之间分配时，都应通过确定成本动因分配率以计算各成本计算对象的物流作业成本。其分配计算公式如下：

$$成本动因分配率=\frac{某作业中心发生的作业成本}{该作业中心可提供的作业量}$$

$$某成本计算对象应分配的某项作业成本=\begin{matrix}该产品实际耗用的该\\项作业的成本动因数\end{matrix}\times\begin{matrix}成本动\\因分配率\end{matrix}$$

某成本计算对象的作业成本＝该成本计算对象分配的各项作业成本之和

需要指出的是，由于各成本计算对象实际耗用的某项作业的成本动因数之和一般小于该作业中心可提供的作业量，因此按上述方法计算出来的各产品应分配的某项作业成本之和一般都小于该作业中心发生的作业成本，二者的差额即为未耗用的资源成本。未耗用的资源成本的确定有利于分析企业资源配置的合理性，为企业优化作业链——价值链提供依据。

三、作业成本计算举例

[例 11－1]某企业产销 A、B 两种产品。这两种产品的生产工艺过程基本相同，两者的区别主要表现在所提供的物流服务上：A 产品属于标准配件，批量大，产量高，加工过程简单，每批数量为 4000 件。B 产品属于非标准配件，批量小，产量低，加工过程复杂，每批数量为 10 件。该企业采用作业成本法计算产品成本，所涉及的作业主要有七项：(1)定单处理；(2)初加工(挑选整理)；(3)初加工设备调整；(4)精加工；(5)质量检验；(6)传票管理；(7)一般管理。

其他有关资料具体如下：

(1)本月该企业共销售 A 产品 5 批，共计 20 000 件，B 产品 140 批，共计 1 400 件。

(2)定单处理作业全月有能力处理 1 008 份定单。本月实际处理定单 800 份，其中 A 产品定单 500 份，B 产品定单 300 份。

(3)初加工设备共 4 台，全月总共可利用 640 机器小时，但不能全部用于加工，因为机器调整会消耗一定时间。加工机每加工一批新产品时，则需要调整一次。在连续加工同一批产品件数达到 1 000 件时也需要进行一次调整。每台加工机调整一次需要 24 分钟。加工机如果用于加工 A 产品，每件需 1.5 分钟，如果用于加工 B 产品，每件则需 2 分钟。

(4)精加工作业全月总共能够提供 840 工作小时的生产能力，其中用于 A 产品加工，每批需120小时,B产品加工,每批则需0.4小时。

(5)质量检验:A、B两种产品的检验过程完全相同。该企业全月有能力检验800件产品。对于A产品,每批需要随机抽样10件进行检验。对于B产品,每批需要随机抽样3件进行检验。

(6)该企业进行传票管理作业是采用计算机辅助设计系统来完成的。该系统全月总共能提供840个机时。本月用于A产品传票管理的机时数为168,用于B产品传票管理的机时数为420。

(7)一般管理:本月人员及设施等利用程度为75%。

(8)A产品每件消耗直接材料1.5元,B产品每件消耗直接材料1.8元。

采用作业成本计算法计算上述两种产品成本的基本步骤如下:

1. 确认和计量企业本月所提供的各类资源价值,将资源耗费价值归集到各资源库中。本月该企业所提供的各类资源价值情况如表11－1所示。

表11－1　企业所提供的各类资源价值　单位:元

资源项目	工资	电力	折旧	办公费
资源价值	23 400	4 800	24 400	8 500

2. 确认各种主要作业,建立作业成本库。主要作业有:定单处理、初加工、初加工设备整理、精加工、质量检验、传票管理、一般管理共七项作业。为每项作业分别设立作业成本库,用于归集各项作业实际消耗的资源。对于初加工设备调整作业和初加工作业,首先将两者合并一起计算各项资源耗用量,然后再按机器调整所耗用的机器小时数与可用于加工产品的机器小时数之间的比例进行分配。

3. 确认各项资源动因,将各资源库中所汇集的资源价值分配到各作业成本库中。

(1)工资费用的分配。工资费用消耗的动因在于各项作业"运用职工",因此,应根据完成各项作业的职工人数和工资标准对工资费用进行分配。分配结果如表11－2所示。

表11－2　工资资源的分配

作业 资源	定单处理	初加工	精加工	质量检验	传票管理	一般管理	合计
职工人数	2	4	5	4	4	3	
每人月工资额(元)	800	1 200	1 000	1 250	1 000	1 000	
各项作业月工资(元)	1 600	4 800	5 000	5 000	4 000	3 000	23 400

(2)电力资源价值的分配。电力资源消耗的原因在于"用电",其数量多少可以由用电度数来衡量。已知每度电的价格为0.5元。具体分配结果如表11－3所示。

表11－3　电力资源的分配

作业 资源	定单处理	初加工	精加工	质量检验	传票管理	一般管理	合计
用电度数	400	3 200	2 500	2 800	360	340	9 600
金额(元)	200	1 600	1 250	1 400	180	170	4 800

(3)折旧费与办公费的分配。折旧费用发生的原因在于各项作业运用了有关的固定资产。因此,可根据各项作业固定资产运用情况来分配折旧费用。这种运用通常具有"专属

性”，即特定固定资产由特定作业所运用。各项办公费也具有“专属性”，其分配方法与折旧费的分配大体相同。有关分配结果列于表 11－4。

表 11－4　　固定资产折旧费及办公费的分配　　单位：元

资源＼作业	定单处理	初加工	精加工	质量检验	传票管理	一般管理	合计
折旧	2 500	5 600	4 000	7 700	2 400	2 200	24 000
办公费	1 200	1 400	600	1 900	1 600	1 800	8 500

为了将初加工设备调整与初加工两项作业所耗用资源价值分开，需要计算初加工机调整所消耗的机器小时数。初加工机调整次数：A 产品需要 20 次，B 产品需要 140 次，总调整次数为 160 次，需要消耗机器小时数共计 160×24/60＝64（小时），占包装机总机器小时数的 10%。初加工机可用于加工的机器小时数为 640－64＝576（小时），占初加工机总机器小时数的 90%。将上述“初加工”栏目中的数字乘以 10% 即得初加工设备调整所消耗的资源价值量，其余 90% 即为初加工作业所消耗的资源价值量。将上述有关结果汇总，即得表 11－5。

表 11－5　　资源向各作业间的分配　　单位：元

资源＼作业	定单处理	初加工设备调整	初加工	精加工	质量检验	传票管理	一般管理
工资	1 600	480	4 320	5 000	5 000	4 000	3 000
电力	200	160	1 440	1 250	1 400	180	170
固定资产折旧	2 500	560	5 040	4 000	7 700	2 400	2 200
办公费	1 200	140	1 260	600	1 900	1 600	1 800

4. 确定各项作业的成本动因。有关结果如表 11－6 所示。

表 11－6　　各项作业成本动因

作　业	作业成本动因
定单处理	定单处理份数
初加工设备调整	初加工调整次数
初加工	开动机器小时数
精加工	工作小时数
质量检验	检验件数
传票管理	计算机时数

对于“一般管理”这项作业，其成本动因比较复杂，因此在计算 A、B 两种产品消耗该项资源成本时，予以另行处理。

5. 计算有关作业成本动因分配率。计算结果如表 11－7 所示。

表 11－7　　作业成本动因分配率的计算过程

作　业	定单处理	初加工设备调整	初加工	精加工	质量检验	传票管理
作业成本	5 500	1 340	12 060	10 850	16 000	8 180
提供的作业量	1 008	160	576	840	800	840
作业动因分配率	5.46	8.38	20.94	12.92	20.00	9.74

6. 计算 A、B 两种产品实际消耗的资源价值。

本月精加工作业实际消耗工作小时为 656，其中：精加工 A 产品消耗 5 × 120 = 600（工作小时），精加工 B 产品消耗 140 × 0.4 = 56（工作小时）。

本月初加工机实际消耗机器小时数为 546.67，其中：初加工 A 产品消耗 20 000 × 1.5/60 = 500（机器小时），初加工 B 产品消耗 1 400 × 2/60 = 46.67（机器小时）。本月检验产品总数 470 件，其中对 A 产品抽样 5 × 10 = 50（件），对 B 产品抽样 140 × 3 = 420（件）。

根据上述有关结果即可求出 A、B 两种产品实际消耗的资源价值。计算结果如表 11 - 8 所示。

表 11 - 8　　A、B 两种产品实际消耗的资源价值

作　业	作业分配率	实际耗用作业成本动因数			实际耗用资源（元）	
		A 产品	B 产品	合计	A 产品	B 产品
定单处理	5.46	500	300	800	2 730	1 638
初加工设备调整	8.38	20	140	160	168	1 173
初加工	20.94	500	47	547	10 470	984
精加工	12.92	600	56	656	7 752	724
质量检验	20.00	50	420	470	1 000	8 400
传票管理	9.74	168	420	588	1 636	4 090
一般管理	0.13	23 756	17 009	40 765	3 088	2 211
合　计					26 844	19 220

注 1：该表中数字的小数部分（除分配率外）均作了四舍五入去整数处理。

注 2：一般管理作业的数据参见下面的计算过程。

A、B 两种产品所消耗的“一般管理”作业成本的计算过程如下：

A、B 两种产品实际消耗的“一般管理”作业成本之和为：7 170 × 75% = 5 377.5（元）

可按 A、B 两种产品其他各项作业所消耗的资源成本之和的比例分配，具体如下：

A 产品耗用其他各项作业成本之和为：

2 730 + 7 752 + 168 + 10 470 + 1 000 + 1 636 = 23 756（元）

B 产品耗用其他各项作业成本之和为：

1 638 + 724 + 1 173 + 984 + 8 400 + 4 090 = 17 009（元）

“一般管理”作业成本分配率 = 5 377.5/（23 756 + 17 009）= 0.13

A 产品实际消耗的一般管理作业资源成本 = 23 756 × 0.13 ≈ 3 088（元）

B 产品实际消耗的一般管理作业资源成本 = 17 009 × 0.13 ≈ 2 211（元）

7. 计算 A、B 两种产品的总成本及单位成本。

A 产品直接材料 = 20 000 × 1.5 = 30 000（元）

B 产品直接材料 = 1 400 × 1.8 = 2 520（元）

A 产品总成本 = 30 000 + 26 844 = 56 844（元）

B 产品总成本 = 2 520 + 19 220 = 21 740（元）

8. 计算未耗用资源。计算过程及有关结果如表 11 - 9 所示。

表 11-9 未耗用资源

作业	分配率	未耗用作业动因数	未消耗资源成本
定单处理	5.46	1 008 - 800 = 208	1 136
初加工设备调整	8.38	0	0
初加工	20.94	576 - 547 = 29	607
精加工	12.92	840 - 656 = 184	2 377
质量检验	20.00	800 - 470 = 330	6 600
传票管理	9.74	840 - 588 = 252	2 454
一般管理			1 793
合计			14 967

注:一般管理作业成本的25%,即:7 170×25% = 1 793(元)为未消耗资源成本。

9. 将上述有关结果汇总,即得 A、B 两种产品成本计算单,如表 11-10 所示。

表 11-10 A、B 两种产品成本计算单 单位:元

	耗用资源价值	A 产品		B 产品		未耗用资源成本
		单位成本	总成本	单位成本	总成本	
直接材料	32 520	1.50	30 000	1.80	2 520	0
定单处理	5 500	0.14	2 730	1.17	1 638	1 136
初加工设备调整	1 340	0.01	168	0.84	1 173	0
初加工	12 060	0.52	10 470	0.70	984	607
精加工	10 850	0.39	7 752	0.52	724	2 377
质量检验	16 000	0.05	1 000	6.00	8 400	6 600
传票管理	8 180	0.08	1 636	2.92	4 090	2 454
一般管理	7 170	0.15	3 088	1.58	2 211	1 793
合 计	93 620	2.84	56 844	15.53	21 740	14 967

注:由于计算过程中采用了四舍五入,所以使得"A 产品总成本"、"B 产品总成本"及"未耗用资源成本"三栏数字之和与"资源提供量"一栏数字不完全相等。

四、作业成本计算法与传统成本计算法比较

作业成本法是一种全新的成本计算方法,与传统的完全成本法和变动成本法相比,作业成本计算主要有以下一些特点:

1. 对间接成本的分配更为合理。与传统成本计算方法相比,作业成本计算的分配基础(成本动因)发生了质变,它不再采用单一的数量分配基准,而是采用多元分配基准;并且集财务变量与非财务变量为一体,尤其特别强调非财务变量(如定单处理次数、运输距离、质量检验次数等等)。因此,作业成本计算法所提供的成本信息比传统成本计算法准确得多。

2. "作业"是成本作业计算法的基本成本计算对象。传统成本法主要是以产品为成本计算对象,而作业成本法以"作业"作为最基本的成本计算对象,其他成本计算对象的成本计算均通过作业成本进行分配。正是由于作业成本计算法可以提供各项作业耗费的成本信息,因

此使管理人员开展作业管理并改善作业链成为可能。

3. 作业成本计算法是更广泛的完全成本法。传统的完全成本法将许多成本项目列作期间费用，采用在发生的当期“一次性扣除”，而不加以分配。在作业成本法下，对于营销、产品设计等领域发生的成本，只要这些成本与特定产品相关，则可通过有关作业分配至有关的产品或其他成本计算对象中，这样所提供的成本信息更有利于企业进行定价的相关决策。

4. 所有的成本均是变动的。在变动成本法下，有相当一部分成本，因其在一定的范围内不随业务量（产量或机器小时等）的变化而变化而被划分为固定成本。但是，从作业成本法的观点看，这部分成本虽然不随业务量的增加而增加，但却会随其他因素的变化而改变，这些因素包括产品产品批次、机器设备的调整、企业生产能力的增减等。作业成本法将所有的成本均视为变动的，这有利于企业分析成本产生的原因，进而落实控制和降低成本的方法和措施。

虽然作业成本计算有前述许多优点，但是该方法并非完美无缺。例如，它需要更多的簿记工作和信息系统的支持，从而会产生更多的成本。至于作业成本法的其他缺点，可从前面的相关论述中不难发现。

第三节　作业管理

作业成本法虽然起源于成本计算的精确性动机，但其意义已完全超越了成本计算精确性要求这个层面，深入到企业作业链－价值链重构，乃至企业组织机构设计问题。但是，作业成本法只是认识作业链－价值链的手段，作业管理才能改造和优化作业链－价值链。因此，从作业成本计算发展到作业管理就成为必然。

一、作业成本法的二维观念

作业成本法具有二维观念，一是“成本分配观”，它可以概括为：资源→作业→成本对象。二是“过程观”，它可以概括为：经营过程分析→作业→持续改善。如图 11－3 所示。

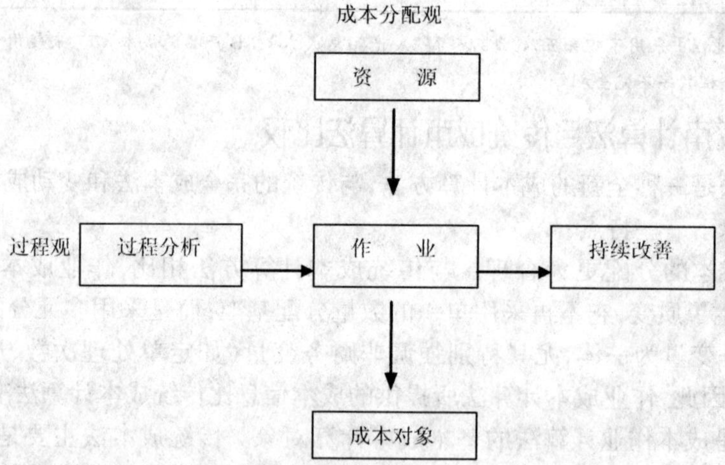

图 11－3

成本分配观提供了关于资源、作业及成本对象的有关信息,它是以“成本对象引起作业需求,而作业需求进而引起资源需求”为基本依据,将资源首先分配至作业,再由作业分配至成本对象。过程观提供的是“何种因素引起作业以及作业完成效果如何”的信息,企业可以利用这些信息不断优化经营过程,从而实现持续改善。作业管理体现了作业成本法的过程观,其目的在于对作业链-价值链进行持续改善,以便使企业获得竞争优势。

二、作业过程分析

实行作业分析的目的在于认识企业的作业过程,以便从中发现持续改善的机会和途径。作业过程分析的主要有:

1. 区分增值作业与非增值作业

作业按其是否具有增值性可以分为两类,一是增值作业,二是非增值作业。

增值作业的基本特点在于它能增加传递给客户的价值,企业如果消除了这类作业,就会影响客户愿意支付的价格。增值作业有两种类型:一种是给客户带来价值的作业,如包装和及时送货等;另一种是保证企业正常运转的必不可少的作业,如付给员工工资虽不能为客户直接带来什么利益,但却是企业所必须的作业。

非增值作业是指对增加客户价值没有贡献的作业,客户不会因为企业消除这类作业而降低所愿意支付的金额。非增值作业的判断标准是:企业把该作业消除后仍能为客户提供与以前同样的效果。在企业经营活动开展过程中有许多非增值作业,例如:①存货的存储、分类、整理和搬运;②产品因质量问题所进行的返修、重复检测;③等待工作等等。对于非增值作业来说,企业应考虑的不是如何使它们更有效率,而是如何消除这些非增值作业。

值得强调的是,我们不能根据一项作业在经营过程中是否具有可消除性来判断其是否属于非增值作业。例如,原材料搬运作业通常不能完全消除,但该作业属于非增值作业。相反,某些产品的包装这项作业具有可消除性,企业可以采用散装的方式向客户销售,但是客户往往不愿意按带有包装产品的价格购买。所以,包装作业通常属于增值作业,尽管有时它具有可消除性。

2. 作业价值分析

由于企业效益不仅是增值作业和非增值作业的函数,而且是高效作业和低效作业的函数。因此,以作业为成本控制点,对作业进行价值分析就成为一项重要的工作。作业价值分析是通过对作业的识别与计量,资源费用的归集与确认,产出消耗作业的确认与计量,产出成本费用的归集等步骤和方法,分析评价作业的有效性和增值性,以提高作业效率、减少资源消耗、增加产出价值的一种分析方法。作业价值分析从分析层次上可以分为资源动因价值分析、成本动因价值分析和作业综合分析三部分。

作业价值分析的最终目的是提高产出对客户的价值,因此可以用产出价值为标的。产出价值的大小与作业效率和作业价值成正比,影响作业效率的因素有作业量和资源消耗,影响作业价值的因素有产出功能和作业量,作业价值分析模型如下:

产出价值 = 作业效率 × 作业价值

其中:作业效率 = 作业量/资源费用

作业价值 = 产出功能/作业量

由模型可知:一定的作业量,消耗的资源费用越少,作业效率越高,产出价值越大;资源费用一定,完成的作业量越多,作业效率越高,产出价值越大;完成一定的产出功能,消耗的作业量越少，作业价值越大，产出价值越大；一定的作业量，提供的产出功能越强，作业价值越大，产出价值越大。

（1）资源动因价值分析

资源动因价值分析是通过对作业的识别、计量，作业消耗资源费用的确认与归集，分析评价各项作业有效性的方法。资源动因价值分析的程序是：①调查生产活动从采购、入库、储存、加工、检验、运输到客户的全过程；②在熟悉生产流程的基础上识别、计量作业，并将作业适当合并或分解，建立作业中心；③归集资源费用到各相应的作业；④分析作业消耗资源的情况，确定作业的有效性。

（2）成本动因价值分析

成本动因价值分析是通过产出对作业消耗的确认、计量，作业成本库费用的分配与产出成本的归集，分析评价各项作业增值性的方法。成本动因价值分析的程序是：①从构成作业成本库的各项作业中，选择代表作业，计量成本动因分配率；②确认并计量各产出消耗的代表作业；③计算、归集各产出的作业成本；④分析各作业对产出的贡献，确认作业的增值性。成本动因价值分析重在揭示哪些作业是必须的，哪些作业是多余的，应该减少，最终确定如何减少产出消耗作业的数量，从总体上降低作业成本和物流成本。利用成本动因价值分析的结果可以判断产出消耗作业的情况，可以评价作业的价值。确定是否为增值作业时，结合成本动因价值分析对每项作业开展细微的分析。增值作业必须同时满足以下条件：①该作业的功能是明确的；②该作业能为最终产品或劳务提供价值；③该作业在企业整个物流作业链中不能去掉、合并或被代替。如果有一个条件不符合，该作业就是不增值作业。

（3）作业的综合分析

在进行了资源动因价值分析和成本动因价值分析后，还应分析各项作业之间的联系，这就是作业的综合分析。物流的各种作业相互联系，形成作业链。作业链上的各个作业好比是链环，作业之间的联系好比是链结。无“环”就无法形成“结”，无“结”也形不成链。所以不但要分析链上的各个作业，还要分析各作业之间的联系。即使链上的每个环都是增值高效作业，也可能由于“结”的问题，影响整个作业链的效率和价值。理想的作业链应是作业与作业之间环环相连，无开断和重叠，作业之间的等待、延误应最小。

进行了作业价值分析，明确了作业的价值和效率，才能寻求改进机会。通过作业价值分析可以用以下几种方式降低成本：①减少作业所需要的时间和资源，改善增值作业的效率或在短期内改进不增值作业，直至消除；②消除不增值作业（包括不增值高效作业和不增值低效作业）；③当其他条件相同时，选择成本最低的作业；④利用资源集成原理，尽量实现资源共享与作业共享；⑤利用作业成本计算提供的信息，编制资源使用计划，重新配置未使用资源。

3. 作业执行效果分析

分析作业执行效果目的在于对作业的执行过程实施控制，以寻求降低作业成本的机会。作业效果的优劣，可以从以下三个方面加以衡量：①作业的成本高低；②完成作业的必要时间；③工作质量的好坏。以定货作业为例，可以考虑：①一次定货的平均成本；②一次定货需耗用的时间；③一个月内发生的定货过失次数等。

三、经营过程改善

作业管理的目的之一在于企业经营过程的持续改善。作业分析为实现这一目的提供了必要的信息，利用这些信息，企业可以从以下方面着手进行经营过程的持续改善。

(一)重构作业链

重构作业链是一项较为复杂的过程改善措施，大致包含以下内容：

1. 尽量消除非增值作业

消除非增值作业是改善经营过程的最重要的环节。企业应对所有不必要的作业予以消除，对于那些无法彻底消除的非增值作业，应最大限度地降低其成本及所消耗的时间。

(1)储存。储存仅增加存货成本，并不增加客户价值，减少储存可以采用适时生产管理模式。

(2)移动。在企业内部移动零部件、原材料、在制品，同样也不会增加客户价值，因此需要合理厂内布局、车间布局以减少移动作业。

(3)等待。等待作业比增加客户价值，因此可以通过加强部门间协作以降低等待时间。

(4)原材料入库检验。原材料检验仍属于非增值作业，完全取消不会对企业或客户的收益造成影响，客户并不要求企业去检验进货，他们只关心产品的质量如何。因此，企业如联系到能承诺提供高质量材料的供应商，该项作业也可消除或减少。

(5)产品质量检验。检验产品质量的作业，只是消极的预防措施，它不会增加客户的价值，因此可以说“质量是制造出来的，不是因检验而生的”。通过实行全面质量管理制度，可以有效降低质量检验作业和成本。

2. 合并被划分过细的相关作业

对于那些被划分得过细的，却又关系密切、属性基本相同的作业应予以合并，以便减少成本动因的数目，降低系统的复杂性和实行成本，提高作业过程的总体效率。例如，可将“出库计划”、“出库管理”“出库调度”等作业合并为“出库协调”作业。不同作业是否有必要进行合并应视拟合并的各项作业的复杂程度、相互之间的相关程度，以及能否适应管理的要求而定。

3. 作业分解

如果某个作业包含了不同类的业务，而这些业务中的每一项又具有一定的复杂性，那么，就应将该作业按业务的性质进行拆分，以便能提高作业效率。例如，“材料采购作业”中包含了“购货”、“验货”和“收货”三种不同性质的业务，因此可以按上述三种不同业务类型，相应分解为三项不同的作业。

4. 改善作业流程

作业流程的改进原则上应使整个作业过程时间最短，并且成本最低。例如，通过改变作业地点布局来缩短在产品间的传递距离，从而实现降低整个作业的而是时间消耗。通过增设“材料处理”作业，使得一系列加工作业效率大大提高，同时次品率又可大幅度减少，废品损失成本大幅度降低。

(二)合理配置资源

在企业物流活动开展过程中，资源总体利用效果未能最优化的原因在于不同作业的产出水平相差较大，致使个别作业利用率接近饱和，而其余作业利用率却与达到饱和状态相距甚远，由此造成人员空闲、机器设备闲置等资源浪费现象。企业只有首先明确各项作业利用率，才能从根本上改善资源总体利用效果。利用作业成本法，企业易于获得作业利用率的有关信息，进而找出“饱和”作业和“过剩”作业。例如，利用本章例 11 - 1 中的信息，很容易计算出各项作业的资源利用率。有关结果如表 11 - 11 所示。

表 11－11　　资源利用率的计算

作　业	分配率	未耗用作业动因数	作业利用率
定单处理	5.46	1 008－800＝208	800/1 008＝79.37%
初加工	20.94	576－547＝29	547/576＝94.97%
精加工	12.92	840－656＝184	656/840＝78.10%
质量检验	20.00	800－470＝330	470/800＝58.75%
传票管理	0.97	840－588＝252	252/840＝70%
一般管理	－	－	75%

通过对表 11－11 的分析，容易发现“初加工”作业的资源利用率接近饱和状态，而其他作业则存在明显的闲置，特别是“质量检验”作业，有近一半能力未能利用。这表明，“初加工”作业是“饱和”作业，而“质量检验”作业是“过剩”作业。初加工作业成为充分利用整个生产能力的“瓶颈”，可以从以下几个方面着手解决：①改进产品设计，降低产品加工需要消耗的初加工作业；②提高初加工效率；③增加初加工设备。

（三）优化作业

优化作业的目的在于降低作业单位产出成本，缩短作业时间和提高作业质量。实行作业优化可按以下步骤进行：

1. 选择优化潜力较大的作业

企业的经营过程包含许多作业，在对作业进行优化时，应重点选择那些潜力较大的作业实施优化。属于这类作业的主要有：①无法彻底消除的非增值作业；②成本较高的增值作业；③作业时间较长的增值作业；④对其他作业影响较大的作业。

2. 缩短作业周期，降低作业成本

作业周期的缩短有利于增加客户的满意度，同时可提高作业产出能力，有利于降低作业成本。缩短作业周期的途径主要有：①提高作业人员的熟练程度；②改善作业方式；③优化作业安排；④与其他相关作业相协调；⑤进行技术设备更新。

3. 提高作业质量水平

作业质量水平的提高有利于增加客户价值，同时也有利于降低物流成本。为此，企业可以从以下方面着手：①以人为本，树立质量第一的企业文化理念；②提高作业人员的业务水平；③加强设备维护；④进行设备更新。

四、作业管理对企业管理的重大开拓

虽然企业生产经营活动本身就是一系列作业的集合体，作业管理贯穿于企业管理过程的各个环节。但是，作业管理必须突出重点，不能平均使用力量，应该把重点放在物流系统设计、适时生产系统和全面质量管理等基本环节上。

（一）产品设计

产品设计是构建企业内部作业链的首要环节，在相当大的程度上决定了后续作业。产品设计对产品性能、所用材料、组织生产的工艺流程乃至企业整体作业链－价值链都具有关键性的影响。据估计，产品成本有 60%－80% 在产品设计阶段就已经确定了。产品一旦投入生产，降低成本的潜力就不大了。成本虽然发生于生产活动过程，但是其根源却在产品设计。对于成本管理而言,影响产品设计的早期因素正是赢得真正竞争优势的地方。因此,在产品设计阶段,必须认真考虑产品设计方案对物产品成本乃至企业整体作业链-价值链的影响。

产品设计是企业最重要的作业动因和成本动因。产品成本是由作业引起的,不同产品设计方案所需的作业不同,各种作业的耗费也不同。要降低产品成本,就必须从产品设计开始,应用价值工程和作业成本计算所提供的信息,根据客户的要求,进行作业分析,修订产品设计,使产品设计在保证满足客户服务要求的前提下,尽量选用成本较低的作业,消除一切不必要的作业,降低作业耗费,优化企业物流的作业链-价值链。

(二)适时生产系统

产品设计,只是解决了生产何种产品问题,如何把产品设计变为现实,还要解决如何组织生产经营问题。在产品设计阶段尽量消除一切不必要的作业,只是一个开端,要把它落到实处,还需要保持企业整体生产经营过程的各个环节相互协调,环环相扣,准确无误地运转,真正消除一切不必要的作业,这就要求企业建立适时生产系统。

适时生产系统是最近20年来高新技术广泛应用于生产领域,在生产高度电脑化、自动化的基础上形成的新的生产管理系统,其目标就是消除一切不必要的作业。例如,与存货有关的储存、维护、归类、整理等作业,因存货质量问题、供产销各阶段的停工待料或脱销等问题而引起的作业就是不必要的作业。适时生产系统要求企业在供产销的各个环节尽量实现"零存货"。也就是说,在供应阶段,企业所需要的原材料、外购件能保质保量"适时"供生产使用;在生产阶段,各个生产环节密切配合,协调一致,前一道工序按后一道工序的要求"适时"地、保质保量地提供半成品;在销售阶段,按客户的要求,保质保量,"适时"地将产品送到客户手中。总之,通过适时生产系统,力求消除一切不必要的作业,从而达到优化企业物流作业链-价值链的目的。

适时生产系统的运用,对企业生产现场控制系统提出了变革的要求。在传统的企业管理下,企业是采用由前往后的"推进式"(Push Through)生产现场控制系统。整个生产过程从供应阶段开始,由原材料仓库依次向各生产工序供应原材料,通过加工形成在产品、半成品,继续转入下一道生产工序,由它们继续进行加工,如此由前往后顺序推移,直至最终完成全部生产工序,形成可以对外销售的产品,转入成品仓库等待销售。在这种生产现场控制系统下,前面生产工序居于主导地位,后续生产工序只能被动地接受前面生产工序转移而来的加工对象,并对之进一步加工。"推进式"生产现场控制系统,在企业生产经营的各个环节,存在大量的存货。在这种生产现场控制系统下,各个环节存在适量的存货是必要的。只能在这个前提下,研究和确定最佳存货置存量。众所周知的经济订货批量(EOQ模型)就是传统企业管理思维的产物。

在作业管理下,企业采用由后往前的"拉动式"生产现场控制系统。整个生产过程以市场需求为导向,从销售阶段开始,以最终满足客户需求为起点,根据客户订货所提出的产品数量、质量和交货时间等特定要求作为组织生产的依据,由后往前逐步推移,全面安排生产活动。这样,前一道生产工序只能严格按照后续生产工序所要求的在产品、半成品的数量、质量和交货时间组织生产,前一道生产工序生产什么、生产多少、质量要求如何以及交货时间,只能根据后续生产工序提出的具体要求来进行。与传统的企业管理思维相比,前后生产工序的主、客位置颠倒过来,后续生产工序处于主动地位,而前一道生产工序则处于被动地位。这样,由于整个生产系统按照适时生产系统进行,企业在各个生产经营环节实现了"零存货"。在这里,存货掩盖了企业管理中实际存在的问题,存货是浪费资源之祸首,应该尽量消除存货的存在。可见,在作业管理下,经济订货批量计算公式应用的基础和条件已不复存在。总之,在传统企业管理下,生产是按照“供应阶段→生产阶段→销售阶段”模式进行的,而在作业管理下,生产则是按照“销售阶段→生产阶段→供应阶段”模式进行的。

(三)全面质量管理

全面质量管理是为了达到使客户完全满意而且在最经济的水平上进行生产、提供服务之目的,相应的使企业各部门在质量开发、质量保持及质量改善上所作的努力形成的卓有成效的体系。它包括了关注客户的满意程度,员工的参与度和持续的质量改进。通过其实施,对产品从设计、生产到使用的全过程都加强了质量控制,参与人员由专业的质检人员扩大到生产工人。

全面质量管理也是一种观念,它要求消除不能增加产品价值的一切浪费、缺陷和作业。全面质量管理强调客户满意,并把管理重点放在满足客户需求上。企业实行作业管理,必须把全面质量管理贯穿于其中。这是因为,适时生产系统要求供、产、销各环节实现零库存,这就要求生产经营各环节相互协调,运行流畅,保证高质量。这就不能按传统质量管理那样对产品的质量采用随机抽样的办法,质量管理的重点放在事后进行检验和修复,而应当实施全面质量管理,确保原料、在产品和产成品的零缺陷。否则,某一环节的缺陷将会使生产造成混乱,并引起连锁反应,导致大量的非增值作业的产生和出现,使适时生产系统崩溃,其损失是无法估量的。为了不免这种情况的出现,必须辅之以“全面质量管理”,从供应商的选择开始,到产品的设计、生产流程的确定、产品的生产、销售,各个阶段都要严格把好质量关,使之达到“零缺陷”,从而消除因质量问题而引起的一切不必要作业,优化企业的作业链-价值链。

总之,产品设计是企业最重要的成本动因,适时生产系统是没有任何浪费地执行各种作业,而全面质量管理则是没有任何缺陷地执行各种作业。产品设计、适时生产系统和全面质量管理,三位一体,缺一不可。它们三者只有同步进行,相互配合,才能相得益彰,优化企业物流的作业链-价值链。因此,作业管理必须把重点放在物流系统设计、适时生产系统和全面质量管理等基本环节上。

☆★本章关键概念

作业 作业成本库 成本动因 资源动因 作业管理

☆★复习思考题

1. 随着当代高新科学技术和社会经济环境的重大变化,企业生产经营的内外部环境和条件发生了哪些重大变化?这些变化对企业成本计算方法产生哪些影响?

2. 何谓作业成本计算?它与传统成本计算有何不同?

3. 如何理解从作业成本计算发展到作业管理是历史的必然?

4. 简述作业管理的基本特点及其在管理上的重大开拓。

读者反馈意见

亲爱的读者：

感谢您对《管理会计学》的支持和热爱，为了今后为您提供更好的服务，请您抽出宝贵的时间来填写下面的意见反馈表，以便我们更好地对本教材做进一步改进，同时如果您在使用本教材的过程中遇到了什么问题，或者有什么好的建议，也请您来信、来电告诉我们。

地址：北京市丰台区科学城南极星大厦 108 室

电话：010 - 83794590/83794403

电子邮箱：caikai6223@263.net　QQ：649319527　QQ：1694299827

网址：WWW.KFHWH.CN

教材名称：《管理会计学》

个人资料：

姓名：__________ 年龄：________ 所在院校/专业____________

文化程度：__________ 通讯地址：__________________

联系电话：__________ 电子信箱：__________________

您使用本书是作为：□指定教材□选用教材□辅导教材

您对封面设计的满意度：

□很满意□满意□一般□不满意□改进建议________________

您对本书印刷质量的满意度：

□很满意□满意□一般□不满意□改进建议________________

您对本书的总体满意度：

从语言质量角度看□很满意□满意□一般□不满意□

从科技含量角度看□很满意□满意□一般□不满意□

本书最令您满意的是：

□指导明确□内容充实□讲解详尽□实例丰富

您认为本书在哪些地方应进行修改？（可附页）

____

____

您希望本书在哪些方面可进行改进？（可附页）

____

____